Habermas

人类自我理解的基本逻辑

认知人类学视域下的哈贝马斯

黄 河◎著

The Ground Logic of
Human Self-Understanding

Jürgen Habermas from the Perspective of Cognitive Anthropology

ZHEJIANG UNIVERSITY PRESS
浙江大学出版社
·杭州·

图书在版编目（CIP）数据

人类自我理解的基本逻辑：认知人类学视域下的哈
贝马斯 / 黄河著. -- 杭州：浙江大学出版社，2025.
5. -- ISBN 978-7-308-26008-4

Ⅰ. B516.59

中国国家版本馆CIP数据核字第202547AV58号

人类自我理解的基本逻辑：认知人类学视域下的哈贝马斯

黄　河　著

策划编辑	吴伟伟
责任编辑	陈　翮
责任校对	丁沛岚
封面设计	雷建军
出版发行	浙江大学出版社
	（杭州市天目山路148号　邮政编码310007）
	（网址：http://www.zjupress.com）
排　　版	杭州林智广告有限公司
印　　刷	杭州钱江彩色印务有限公司
开　　本	710mm×1000mm　1/16
印　　张	17.75
字　　数	245千
版 印 次	2025年5月第1版　2025年5月第1次印刷
书　　号	ISBN 978-7-308-26008-4
定　　价	88.00元

Habermas

人类自我理解的基本逻辑

认知人类学视域下的哈贝马斯

黄　河◎著

The Ground Logic of
Human Self-Understanding

Jürgen Habermas from the Perspective of Cognitive Anthropology

ZHEJIANG UNIVERSITY PRESS
浙江大学出版社
·杭州·

图书在版编目（CIP）数据

人类自我理解的基本逻辑 ： 认知人类学视域下的哈
贝马斯 / 黄河著. -- 杭州 ： 浙江大学出版社，2025.
5. -- ISBN 978-7-308-26008-4

Ⅰ. B516.59

中国国家版本馆CIP数据核字第202547AV58号

人类自我理解的基本逻辑：认知人类学视域下的哈贝马斯

黄　河　著

策划编辑	吴伟伟	
责任编辑	陈　翮	
责任校对	丁沛岚	
封面设计	雷建军	
出版发行	浙江大学出版社	
	（杭州市天目山路148号　邮政编码310007）	
	（网址：http://www.zjupress.com）	
排　　版	杭州林智广告有限公司	
印　　刷	杭州钱江彩色印务有限公司	
开　　本	710mm×1000mm　1/16	
印　　张	17.75	
字　　数	245千	
版 印 次	2025年5月第1版　2025年5月第1次印刷	
书　　号	ISBN 978-7-308-26008-4	
定　　价	88.00元	

前 言

　　本书力图从人类自我理解的角度整合德国哲学家哈贝马斯（Jürgen Habermas）的理论体系。哈贝马斯的著述"晦涩而深刻"，理论"繁复而庞杂"；国内外诸多研究者基于各自研究领域和研究主题、从各自的范畴体系和理论方法出发，作出了不同解读。本书借鉴过往成果，以"一个完整人格的实现如何得以可能"这一问题"框定"哈贝马斯的学术工作。在该视野下，哈贝马斯的理论著述被把握为人类自我理解的系统性构造。相应地，其早期的认知人类学思想、后期的交往行为理论分别被视为关于人的问题的不同理论规划；20世纪70年代的批判理论及普遍语用学则被把握为从"解放"向"交往"转向的方法论探索。这一重构有利于更深刻、更全面地理解哈贝马斯的思想要旨和理论动机。在世界局势风云激荡的当代，重新探讨这一事关人类生存和发展的基本问题，无疑有利于现代世界秩序中中华文化主体性的自我反思、自我确证和自我完善。本书在笔者的博士学位论文的基础上修订而成，因水平有限，难免存在错漏，请读者朋友不吝指正。本书的出版，得到了浙江省哲学社会科学规划项目"哈贝马斯总体性范畴的意识形态批判及其当代价值"以及浙江理工大学"横向科研预研基金"的支持，在此表示感谢！

目 录

导 论

人类自我理解的基本逻辑：认知人类学视域下的哈贝马斯

一、基本问题及其概述

本书力图将德国哲学家哈贝马斯的全部哲学理论归于"一个完整人格的实现如何得以可能"这一问题，意在通过这一具有"终极性"意义的问题[①]将哈贝马斯理论体系整合为一。该探讨与哈贝马斯思想的体系性研究现状密切相关。

（一）哈贝马斯思想的体系性研究

哈贝马斯是继霍克海默（Max Horkheimer）、阿多诺（Theodor W. Adorno）之后，法兰克福学派第二代的中坚人物，被公认为当代最有影响力的思想家之一。在漫长的学术生涯中，哈贝马斯构建了庞大的理论体系，涉及哲学、政治学、社会学、伦理学、语言学、方法论等方面。其理论著述历程大致划分为三个阶段：（1）20世纪60年代关注"认识如何可能"，写出了大量关于认知人类学的作品；（2）20世纪70年代关注"批判如何可能"，产生了以批判理论为核心的一系列理论著述；（3）20世纪80年代关注"交往如何可能"，形成有标志性意义的交往行为理论等相关著作。90年代退休以后，哈贝马斯积极参与社会公共事务，频频运用理论建构探讨重大现实问题。例如，他在谈及"现代西方文化精神"时指出：文化不仅涉及信仰和知识的关系，还涉

[①] 在形而上学解体之后，人类是否能获得具有"终极性"意义的价值尺度？这是哈贝马斯思考并力图解决的问题。在他看来，"终极性"尺度的缺乏将使对生命的理解缺乏完整性并产生某种"缺失"意识。哈贝马斯认为，描述"不被扭曲的生活关系"，探寻生活的意义基础，有助于我们通达生命的完整性。

及主体间交往，以及精神活动的规范基础问题。[①] 寥寥数言，过往研究尽显其中。那么，究竟该把"现代西方文化精神"理解为一个认知问题，还是该从社会批判的规范基础或交往行为的角度来理解呢？这就涉及如何把握哈贝马斯的理论要旨。

如何整体把握哈贝马斯理论体系？这是相关研究者无法绕开的一个重大问题。哈贝马斯的诸多著述，既有康德（Immanuel Kant）式的先验分析，又有黑格尔（G. W. F. Hegel）的辩证综合；既有不同理论观点的归纳总结，又有概念范畴的演绎推理；既有哲学史的补叙与回溯，又有过去与未来之间的来回穿梭。这使得文本本身与读者理解产生了较大的隔阂。研究者根据各自的研究目的、理论背景作出了不同的解读。因此，关于哈贝马斯的理论要旨，可谓众说纷纭、莫衷一是，显著地表现为三种代表性立场：（1）以交往行为理论为基点。国外研究者如本哈比（Seyla Benhabib）、君特（Klaus Günther），国内研究者如童世骏、章国峰等，都主张以交往行为理论为基点来理解"认识如何可能"和"批判如何可能"这两个主题。该立场有其内在的认识论根源。马克思曾经指出，"思想进程的进一步发展不过是历史过程在抽象的、理论上前后一贯的形式上的反映"[②]。辩证地看，高一级的和产生较晚的认识形式，可能更接近对认识对象本质的认识。从理论发展的内在逻辑看，以交往行为理论为基点而考察使"对象之为对象"的可能条件是成立的。真正的问题是：由于对交往行为的理解本身存在争议，后者将引发新一轮关于哈贝马斯理论关注点的发问，这样问题就又回到了起点。（2）以批判理论为基点。哈贝马斯研究专家罗德里克（Rick Roderick）、麦卡锡（Thomas McCarthy）等，国内学者如郭官义等都倾向于该立场。哈贝马斯在言及交往行为理论的动机时，曾指出是为了摒弃传统的"总体性"（totalitätsbezug）

---

① HABERMAS J. Between Naturalism and Religon[M]. Ciaran Cronin, trans. Cambridge : Polity Press, 2008 : 1.
② 马克思恩格斯选集（第2卷）[M]. 北京：人民出版社，2012 : 14.

概念而寻找一个规范基础。^①这似乎表明：哈贝马斯的理论要旨在于说明"批判自身从何处获得力量"。该立场区分了哈贝马斯本人的思想动机和哈贝马斯理论体系的动机，并将阐释的重心置于前者。按照这一理解逻辑，继续追问批判基础"何以为是"时，就会导向第三种立场。（3）以哲学人类学上的"主体"为基点。巴蒂洛（Robert Peter Badillo）指出，哈贝马斯的全部思想潜在了一个追求解放的主体。^②众所周知，"解放"是一个带有强烈的马克思主义传统的概念，当它被关联于哈贝马斯理论体系时，后者将立即被置于西方马克思主义的发展脉络。人们旋即意识到：从"解放的兴趣"到社会批判，再到后期的交往行为理论，哈贝马斯正逐步远离西方马克思主义的传统。那么，如何理解这一转变呢？迪克斯（Günter Dux）正是依据这一演变来整体把握哈贝马斯理论体系并指出：从"解放"到"交往"转向的根本动因，在于解决人的"内在性"的实现途径，即一个受到压制的主体如何获得对自身的规范理解。^③这一理解将"认识如何可能""交往如何可能"视为探讨主体问题的不同方案，"社会批判理论"则被定位于方法论层面。明显地，它包含了两个不同的主体方案。这引发了进一步的争议，包括：其一，应从何种意义理解"主体"？对此，有不同的理解视域和建构方法。例如，龚群在《道德乌托邦的重构——哈贝马斯交往理论思想研究》中，沈云都在《道德何以可教？——民族际视野下的生成论道德学》中从认知意义的角度考察伦理主体的建立，而章国锋在《关于一个公正世界的"乌托邦"构想——解读哈贝马斯〈交往行为理论〉》中更强调主体的实践意义。^④其二，应以何种方法建

① HABERMAS J. Theorie des kommunikativen Handelns(Band I)[M]. Frankfurt：Suhrkamp Verlag, 1982：16.

② BADILLO R P. The Emancipative Theory of Jürgen Habermas and Metaphysics[M]. Washington：Council for Research in Values and Philosophy, 1991：28.

③ HONNETH A，JOAS H. Communicative Action[M].Jeremy Gaines，Doris L. Jones，trans. Cambridge：MIT Press，1991：82-83.

④ 龚群.道德乌托邦的重构：哈贝马斯交往理论思想研究 [M].北京：商务印书馆，2003；沈云都.道德何以可教？——民族际视野下的生成论道德学 [M].南京：东南大学出版社，2014；章国锋.关于一个公正世界的"乌托邦"构想：解读哈贝马斯《交往行为理论》[M].济南：山东人民出版社，2001.

构主体？这涉及交往理性究竟是方法还是对象的问题。金（Martin Jay）基于"交往理性是对象"的立场来把握交往理性，因而强调主体的去中心化意识；达姆斯（Harry F. Dahms）则基于"交往理性是方法"的立场来把握交往理性，他从哈贝马斯不同时期的理论著述中提取出一种总体化方法。有研究者指出，交往理性既指向一种哲学人类学的对象（交往主体），也是论述该对象之为可能的方法。这样一来，问题又回到了最初的话题：究竟该如何把握哈贝马斯理论体系的理论要旨。本书采取第三种立场，意在通过探讨哲学人类学上的主体建构及其方法论策略，将哈贝马斯理论体系整合为一。

（二）本书讨论基点与问题概述

本书将哈贝马斯的全部哲学理论归结于这一问题：一个完整人格的实现如何得以可能？哈贝马斯的探讨与传统哲学有着重大不同：他改变了关于人的存在的发问方式——不再从"人是什么"而从"人如何是"来探讨人的问题。传统哲学的探讨是本质意义的，人之为人的意义总是为理论所构想、所预制，并通过本体论图景和人在世界中的形而上学地位予以阐释。正如贝格尔（Peter L. Berger）所说，"人的世界乃是一个有秩序、有意义的世界；脱离这种意义和秩序对人意味着'失范'，他将失去对实在和身份的意识，同时也失去了自己的世界"①。当本体论和形而上学作为一种"幻象"被克服和摒弃后，哲学无法再提供一种"终极性"的生命意义。由此一来，人对自身存在的理解就失去了立足点。人的存在的意义活动究竟自何而来？这是哲学必须面对的问题。思想家从多种角度提出了不同观点和看法：舍勒（Max Scheler）在 20 世纪 20 年代就致力于重拾古典哲学中那种神圣的目的和存在的崇高感；兰德曼（Michael Landmann）则希望通过哲学人类学提供一种新的"终极性"的意义。哈贝马斯的人类学规划，正是在这一理论背景下产生。库克（Maeve Cook）指出：自笛卡儿—洛克—康德以来，一种基础主义的观

---

① 贝格尔. 神圣的帷幕：宗教社会学理论之要素 [M]. 高师宁，译. 上海：上海人民出版社，1991：28.

点根深蒂固，即认为存在某种可以作为基础的东西，我们由此能够形成坚固而永久的认识。想要既摆脱基础主义的客观主义又防止坠入相对主义，必须有一个普遍的、非独断的准则，来统一"知识的客观性"和"人类自我理解的复杂性"。[①] 这正是哈贝马斯的追求。

　　哈贝马斯关于人的问题的探讨，显著地表现为两个方面的特点：（1）从"人如何是"探讨人之为人的意义。在失去"终极性"的意义基础后，如何探寻人类生活的意义？哈贝马斯认为，如果人类生活在一个于他而言有意义的世界，如果对世界的认知和理解最终不可避免地要追溯到人之为人的问题，那么，作为人类活动的意义来源的某种理想化目标仍然是必要的。但归根结底，它是一个有待实现、有待塑造的活动。由此，哈贝马斯立足于活动和过程、立足于"人如何是"来探讨对人的本质性理解。（2）强调人之为人的"认知性"意义。"认知性"不是传统认识论意义的，而是就人的自我塑造和人之为人的实现活动而言的。既然人类生活在一个于他而言有意义的世界，既然不存在某种"终极性"的意义基础，那么就需要对生命活动进行说明：为什么这样一种活动，于人类而言是有意义的？人之为人，在于如何认识成就自身的塑造活动。因之，意义追寻转而朝向考察使生命活动成为可能的条件。康德关于"科学知识之为可能"的探讨，前移到使认识活动本身成为可能的意义说明，阿佩尔（Karl-Otto Apel）称之为"认知人类学"的进路。通过这样一种理论进路，哈贝马斯将人与世界的意义关联追溯到使认识成为可能的条件。在他看来，这一探讨可以寻求人类意义活动的可靠来源，从而为人类自身存在寻找到某种根本性的立足点。

二、对基本问题的哲学回溯

　　关于人的问题的探讨本身充满了悖论：一方面，"我"作为人类的一员，

---

① FREUNDLIEB D, HUDSON W. Critical Theory After Habermas[M]. Leiden：Brill Academic Publishers，2004：35–76.

与他人并无二致；另一方面，每一个个体的"我"都与别的"我"存在差异。显然，人之为人预设了某种完整人格的理念，后者与人类现实生活相去甚远；普通人通过日常生活就能体验到，对人的本质性理解分离于现实生活的经验存在。要处理这种对立和分离，离不开对人与世界关系的抽象处理而建立的坚实基础。哲学上的思考导向是：通过一个总体性框架将人的存在所蕴含的差异性纳入统一性范畴。但不同理论传统的具体规划有很大不同，它们亦各有不足。

（一）古代本体论的理解

古代本体论对人之为人的探讨是构成性的。它强调某种本质性的构成要素，如灵魂、精神或理性等，它们既是人的构成要素，也是构成世界的基石。人的存在因为它们而获得区别于其他存在物的本体论结构。在这一理解中，人的存在遵循目的论的理性秩序，后者提供了完美的典范并从上面"牵引"它。个人根据自己对生活的选择而展现其存在，该选择越是接近典范，人的存在就越完美。构成性传统最早可追溯到古代希腊。在苏格拉底看来，只有按照理性生活才是真正的人；对理性的服从意味着听从心灵的呼唤，意味着接受他自己的灵魂的指令——而不是来自普遍的传统和习俗的约束。苏格拉底这种关于肉体和灵魂二元的学说，以及关于理性占支配地位而灵魂应靠理性去克服肉体欲望的学说，经过柏拉图的理念论发扬光大，并深深影响了人类的自我理解。构成性传统导致了对人的存在之理解的二元性：灵魂与肉体、理智世界与现实世界，泾渭分明，截然有别。精神与肉体、理性与冲动和情感形成对照，人必须同时参与两个领域并经受它们之间的张力。如何克服生命图式中呈现的本质与现实存在的这种分裂，是构成性传统的追求。

（二）认识论传统的理解

以笛卡儿（René Descartes）的"我思"主体为标志，人类自我理解进入新的阶段。"我思"主体的发现有两方面的后果：一方面，主体通过思维的确定性而获得完全自足，人类借此将自身理解为世界的中心。另一方面，人的地位的提升也带来新的矛盾：个人诚然是人类整体的一部分，但他更属于他自己，属于一个独特的个体、一个独特的"我"。"每个人对于他自己就是一切，因为他自己一死，一切对于自己就都死去了。"① 与古代相比，人类自我理解的最重要转变是从本体上的对立转向内在的对立；个体作为一个有内在深度的独立主体分化为两个侧面，一个是自我负责的独立性，一个是人性的普遍性，两者都是人类的自我理解，并且相互冲突。当启蒙运动以"自由""平等"的名义出现在历史舞台时，启蒙思想家其实对人性中这两个侧面的冲突并无深刻的领悟。他们更强调人性的普遍性这一面，并且认为，虽然人类确实有着不同的地域、不同的民族，但这些差别是偶然的。因此，抛弃所有特殊性而创造一个普适的人类世界，这是完全可能的。这种观点至今仍然广泛流传。然而，黑格尔严厉批评启蒙原则的简单粗暴，斥之为"一种直接的意愿或自然冲动的形式"。黑格尔说，那些伦理习俗自古以来就已经存在，并被奉为神明和法则，启蒙思想家却借人性的普遍性来反对这些东西，这无异于"视之为一种或真或假的东西，从而动摇了它们的坚定不移的自在存在"②。在黑格尔看来，启蒙思想家所谈论的人性观念仅仅是抽象的普遍性而忽视了特殊性这一侧面。

早在启蒙时代，抽象的人性观念就受到浪漫主义者的抨击。卢梭（Jean-Jacques Rousseau）敏锐地观察到，抽象人性的无限扩张有使人类存在丧失自由的可能，他以"自然的情感"来缝合人性两个侧面的分裂。在卢梭看来，良心、正义、道德这些被称为普遍人性的东西，源自人的自然本能，并在我们的情感冲动中流露出来；情感的活动乃是"自然的呼声"，通过这种表达，

① 帕斯卡尔. 帕斯卡尔思想录 [M]. 何兆武，译. 武汉：湖北人民出版社，2007：132.
② TAYLOR C M. Human Agency and Language (vol.1)[M]. Cambridge：Cambridge University Press，1985：229.

人类理性才趋于完善。赫尔德（Johann Gottfried von Herder）汲取卢梭"自然的情感"的观点来捍卫个体自我的特殊性，指出人的存在本质上应被理解为包含各种情感在内的表现，自我的价值意味着将内在生命力或冲动表现出来。"自我"乃是生命之"表现"的观点，蕴含了个体存在的独特性，即个体生命的意义在于创造性地表现自身。对赫尔德来说，人的"表现"意味着某物在语言中被表达、被显现（embodied）。语词不仅描述所指涉的事物，也是反思活动的沉淀物。它意蕴着"人在反思活动中创造了某种世界上本没有的对象，并借助语词而显现出来"[①]。"表现"使人与世界建立了某种联系，个体的"我"由此在世界获得一个新的立足之处。表现主义理论力图借助语言来展现生命的统一性，却无法解释在语言世界呈现的人与对象化自然的对立统一关系。表现主义理论并没有缝合生命统一性的裂隙，哲学需要一种更具源始性的理解视角。

（三）语言哲学的理解

语言虽然打开了探讨人的问题的新视角，但语言与人之存在的关系更加复杂。一方面，人在语言中创造了他所在的文化和历史；另一方面，这些被创造的东西又反过来塑造并构成了人的存在本身。在这两个场合中，密切相关的两者都作为自相矛盾的东西出现。为解决这一矛盾，语言哲学出现了两种不同的进路：实证主义的工具论语言观，以及以社会为中心的文化人类学。它们都借由语言理解人的本质性能力，不同在于：这种能力对人究竟意味着什么？

实证主义持工具化的语言观，笛卡儿、孔狄亚克（Etienne Bonnot de Condillac）等都持该观点。孔狄亚克虚构了一个故事来假想人类语言的起源：两个在沙漠中的儿童通过呼喊或摆姿势表达某种自然情感、指示某物某事；在这种情况下，儿童将创造第一个语词，并随着时间的流逝而在他们的

---

① TAYLOR C M. Human Agency and Language (vol.1)[M]. Cambridge：Cambridge University Press，1985：78.

字典中增加更多的词语。这种语言观说明的是：人类虽然出于自然，但是他因为这种能力而从自然中凸显出来并反过来控制自然，语言只能被用于实现人的目的。

洪堡（Alexander von Humboldt）反对工具论的观点。在他看来，语言乃是一种生产性的力量，通过语言世界被"内在地"呈现给主体。在这个意义上，"语言不是代表某种真实存在的事物，而是发现某种此前未知的意义"①。但是这样一来，自然世界和人类世界之间就出现了断裂。卡西尔（Ernst Cassirer）进一步将语言符号化，以弥合这一裂缝。对卡西尔来说，人不仅是符号动物，也是具有无限创造性的动物。"人类能发明、运用各种符号，所以人能超越当下的时空限制，超越有限的存在，超出现实性向可能性前进，生活在更广阔和未来的人类理想世界之中。"②人通过符号创造文化的过程，也是人类从野蛮走向文明、不断塑造自身而无限发展的过程。卡西尔仍然没有说明文化上的创造性活动对主体而言究竟意味着什么。由于这种创造性力量并没有被透明化，主体与世界之间的联系止于抽象的"文化"。后期，维特根斯坦（Ludwig Wittgenstein）通过"语言游戏"来阐释人类生活的语境，海德格尔（Martin Heidegger）则基于语言与世界的前存在关系来理解世界中的事件，他们都力图借助语言来寻求人类安身立命之所。总的来说，形而上学解体后，哲学对人的理念的探讨转向语言范式，各种理论观点纷繁庞杂，彼此之间论争不断。正如黑格尔所说，生命无时无刻不处于内外分立和矛盾之中。为了理解它的完整性和统一性，人们不得不将生命卷入一个更大的整体，以一种更宏大、更广阔的视野来说明"自我"如何存在。

三、对哈贝马斯理论体系的初步考察

一方面，追问人类生活的价值和意义，是哈贝马斯学术生涯的工作重

---

① HABERMAS J. The Liberating Power of Symbols[M]. Peter Dews, trans. Cambridge：MIT Press, 2001：13.
② 杨寿堪. 冲突与选择：现代哲学转向问题研究 [M]. 北京：北京师范大学出版社，1996：236.

心，这对他而言有特别的意蕴。哈贝马斯在自传中提到，作为在战争中成长起来的一代人，他们曾被灌输各种价值信念，随着旧的社会秩序崩塌，这些人由此不得不生活在"文明断裂的阴影"之中。这场经历对这代人如此重要，以至于决定了他们的思想。生活要求人们重拾信念，重新确立生活的意义。另一方面，就理论而言，如何理解人的问题一直是哲学的重大课题。形而上学解体之后哲学上的各种纷争，基本都可以关联到该问题。近代以来各种理论观点的交锋使哈贝马斯认识到，理解人类存在与活动的意义，必须通过一种更深刻的统一性来把握。探求共同生活（zusammenleben）下既相互依存又维持个体差异的形式，构成了哈贝马斯关于人的问题的主题化场景。在这一场景下，认知人类学的理论筹划应运而生。哈贝马斯试图通过这样的探讨，在价值断裂的年代重新确立起人类支配自身命运的信念。他的全部理论体系，可以通过对人的问题的探讨整合为一。

（一）自我理解的基本框架

哈贝马斯认为，对人的问题的理解，根本地在于如何把握人与世界的统一性。根据这一观点，古代本体论和认识论传统对人的问题的理解，实际上只各自表述了一个侧面。

第一，本体论传统强调世界的统一性，忽视了人类活动的创造性。在哈贝马斯看来，本体论以凌驾于世界之上的"绝对"或"一"来理解人类活动的现实意义，结果是关于人的理论建构不再关注存在者本身，因而它无法解释个体存在的经验情境和抽象的观念之间的关系。反过来讲，借助于现代意义的、具创造力量的"我"的概念，人们将立即发现古代关于人的问题的理解的各种矛盾对立的根源。苏格拉底将理性原则上升为不变的恒素，这就必然导致对人的内在性的压制。与此相对的是，在智者身上则体现出这种被压制的生命潜能。"人是万物的尺度"表明，人类不仅出自自然，也来自人类自身的创造。黑格尔正确地指出，对立双方所持的观点不过是人性的不同侧面：苏格拉底强调的是希腊人所崇尚的理性生活，智者学派则强调自我决定的潜能，强调选择本身。然而，内部的潜能必须与外部的东西融合为一体，选择本身必须与具体情境结合，才能实现真正的自主性。遗憾的是，对立双方都未意识到对方的真理性。

第二，认识论传统强调人的主动性力量，却没有处理好世界的统一性。笛卡儿的"我思"主体保障了自我认识的明晰性和确定性，由此出发，其余的一切都会受到怀疑和批判。但实际上，"我思"主体必须依赖于对象的存在，它总是面对一个对立的对象领域。为了克服那个对立的"他者"，自我向对象领域恣意扩张；人与世界的关系因而被视为纯粹工具性的。海德格尔的"世界图像"论断对此作出了卓绝的分析：随着世界成为"图像"，人同时也改变了自身的存在方式。在前现代的把握中，人的存在从一个更广大的意义秩序中获得其存在价值和意义。但是，近代认识论挑战并最终改变了这种意义观：由一个完全自足的主体根据自身目的和需求来决定世界对自身的意义。结果是，人类主体从一个意义秩序中分解出来，蜕变为"无根之在"。一个有意义的世界秩序由此消散，现代人失去了生活的前行动力和目的的崇高感。所有这些，都与一个自足的主体观念休戚相关。

第三，哈贝马斯主张，人类世界的统一性既包括本体论传统的"世界的统一性"，也包括认识论传统的"可创造性"。也就是说，人与世界的关系不仅表现为在共时性结构上的统一性，还涉及人类主体自身的超越性力量，表现为历时性的、在时空中无限展开的创造性活动。这一框架的形成和提出，受晚期谢林（Friedrich Wilhelm Joseph von Schelling）和康德的工作影响较大。

1. 来自晚期谢林的基本框架

哈贝马斯对人的问题的基本理解深受谢林的影响。在谢林看来，人之为人的统一性是观念与实存的统一。由是观之，理性人类学的根本缺陷在于把"是什么"的观念与事物的实存对立起来。康德强调观念的客观性，认为人的本质在于按照理性意志自由行事并摆脱偶然性的支配。笛卡儿等二元论者则认为，观念的实体和物质的实体是两个完全不同的东西。对谢林来说，人在本质上是一种未完成的东西，他通过他的选择和行动成为他自身所是的那种人。人之为人的统一性不是反对这个或那个，而是要就其全体、就其发展过程整体进行把握；它的统一性是在对立之中不断超越的统一性，是精神的超越性与世界历史在对立中发展的对立统一。斯诺（Dale E. Snow）指出了谢林这一观点的深刻内涵——当我们谈及世界的客观性时，毫无疑问是以这样一种不可遮蔽的前提为基础：人类心灵之中存在某种关于世界的结构，它将我们和世界关联起来；随着它的改变，为之所结构的要素将毫无疑问地受到影响。[①] 换言之，我们如何理解世界，我们也就如何塑造在世界中的自己。哈贝马斯认为，谢林找到了处理本体论主体与认识论主体之对立统一的框架，"当实存的基础成为个性、事实性和非理性的原则时，个性、事实性和非理性也就归属于实存自身，归属于超越一切存在的纯粹的意志行为；……曾经与认识相对立的东西，就压根儿被视为可认识的"[②]。但是，哈贝马斯并不完全赞同谢林的解决方案。晚期谢林的启示哲学具有浓厚的神学色彩，主体的塑造被视为"绝对"主体向自身复归的过程。哈贝马斯指出，当康德谈到人之为人的绝对观念时，"绝对"还只是一种理想；而当谢林使用"绝对"这个概念时，在康德那里的观念与理想的关系，变成了本质与实存的关系。哈贝马斯接受谢林关于本体论与认识论之对立统一的理解框架，但摒弃其形而上学构造而转向康德哲学的自主性原则。

2. 出自康德哲学的自主性原则

哈贝马斯对人的问题的理解，以康德哲学的自主性原则为出发点。在哈贝马斯看来，自主性原则乃是现代人类可以唯一凭借以实现自身的东西。[③]

---

① SNOW D E. Schelling and the End of Idealism[M]. New York：State University of New York Press，1996：213-215.

② 哈贝马斯. 理论与实践 [M]. 郭官义，李黎，译. 北京：社会科学文献出版社，2004：220.

③ HABERMAS J. Theorie und Praxis[M]. Frankfurt：Suhramp Verlag，1978：23.

也就是说，如果我们真的承认有理想、未来这类东西的话，那么它们就只能倚仗于人类理性自身。康德哲学的意义在于：理性不再如在古代本体论和笛卡儿那里作为构成性的本质，而是一种维持总体性观念的能力；正是由于理念的调节性，对世界的总体性把握才有可能。不过，这种总体性观念并非毫无根据的猜测，而是把它作为人类的规定性来追求。在这个意义上，康德建立了一种绝对的或内在的价值概念。纯粹理性的理想和绝对价值的内在性乃是人类的彼岸和标尺，通过它人类确证了自身存在的意义和价值。康德告诉我们：虽然彼岸世界遥不可及，但人是一个自我负责、自我实现的主体；在理想与现实、有限与无限之间如何抉择，乃是人类自身必须承担的责任。人类不可以没有理想，但理想并非幻想而是理念。我们之所以相信人类在朝着改善的方向前进，是因为我们相信人类理性能够创造一个美好的未来。

3. 一种解先验化的认知性理念

哈贝马斯不赞同康德自主原则的先验内涵，这一异议促生了他关于人的问题的认知性立场。在哈贝马斯看来，康德关于人类理解的先验理念仍旧是思维预置的结果，由于这种构造，关于人的本体论假设和现实世界的认识存在无法逾越的沟壑。哈贝马斯认为，如果真的存在某种关于人的"本质"，哲学反思必定能够说明这一领悟如何可能；然而这种领悟不能使用康德哲学的先验理念，因为本体论假设在逻辑上是在先的；"它与源初的世界之间存在缝隙，超出这个基础，本体论存在严格意义上来说是没有意义的"①。哈贝马斯指出：如果对这一理念进行解先验化（detranscendentalization）处理并在具体历史情境中运用，就能保持理性内在的超越性力量。如果这是可能的，人类主体的自我成就将通过这一过程获得理性根基：它将在历史语境中不断自我塑造和发展，从而不断超越边界条件而走向自我实现。基于这样一种思路，"纯粹理性的理想"的解先验化处理之历史运用的可能，成为哈贝马斯

---

① HABERMAS J. The Liberating Power of Symbols [M]. Peter Dews, trans. Cambridge : MIT Press, 2001 : 17.

人类学研究的理论立足点。

哈贝马斯通过一种认知性理念来实现解先验化处理。康德哲学的"理性自主"是一个先验意义的"自我"，后者一旦离开它的先验语境，就不得不面临它自身的解中心化。在席卷一切经验和情境的时间浪潮中，任何情境的、先验的东西都将失去其基础性。在这里，自主性原则出现了共时性和历时性的冲突，哈贝马斯需要从方法论上消解这一冲突和对立。由是，一种认知性的人的理念被引入。认知性是相对于构成性而言的，它将人的身份建构置于社会历史的动态变化之中。哈贝马斯认为，这一理念可以从两个方面消解历时性和共时性的冲突：（1）观念和行动的统一。人的现实存在不是一个单纯的理论或实践问题，这两者事实上不可分离。也就是说，即使一个人具备那种理想的、"本质性"的规定，也不能免除在未来需要有所行动；个体无法将它自己的未来仅仅看作客观决定的问题，因此它无法将通向未来的过去的意义，或者包含在过去和未来的生活，仅仅看作一个理论经验问题。[①]（2）塑造自我的各种构成性活动的统一。在哈贝马斯看来，自我实现过程受特定社会历史过程的不同认识框架引导，就实践活动而言，结构框架以背景知识的形式出现，框架与活动的关系在其中是隐而不显的。因而，揭示实践活动中的这些结构性联系，不仅可以理解这些理念与生活的联系，并能通过这些联系呈现被遮蔽的人类活动本身。基于这样一种探讨，纯粹认识论意义的"认识批判"就转变为关于自我理解、自我实现的认识批判。对哈贝马斯而言，这一探讨将追溯到人类自我实现的条件、追溯人类生活的意义基础。他相信，这一探讨能重新确立人类支配自身命运的信念。

（二）认知人类学的整体规划

哈贝马斯建构认知人类学的思考导向是：通过语言范式来解决关于人类理解的二元对立问题。但是，究竟该以何种基础进行统一的理论建构呢？

---

① 麦卡锡.哈贝马斯的批判理论[M].王江涛，译.上海：华东师范大学出版社，2010：163.

哈贝马斯出现了犹豫和摇摆。正是这一摇摆，导致了迪克斯所指出的从"解放"向"交往"的转向。相应地，哈贝马斯理论体系就包含了关于人类自我理解的两个方案：一个是以"解放的兴趣"为代表的反思方案；另一个是以"普遍交往"为代表的重建方案。这两个方案都坚持关于人之为人的认知性立场，都企图运用语言哲学范式来探讨人类本性，但两者之间存在三个重大差异。（1）核心概念不同。初始方案以"解放的兴趣"为核心概念，而最终方案的核心概念是"理想言说情境"。（2）重要关联概念的变化。初始方案通过"相互作用"阐释"解放的兴趣"，而最终方案将之替代为一个单独的、类的再生产概念。（3）论证思路的转变。初始方案以批判反思为基点，反思的完成表现为摆脱认知框架中意识形态因素的抑制，而最终方案则强调重建，也即通过话语论证来重建"不受压制的主体性"。

1."解放的兴趣"与反思方案

反思方案强调"解放的兴趣"，这与哈贝马斯对德国观念论的批判密切相关。前面已经提到，哈贝马斯不赞同康德哲学中理性自主的先验内涵。从"解放"的视角来看，康德哲学中"纯粹理性的理想"需要进行解先验化处理。

（1）先验化与解先验化要求

先验性是康德哲学的特点。所谓"先验的"，是就知识的认识条件来说，是"我们有关对象的、就其应当为先天可能的而言的认识方式的知识"①。人类认识必须通过知性范畴的综合统一活动进行，统觉的统一性乃是本源的综合统一。康德认为，统觉的这种自发性能力在没有经验运用的情况下也能按照知性范畴进行推理运作，从而无限展开，实现"我"对世界的总体把握。这里，"我"并非一个经验主体，而是一个先验意义上的形式主体。哈贝马斯所接受的康德理念，仅限于理性自主的主动性、自发性意义。哈贝马斯认

---

① 康德.纯粹理性批判[M].邓晓芒，译.北京：人民出版社，2004：19.

为，自主性对主体或"自我"的形成与塑造具有本源性意义，主体正是根据已经认识的客观规律以及自身能独立运用的精神力量创造世界。在这一过程中，自我的现实存在总是根据过去的经验生活预设未来，并以此为导向返回现在采取行动，从而不断地形成和再塑自身，不断地塑造"我"的存在。解先验化努力，就是为了去除理性自主性的本体论假设并在历史情境中加以运用。对哈贝马斯来说，这一运用将证明：人类自身的存在及其在社会历史中的活动存在理性基础，它最终能促成一个完整人格的实现。

（2）两种解先验化方式及其不足

在康德哲学"去先验化"这一点上，哈贝马斯的立场非常接近黑格尔。他们都反对康德的"抽象空洞的自我"，都主张人类主体在社会历史中进行自我塑造。这两种观点如此接近，以至于有研究者将哈贝马斯解读为一个"黑格尔化了的康德"[①]。实际上，哈贝马斯和黑格尔虽然都批判康德，两者关于主体的立场却刚好相反。黑格尔的康德批判是为了说明"绝对理念"之"展开""实现"的外化过程。而哈贝马斯的康德批判，仅仅是为了通过先验成分的隔离而保留人类自身的自主性力量。显然，黑格尔的康德批判本身蕴含了绝对主体的"独白式"强制。而哈贝马斯的康德批判的初衷，正是要从绝对精神、理性或其他强制中夺回这种自主的权利。可以这么理解：黑格尔的康德批判是为了离开康德，而哈贝马斯的康德批判是为了在现代哲学的语境下返回康德。这一差异使得哈贝马斯无法使用黑格尔的方案，他需要重新寻找可供批判的基础。于是问题变成了：构造认知人类学需要探求解先验化的批判基础，然而这个基础是认知人类学所要探寻的。为了打破这一循环，"兴趣"概念作为批判反思的基础被引入。

（3）"解放的兴趣"作为反思基础

"兴趣"不是一个经验概念，而是经验之为可能的认识论框架。哈贝马

---

① BOWIE A. German Philosophy : From Kant to Habermas [M]. Cambridge : Polity Press, 2003 : 113.

斯指出："兴趣即乐趣，我们把乐趣同某一对象的存在或者行为的存在的表象相联系。兴趣的目标是生存或定在（das Da-sein）。因为，它表达着我们感兴趣的对象同我们实现欲望的能力的关系。"[①] 这段话的本意是说明"理性的兴趣"与经验兴趣之间的差异，但这一比喻反而具有误导性，极易让人将"兴趣"理解为经验兴趣。哈贝马斯在《认识与兴趣》（1968）及《理论与实践》（1971）中都谈到这个极易引发误解的问题。"兴趣"作为人类活动的框架本身乃是人类实践活动的结果，内置于人类的自然史并随实践活动而不断更新；框架既是主体认识可能的基础，也构成了对主体的压制。由此，"解放的兴趣"从中被推导出来，它作为一个基础用以恢复"不受压制的主体性"。"解放的兴趣"是对康德"纯粹的兴趣"进行扬弃的结果。

第一，康德引入"理性的兴趣"是为了阐释实践理性。纯粹理性在实践中排斥一切感性因素、严格遵循自身法则进行活动，这涉及理性意志与理性行动分离的问题。经验的理解是：法则并不导致对法则的遵循；如果理性必定遵循理性法则，就需要给出原因。因之，康德引入了"纯粹的兴趣"概念。康德认为，理性的兴趣是"纯粹实践理性方面的自我批准"；理性既是自主的也是自我负责的（self-responsible），所以它以"对遵守法则所怀有的兴趣为基础"，"建立在其处于义务和处于对法则的敬重的必然性上"。[②] 如果继续追问为什么会这样，康德的回答是：这已穷尽了"实践理性的极限"而只能作为一个"理性的事实"加以接受。

第二，哈贝马斯将"解放的兴趣"作为批判基础来使用。在康德那里实现事件（经验）的先决条件，变成了关于自我反思的效用。换言之，"理性的兴趣"是理性实现自身的内在条件，而这种内在的东西只有在它实现、显现出来并通过反思才能作为经验被把握到——用黑格尔的话来表述就是，这

---

① 哈贝马斯.认识与兴趣 [M].郭官义，李黎，译.上海：学林出版社，1999：201.
② 康德.实践理性批判 [M].邓晓芒，译.北京：人民出版社，2003：109.

些"现象学的经验"是"理性实现自身"而"把显现出来的意识的阶段看作反思阶段"。从这个角度反观康德就是：之所以产生"理性的事实"的"极限"困境，是由于康德没有认识到主体的形成同时也是理性兴趣显现自身的过程，继而使得"兴趣"与理性主体的自主性对立起来而最终失去了其效用。

第三，理性的兴趣以一种"准先验"（quasi-transcendental）的结构形式内嵌于人类生活史。就"兴趣"作为准先验的基础框架而言，"准"（quasi-）的精确含义是它在纯粹先验意义上运作，但是又深深扎根于生活。更进一步来说，康德之"知识得以可能的条件"中的"条件"本身不再被理解为完全意义上的先验范畴，而是被理解为经验历史语境中使认知得以可能的基础。它是人类自然活动的结果，因而不能认为是先验的。但也不能作经验的理解，因为它脱离了经验生活本身而只是在反思中才被静观。故此，哈贝马斯将之称为"准先验"的。

第四，"解放的兴趣"被作为人类主体自我实现的反思基础。按照"兴趣"的准先验结构，认知过程毋宁说是保存下来的生活兴趣的表达和显现。哈贝马斯区分了技术—工具的兴趣和相互理解的实践兴趣：技术的兴趣扎根于工具性活动，引导人类探寻自然的神秘；实践的兴趣扎根在语言的相互理解中，达成主体间的相互理解。那么，这两种兴趣如何统一起来呢？哈贝马斯认为，有一种普遍意义上的结构嵌入前科学的生活语境中，这就是使人类理性化的"解放的兴趣"。它修正或者超越使认识或理解得以可能的预制结构，而被预制的认识结构在历史情境中组织起工具性活动和相互理解的限定模式。在这个意义上，"解放的兴趣"在人类主体的自我实现中承担批判反思的基础角色，它是自我构成和再生产的特定的基础条件。哈贝马斯相信：凭借"解放的兴趣"的批判性力量，人类主体自身最终能获得一种"不受扭曲和压制的主体性"。

2. "理想言说情境"与重建方案

方案转换的根本原因是：一个"不受压制的主体性"的概念，高度依赖于德国观念论的"反思"概念，而后者保留了浓厚的认识主体的独白色彩，在这种情况下，"不受压制的主体性"虽然内嵌了普遍交往结构，但无法具备普遍性意义。用"理想言说情境"取代"解放的兴趣"，正是为了清除初始方案中主体哲学的残余。

（1）两种反思的区分与重构转向

德国观念论传统中存在两种意义的反思：一种是康德意义的，反思对象是普遍性形式；另一种是黑格尔意义的，它力图将自我从强制或扭曲中释放出来。就"解放的兴趣"而言，两者有不同的概念逻辑和对象指向。后者是批判意义的，前者是重构意义的；"批判处理的是特殊的东西，而重构出来的是匿名的规则系统"①。批判性反思包含了自我形成过程的特殊性，它局限于经验系统；重构针对知识的纯粹形式，它既不能来自技术兴趣或相互理解的实践兴趣，也不是直接的解放的兴趣。伯恩斯坦（Richard J. Bernstein）将批判意义的反思称为"强"解放意义的，而重构意义的反思是"弱"解放意义的。②认知人类学的初始方案混淆了上述两种反思：当哈贝马斯对"知识主体的综合成就"进行反思时，他在康德意义上使用这一概念；当他试图将主体从"建制化的权力"中解脱出来时，这一概念就是黑格尔意义上的。麦卡锡指出：哈贝马斯《认识与兴趣》（1968）的理论背景是为了反对科学实证主义对认识主体的钳制；"解放的兴趣"指向意识形态的压制，它是"强"解放意义的。但是，这一"以历史情境方式参与的启蒙的兴趣"不能等同于"解放的兴趣"。借用维特根斯坦的术语来说就是，"语言游戏"所展现的生活形式中，有一种无意识的规则系统在"游戏"中运作并渗入生活。我们理解这种

---

① HABERMAS J. Erkenntnis und Interessse：Mit einem neuen Nachwort[M]. Frankfurt：Suhrkamp Verlag, 1973：87.
② BERNSTEIN R J. Habermas and Modernity [M]. Cambridge：MIT Press，1991：12–13.

规则，并不意味着拥有它"为何如此"的知识。如果能通过重构对这种规则系统的知识进行阐明，就能将自我启蒙的兴趣转变为一种知识。由此，哈贝马斯调整了理论进路而转向话语理论；在1971年的高斯讲座中，哈贝马斯已不再使用"兴趣"概念，转而通过话语实践来阐释人的自我理解。

（2）从意识形态批判转向探求普遍化的类能力

从"解放"到"交往"的转向，是为了去除反思方案的意识形态色彩。但是，为什么必须放弃黑格尔式的反思而选择康德意义上的形式反思呢？按照麦卡锡的观点，如果任何立场都只能被理解为一种意识形态，那么哲学理论就只能是意识形态批判。在这种情况下，意识形态批判中的"解放"内涵不具有充分性，因而必须有一种使认识成为可能的普遍化的类能力（species competence）作为讨论的基础。由此，认识和兴趣活动中康德成分的反思被推到了前台。哈贝马斯这样理解：一方面，我们在先验观念史中理解自身的存在，并通过这些理解形成我们的判断、进行各种实践；另一方面，这些判断、实践构成了自我理解以及我们身处其中的世界的知识。这个双向互动的过程无限展开，就构成了人类主体不断实现自身、走向完美的过程。正是出于这样的原因，解放主体在后续理论中被一个新的交往主体替代。

（3）从"独白式"反思转向对话论证方式

《认识与兴趣》（1968）的基本进路是认识论意义的，它聚焦于"解放的兴趣"之"如何可能"，没有关注主体如何经由交往互动而形成。洛克莫尔（Tom Rockmore）在阐释这一方案时指出：哈贝马斯的"解放"主体实际是德国古典哲学关于人的观念的三重批判的叠加。[①] 第一，赞成康德理性自主原则的本源性，但是反对其先验性；第二，赞成黑格尔精神的现象学运动的先验前提，但反对将绝对精神作为同一前设；第三，赞成马克思的实践的观点，但又将劳动与实践区分开来。最后，塑造主体的实践结构以一种被阐

---

① ROCKMORE T. Habermas on Historical Materialism[M]. Bloomington：Indiana University Press，1989：51–52.

明的话语内涵返回康德。但是，被界定为"准先验"的知识构成之兴趣，并不能为它自身提供担保。用语言哲学的术语讲，"知道如何做"与"知道是什么"并不相同，仅仅识别这些结构是不够的，必须使普遍性类能力得以外显。《认识与兴趣》未能表明：存在着不可避免的、必然的沟通行动和合理性的普遍条件。如果要避免专断和相对主义，就必须对解放性批判之可理解性（intelligibility）的规范性基础进行澄清和辩护。哈贝马斯认识到，自我的塑造并非本源性意义的，他人的关注有一种实现个体化的力量。伴随着普遍的类沟通能力在普遍语用学中的呈现，《认识与兴趣》中最后一丝主体性残余被洗涤干净，认知人类学的规划完全转向主体间性立场。

（三）两套规划方案的统一性

认知人类学的两个方案相差如此之大，以至于人们认为，哈贝马斯已经放弃了其最初的哲学规划。但实际上，哈贝马斯对人的问题的理解，始终坚持一种"不受压制的主体性"的认知内涵。从"解放"到"交往"的转向，更多的是关于人的理解问题的方法论调整。在《理论与实践》（1971）中，哈贝马斯已经认识到，真正意义上的解放，不能从"独白式"反思中获得，而必须依赖于规则系统的对话和重构。在《认识与兴趣》补记（1973）中，哈贝马斯明确区分反思与重构，并指出人类只有在"得到普遍理解可能的意义上，方能重新创造自己的社会文化生活方式（lebensform）"[①]。在这样的情况下，哈贝马斯调整论证路径的意图已经非常明显。迪克斯指出，哈贝马斯从未改变其人类学所规划的初衷，只是由于"解放的兴趣"的概念空间需要扩展（由主体性转向主体间性）、基础需要进一步夯实，哈贝马斯才对其论证方案作出了方法论上的调整。在这一意义上可以说，从认知人类学来整体把握哈贝马斯的理论体系，不仅是可行的，而且是非常必要的。

---

① HABERMAS J. Erkenntnis und Interessse : Mit einem neuen Nachwort[M]. Frankfurt : Suhrkamp Verlag, 1973 : 412，416.

四、研究的合理性、意义及内容安排

本书的题旨，在于以哈贝马斯对人的问题的探讨为线索，将其不同时期的理论整合为一。这涉及研究的合理性问题，包括必要性与可行性。必要性是指为什么需要从认知人类学来把握哈贝马斯的理论体系，该研究有无必要。可行性是指该研究在理论上的可行之处。如果哈贝马斯确有关于认知人类学的规划，那么该规划可否用于导引其不同学术阶段的理论建构，从而合乎逻辑地将不同时期的理论整合为一个系统？以下试作简要说明。

（一）研究的必要性

研究的必要性包括厘清认知人类学思想的必要性，以及从认知人类学视角进行系统研究的必要性。

1. 厘清认知人类学思想的必要性

理解哈贝马斯的"认识批判"需要有认知人类学的视野。认知人类学意义的"认识批判"，是人类主体自我理解、自我形成的综合活动，其外延远大于认识论意义的"认识批判"。然而，当提及哈贝马斯的"认知人类学"时，与此关联的往往是"实证主义批判"等认识论主题。这些理解是基于古典认识论意义的，它明显遮蔽了《认识与兴趣》（1968）的人类学意义。缺乏认知人类学的视野，把握哈贝马斯早期思想将面临难以克服的困难。以"认识批判"为例说明：仅在 20 世纪 60 年代，哈贝马斯本人与"认识批判"主题相关的著作至少有三部，即《认识与兴趣》同名的法兰克福就职演讲（1965）、《认识与兴趣》（1968），以及《认识与兴趣》补记（1973）。此外，同时期相关著作还包括《理论与实践》（1963）、《社会科学的逻辑》（1967）、《理论与实践》（1971，再版）。如果仅从认识论来理解《认识与兴趣》（1968），不仅无法说明与"认识批判"这一主题密切相关的三部著作之间的关系，而且同时期相关著述也将游离于这一主题之外。这必然导致哈贝马斯早期著述与后期理论在理解上的断裂，整个理论体系被分割、被碎片化。结果只能是：既无法理解哈贝马斯思想发生转变的内在逻辑，也无法合乎逻辑地对哈贝马斯在不同时期的著作作出系统理解。

以认知人类学为基点的考察有利于把握哈贝马斯早期思想脉络。（1）人的问题是哈贝马斯初涉学术生涯时就关注的问题。早在 1957 年，哈贝马斯在研读马克思著作时，就已经在心目中预埋了一个将"异化"理解为"受到扭曲的交往"的人的概念。① 这可以视作哈贝马斯关于人的问题的最初思考。（2）人学动机促使哈贝马斯转向哲学人类学。1958 年他研读人类学著作时指出，"人类学研究者必须首先对他们自身作为人的生存状态做出理解，应该从他们自己的存在出发，来解释人何以为人的人类学问题；只有把自己也置于被观察对象之列，他们才能真正把握对象"② 。哈贝马斯在其 20 世纪 60 年代出版的第一本著述《公共领域的结构转型》（1961）中将公共领域理解为人的"实存"，并认为其在现代发生了蜕变，认知人类学的"解放"的内涵由此开始彰显。（3）哈贝马斯着手对认知人类学的规划。《理论与实践》（1963）虽未完成这一任务，但仍可以看作一种尝试，《认识与兴趣》（1968）则是认知人类学的第一次正式规划。从认知人类学考察哈贝马斯思想，可以清晰地理解其思想上的连续变化。这些思想涟漪勾连一起，汇聚成为认知人类学的系统规划。

2. 从认知人类学视角进行系统研究的必要性

这里从体系化研究的三种典型立场来探讨认知人类学考察的必要性。

第一，是否可从交往行为理论来理解哈贝马斯理论体系？这一研究方案有明显的"外在性"特点：一方面是将哈贝马斯在不同时期发展起来的理论视为相互独立、彼此外在的不同理论；另一方面是对哈贝马斯思想的整体把

① ROCKMORE T. Habermas on Historical Materialism[M]. Bloomington：Indiana University Press，1989：5–25.
② 霍尔斯特. 哈贝马斯传 [M]. 章国锋，译. 上海：东方出版中心，2000：2.

握侧重于外在的社会整合，而忽视了个体的内在性。这种观点能较好地涵摄哈贝马斯后期的理论，其不足在于：既无法依相同的理论逻辑整合哈贝马斯的全部理论，也无法说明哈贝马斯的思想发展为什么会出现这种转型。同时，早期的认知人类学思想游离于哈贝马斯理论体系之外。

第二，是否可以借助批判理论来把握哈贝马斯理论体系？这一方面的代表人物是麦卡锡，他区分了哈贝马斯的创造动机和理论体系的动机，并将阐释的重心置于前者。其显著特色是强调"内在性"，即基于内在动机来完成哈贝马斯理论体系的整合。但是，对批判动机的强调使这种观点抑制了哈贝马斯早期思想中丰富的人学内涵。甚至可以说，对批判的强调压倒了批判本身。哈贝马斯思想的批判性力量不仅仅是为批判而批判，它最终将归结为人的问题。

第三，认知人类学的考察仍有需要补遗之处。以认知人类学为基点的阐释具有较强的"系统性"，既能涵摄哈贝马斯不同时期的理论著述，也能整合哈贝马斯的思想要旨及其理论动机。要系统把握哈贝马斯思想为什么会出现"认知人类学""社会批判理论"以及"交往行为理论"等明显的转向，就必须深入理解早期的认知人类学动机。一个庞大的理论体系，无论其在后来如何发展、如何转向，都必定可就其开端作出解释。关于这方面的研究不乏先例，但亦呈现明显不足。如前文提到的巴蒂洛企图从哈贝马斯的思想中提炼出内在的形而上学理念，弗莱明（Marie Fleming）企图借助哈贝马斯认知人类学的解放内涵探讨女性歧视问题，等等。这些研究虽阐释了哈贝马斯关于人的理念，却并未将其主题化。同时，国内现有研究多侧重于主体或方法论层面的建构，尚未澄清哈贝马斯思想转向的内在逻辑。从认知人类学进行考察，不仅可对哈贝马斯研究进行补遗，而且具有理论上的新意。

（二）研究的可行性

在 20 世纪 60 年代或更早时期，哈贝马斯本人尚未形成相对稳定的思想进路，其理论研究或关注重点表现出某种程度的漂移。以认知人类学为基点的重构，必须首先厘清哈贝马斯早期思想的可行性，在此基础上方能考察以此重构整个体系的可行性。

1. 厘清哈贝马斯早期思想的可行性

认知人类学的考察不仅能涵摄哈贝马斯前期思想，也能辐射到哈贝马斯后期理论。洛克莫尔认为，哈贝马斯学术生涯的诸多努力，正是为了寻求一种有效方法完成关于人的观念的重建。麦卡锡在回顾哈贝马斯理论体系时，也认为其统一性力量来自德国传统思想中关于人的观念的超越性力量。这一考察的可行性体现在以下几点。

第一，厘清哈贝马斯早期文本思想的可行性。为什么《认识与兴趣》（1965）猛烈地批判柏拉图传统的理念论？① 认知人类学能对此提供合理解释。希腊人崇尚理性生活并要求用理性克制情欲，这种关于人的观念只有通过现代的"自主"观念才能得到理解。然而，柏拉图理念论关于心灵"净化"的观念契合了现代自主原则的结果，哈贝马斯必须对此作出区分和说明。《认识与兴趣》（1965）的论述表明，哈贝马斯将采取一种新的途径探寻人类本性，以此终结自柏拉图开始的理性主义的人类学传统。②

第二，厘清哈贝马斯早期人类学立场的可行性。从 20 世纪 50 年代末研究"人道主义的马克思主义"，到《理论与实践》（1963），再到《认识与兴趣》（1965、1968），哈贝马斯思想连续出现跳跃。借助认知人类学立场可以有效厘清这一脉络。门德尔松（Jack Mendelson）指出，在 20 世纪 60 年代关于"人道主义的马克思主义"的反思中，哈贝马斯持有一种近乎两难的观点：一方面，他认可人类本性中确实存在某些尚未明证的东西，后者能抑制人类的活动；另一方面，他又相信这些东西最终会在人类历史文化中以有形

① 《认识与兴趣》（1965）共 7 章，有 5 章涉及理念论，其中有 2 章专门讨论柏拉图传统。
② ROCKMORE T. Habermas on Historical Materialism[M]. Bloomington：Indiana University Press，1989：49.

的形式存留下来，并在反思中得以确证和理解。[①] 为此，他需要另一种关于人类本性的"解放"理论。由此可以理解，为什么在《理论与实践》（1963）与《认识与兴趣》（1965）之间会出现如此之大的跳跃：它们各自关注人之为人的一个侧面，实践的或反思的；在"人何以为人"的主题下，这两方面的关注将明显归聚为一个主题，归聚为一个独立自主主体的各种存在与活动。

第三，厘清哈贝马斯早期思想脉络的可行性。哈贝马斯早期思想存在一定的漂移或跳跃；比如，《认识与兴趣》（1965、1968）之间会插入一个看似毫无关联的《社会科学的逻辑》（1967），为什么会如此？认知人类学的考察能提供合理解释。哈贝马斯在 20 世纪 60 年代早期创建认知人类学时，作为批判之基础的许多关键概念尚未界定内涵。它在理论上表现为：在与实证主义的论战（1961）中，对"兴趣"的理解是"重构"意义的；而《社会科学的逻辑》（1967）强调兴趣结构的反思性，并且它被整合进《认识与兴趣》（1968）。认知人类学的考察有利于把握哈贝马斯早期思想的连续变化，从而避免《认识与兴趣》因为被视为一部单独的认识论著作而游离于哈贝马斯后期理论之外。

2. 整体重构哈贝马斯理论体系的可行性

以认知人类学为基点来考察哈贝马斯理论体系，不仅能更加深入地解读哈贝马斯思想要旨，也能更好地把握哈贝马斯理论体系的发展逻辑。

就深入解读哈贝马斯本人的思想要旨而言，哈贝马斯本人并无专门的哲学人类学著作，相关思想散见于不同时期的各类著作。以认知人类学为基点的阐释，将塑造一个不同于通常所理解的、"被重构的"哈贝马斯。此类重构显然不乏先例。比如，罗德里克曾经大胆地将哈贝马斯理论体系重构为"黑格尔化的事业"，它与通常所理解的"康德化的"哈贝马斯形象截然相反。

---

① CROSSLEY N, ROBERTS J M. After Habermas : New Perspectives on the Public Sphere[M]. Oxford : Blackwell Publishing, 2004 : 44.

就哈贝马斯的不断被阐释、被"重构"而言，所在的理论构造都或直接或间接地指向人类自我理解这一重大问题。笔者持有与巴蒂洛相近的观点：不论是早期的"解放"概念还是后来的交往范式，哈贝马斯的理论体系必定潜在了一个如何实现其完整人格的人类主体。它不仅来自德国哲学的批判传统，也是哈贝马斯在学术工作以及现实生活中极力捍卫的理念。认知人类学视域下的考察，正是要通过"重构"而通达这一哲学对象。

就哈贝马斯理论体系的发展逻辑而言，一个庞大的理论体系无论其如何发展，都必定可就其开端作出解释。对哈贝马斯思想的研究或理解，常以时间为序划分为"认知人类学""社会批判理论"以及"交往行为理论"等不同阶段。这样一种外在描述无法澄清这一问题：为什么哈贝马斯思想在不同发展时期会出现明显的转向？对该问题的阐释，需要深入把握从早期的认知人类学转向后来的交往理论的内在逻辑。以认知人类学的两个方案为主轴，从哈贝马斯思想发展过程中合乎逻辑地整理出关于人的理念的理论框架，进而通过这一框架将不同时期的理论纳入其中，再将哈贝马斯不同时期的理论整合为一个在逻辑上具有连续性的体系。笔者持有这样一种信念：哈贝马斯思想中出现的明显转向，绝非仅仅涉及哈贝马斯个人研究兴趣的问题；对思想转换之逻辑的把握，本身也意味着对哈贝马斯思想体系的深入解读。正如赫尔德所说，开端就是起源，对起源的探寻，将获得另一种意义的开端。从开端中寻求对哈贝马斯思想的理解，也有某种程度的创新之意。

（三）研究的意义

1. 理论意义

本书整合现有关于哈贝马斯研究的多方面成果。从体系方法的分类看，既包含体系性方面的研究成果，例如以本哈比、君特、童世骏、章国峰等为代表的内在性研究，也包含以罗德里克、麦卡锡、郭官义等为代表的外在性研究，还包含以迪克斯、龚群等为代表的系统性研究，也包含以金、达姆斯为代表的方法论研究。从内容与形式的区分看，既包含哈勒（Michael Haller）、麦卡锡等人对某一理论或整体内容的研究，也包含维尔默（Albrecht Wellmer）、刘钢等人对某一方面的集中探讨。从哲学范式看，既包括对古典哲学尤其是德国观念论的研究，也包括对语言哲学和后现代哲学的研究，以及历史唯物主义的反思等。整个内容非常丰富，这有利于进一步展开研究。

综合来看，本书从多角度提出了具有创新性的不同理解。（1）理论视角的综合创新。从认知人类学的视域来整合哈贝马斯理论体系，巴蒂洛、弗莱明等对此虽有探索，但多限于某一方面而鲜见以体系性为研究对象的成果。本书的主题化研究有一定的创新性。（2）理论框架的综合创新。本书以"理性自主"为基点，综合德国观念论的本体论框架、主体哲学的认识论框架以及语言范式，形成对哈贝马斯关于人类自我理解的三维结构。该三维结构既强调人与世界的统一性，又强调主体的创造性和批判性，也强调主体间对于把握人类本性的范式意义。这一理论框架比较准确地把握了哈贝马斯的思想要旨，有利于系统把握其理论体系。（3）理论逻辑的综合创新。本书将哈贝马斯全部理论体系把握为认知人类学的"解放"方案和"交往方案"。这对厘清哈贝马斯思想的逻辑，把握其理论要旨具有重要意义。上述各方面的理论综合，不仅有利于系统把握哈贝马斯理论要旨，而且有利于通过主题化的探讨将不同理论流派、学术观点融通，这对于在中国话语体系下继续展开针对性研究具有重要意义。

2. 现实意义

人的问题是人类必须面对的永恒话题，哲学上关于这一问题的探讨层出不穷，诞生了很多重要的理念和理论。对它的回答涉及如何规划人类的前景，如何选择我们的行动，为未来生活提供指引。当今世界，人类正站在历史发展的十字路口，关于人类未来的不同价值理念、不同发展模式激烈碰撞。马克思深刻指出："问题就是时代的口号，是它表现自己精神状态的最实际的呼声。"① 在世界局势风云激荡的当代，在中国式现代化的语境下，重新探讨这一事关人类生存和发展的基本问题，无疑具有相当重要的现实意义。20 世纪前期，"西方中心论"的文明观及相关论调曾喧嚣一时。它们认为西方文明是人类文明阶梯的最顶端，将非西方文化视为西方世界的文化残存。中国正视这一压迫和挑战，以西方文明的现代化经验作为自身现代化的环境和条件，让自身文化理想、社会制度、价值体系在与西方文化的竞争中接受检验、挑战、补充和修正，最终确立起自身的存在。现代中国文化主体意识确立的过程，是将民族的东西置于世界舞台并最终加入世界历史的进程。从此，中华文明的永续发展获得了一个更高的普遍性平台。从理论上重新探讨人类自我理解的问题，就是要将中国探索现代化道路的特殊经验，以自我建构、自我理解、自我发展的方式叙说中华文化对世界的独特体验和普遍性价值。这不仅有利于对中国式现代化理念的深入把握，也毫无疑问地将为建构中国自主知识体系增添新的理论资源。

（四）内容安排

本书除导论、结语外，主体部分共 5 章，各章内容简要介绍如下。

第一章"自我理解的观念论基础"主要探讨德国观念论对人的问题的理解。德国观念论是认知人类学的理论基础，哈贝马斯关于人的理解的自主性原则、相互作用以及主体的实践内涵等，很大程度上受德国观念论的影响。本章主要讨论的问题包括从康德、费希特（Johann Gottlieb Fichte）到黑格尔等不同观念论者关于人的问题的基本原则、内在矛盾及哈贝马斯的批判与继承。

第二章"'解放的兴趣'：不受压制的主体性"涉及认知人类学规划的初始方案，包括哈贝马斯为什么从语言范式来阐释人的问题、如何取得关于人的问题的互动视角，以及如何通过"相互作用"来理解人的自我塑造。哈贝

---

① 马克思恩格斯全集（第 40 卷）[M]. 北京：人民出版社，1982：289-290.

马斯从洪堡语言学、卡西尔文化人类学中获得对人的自主性的理解，从黑格尔耶拿时期的著述中获得对主体的相互作用的理解，然后通过"解放的兴趣"来阐释"不受压制的主体性"的规范意义。本章还讨论了哈贝马斯在人的问题上对历史唯物主义的误解及其原因。

第三章"交往重建：普遍理解何以可能"是从"解放"主体向交往主体的过渡环节，对照"解放的兴趣"来看，它探讨的是这样一种兴趣如何成为可能。本章内容包括"解放"之反思与交往之重建有何差异、以语言为中介的普遍理解何以可能，以及普遍理解的理论预设等。哈贝马斯从言语行为的意义理解切入，对意义基础的追寻导出"理想言说情境"。哈贝马斯认为，"理想言说情境"虽更像一种乌托邦，但对人类自主而言它是无法避免的假设，是使我们生活有意义的预设。

第四章"人类理解之基础：真理、实践与道德"是人类理解的交往方案的完成，主要讨论理想交往形式的论证程序。"理想言说情境"作为一种理论预设，它的客观基础究竟是什么？哈贝马斯认为，任何话语论证都必须以规范性前提为基础，这些规范性前提担保了理论论证中真理性主张的正确性。把真理性主张的论证外推到实践领域，同样会引发在道德—实践领域的、由"更好的理由"保证的共识。由此，将获得普遍主义的视角的"自我"概念。人类自我理解的普遍结构在真理、实践和道德领域的证成，意味着一个"不受压制的主体"的客观性得到论证并确立起来。本章还从历史唯物主义视角反思了哈贝马斯的立场和观点。

第五章"展望：一种合理化的生活形式"涉及交往合理性的现实应用问题，包括生活世界的合理化机制，以及对现代性问题的处理和对后现代主义的回应等。

结语部分返回哈贝马斯探讨人的问题的起点，从概念和范畴层面回溯了哲学史上关于人的问题的理解。人类生活于一个对他而言有意义的世界，故而对意义来源的追寻也成为人类之本性。意义乃是人类自身的产物，故而对根源的找寻也只能在人类自身之中。成为问题的是：伴随世界的无限敞开和不断生成，所有情境的、先验的构造将失去基础性作用，人类最终唯一可凭借的只有语言。哈贝马斯通过普遍语用学证实了这一观点：语言内嵌的普遍交往结构，界说了人类本性与存在之意义；通过以语言为中介的交往活动，人类主体之间达成理解、共同创造生活，创造一个于他们而言有意义的世界，并由此展望一个无限的未来。

第一章

自我理解的观念论基础

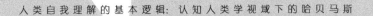
人 类 自 我 理 解 的 基 本 逻 辑: 认 知 人 类 学 视 域 下 的 哈 贝 马 斯

一、德国观念论的开创性意义

德国观念论关于人类精神的深刻阐述，不仅深深影响了今天人类的自我理解，也影响着哈贝马斯的理论规划。哈贝马斯对人的问题的讨论，以批判德国观念论为切入点。他将德国观念论所探讨的那种主动性的精神力量，作为理解人的本质性的根本要素。通过批判德国观念论的理性自主原则，哈贝马斯将对人的问题的探讨带入社会现实生活领域。

（一）人的问题的观念论理解

在西方哲学的理性传统中，关于人的问题的探究基本上都是通过一个总体性框架而涵摄诸多差异性，借此理解人的存在与人类活动。不同于此一进路，德国观念论以人的本质性力量为基点，力图在内在反思中构筑起人类世界、自然以及社会历史和谐一致的图景。自康德开始的德国观念论，都通过该模式来探讨人类生活与人的精神本性。黑格尔认为，人的自我实现必须出于他自身的内在目的。就此而言，古代本体论所持有的是一种外在目的论。而近代以来的主体哲学从抽象的本质来理解人，人的具体存在方式被作为"理性的他者"而遮蔽。与此不同，德国观念论对人的理解是有批判意义的。对德国观念论者来说，自我和世界的统一是哲学反思的结果，反思并非主观幻想，而是"对必然性的最内在意义、概念加以理解"，是思想自身的规定。在康德开创的这一批判传统中，人类的自我理解已经不再像古代哲学或近代哲学那样将自身从本质上把握为某种独立物，而是从观念上把握为一种主动性的精神力量。德国观念论基于一种内在的超越性力量来探讨人类本性和人的概念，这一点与前观念论哲学有着根本性差异。哈贝马斯在很大程度上延续了这一传统。

德国观念论关于人类本性的焦点问题是：如果人类的理想乃是成就一个完全自足的理性主体，那么这一观念的形而上学基础何在？一方面，德国观念论一定程度地沿袭了柏拉图的理念论或柏拉图主义传统，即强调通过一种观念或理念来描述实在世界的本质。在这一点上，他们与柏拉图的理解并没有什么不同。① 另一方面，德国观念论又尝试揭示笛卡儿"我思"主体的预设前提，从而打破认识论的自我中心论。由之而来的是，理性作为世界的本体或基础"保证人同世界的整体取得统一"；心灵自身则又通过自发性活动反思、诠释世界的统一性并力图达到完满。德国观念论力图在哲学反思和人类生命内在经验之间搭起桥梁，由此，一个作为本体世界和经验世界联结之枢纽的"自我"范畴被建构起来。相应地，被康德主题化的"自我"成为德国观念论最重要的问题。② "自我"问题作为讨论的中心，乃是德国观念论关于人类本性之探索的开创性举措。正是通过一个自我奠基、自我实现的主体，人类才能完全从形而上学和神学世界观中夺回命运的自主权，一个面向未来无限展开的人类主体才可能出现在世界历史舞台。

（二）德国观念论的基本关注

哲学史上虽然很早就关注人的问题，但从德国观念论开始，哲学界才探讨"自我"问题。③

第一，对德国观念论来说，"自我"是一个有待论证的问题。笛卡儿提

---

① 亨利希. 在康德与黑格尔之间 [M]. 乐小军，译. 北京：商务印书馆，2013：93.

② BEISER F C. German Idealism：The Struggle Against Subjectivism，1781–1801 [M]. Cambridge：Harvard University Press，2002：Ⅷ.

③ PIPPIN R B. Idealism as Modernism：Hegelian Variations[M]. Cambridge：Cambridge University Press，1997：35.

出了近代哲学的主体性原则，"自我"被肯定为哲学的原则和认识之基础。对笛卡儿来说，"自我"本身是毋庸置疑的。但实际上，"经验自我"之为可能是以"自我"的统一性为前提的，康德最先意识到这种差异。《纯粹理性批判》第二版（B版）先验演绎第16节"'我思'必然伴随'我'的表象"的著名论证，正是由此展开。康德的另一个重要论证是"自身关系"问题，即对象认识的可能性与作为认识前提和基础的、源起的"自我"之关系问题。"自我"问题在康德那里最先被主题化，康德之后的德国观念论者沿袭了这一主题。

第二，德国观念论基于一个高度发展的人格概念来理解"自我"。"自我"概念不单指涉笛卡儿式的认识主体或抽象的人，而是一个高度发展并在完满意义上进行整合的人格。就生命存在和发展条件而言，一个高度发展的人格概念被作为批判性力量来引导不完满的生命状态。在这个意义上，一种关于人的完备性理念将提供终极性的价值基础和意义来源。因此，德国观念论的主体已不再是笛卡儿式的认知主体，而是观念上的绝对意义的"自我"概念。用黑格尔的术语来说，这个"主体"规定了人类存在及活动的本质，它从一个绝对不充分的存在发展达到关于完备性的过程，"不应该把自我表现的过程看作是一种对原始存在的剥夺，也不应该把它只看作向最高者的上升；这个过程的整个论述都是自我指称的结构"①。一个既同一又分裂的"自我"的实现活动，构成了人类自我塑造、趋近完满的过程。

第三，观念论思想家通过不同途径探讨实现这一完备性理念的可能性。康德关注的是"认识如何可能"的问题，也就是使"自我"作为一个统一体实现认知活动的普遍结构。费希特和谢林关注康德哲学的前提，即"我如何是我"的问题。不同在于：费希特的"自我"是一种自身设定的本原行动，谢林则强调"有差别的同一"。黑格尔关注功能性结构的具体外化问题，也就是

---

① 亨利希.在康德与黑格尔之间[M].乐小军，译.北京：商务印书馆，2013：449.

"自我的现实化"问题。总的来说，德国观念论者都认为人的本质在于某种精神性的东西，只是在探讨这种精神性的东西在何种程度上能为我们认识时产生了分歧。德国观念论者所寻求的是本质性"自我"与自身意识"同一"的现实可能性。他们相信，观念并非人所幻想，而是我们能从中把握到的一些有效的而且正是绝对者的表述的东西，"在实在领域和在生命中，一种我们所追求、热爱与遵从的意义在显示其自身"①。

（三）观念论模式的衰退与复兴

德国观念论所追求的"绝对"意义的"自我同一"概念，在19世纪科学文明的浪潮中丧失了其生命力。现代科学文明在展示其卓越成就和强大优势的同时，也清除了绝对、灵魂、上帝等形而上学概念。形而上学的退场为科学理性的膨胀扫清了道路，科学主义的客观化力量日趋强大。随着实证科学的高度发展，客观化力量开始暴露其严重缺陷：它将世界的一切存在都对象化，不仅人的价值观念、行为活动被工具化，连社会的组织管理也被对象化。科学文明中的理性工具化、客观化，正日益剥夺人的思想的权利和人的存在的超越性意义。正如霍克海默所说，实证主义把理性从形而上学转化为工具的合理性。一方面，它是社会进步的条件，知识成为生产力；另一方面，它又成为压抑理性的手段。在哈贝马斯看来，在科学技术高度合理化的背后，隐藏了一种实质性的历史哲学，即幻想人类可以通过社会技术的运用合理地掌控命运。然而，人类生活并不只是一个科学认识或技术问题，单凭技术并不能将人从内在和外在自然的压抑中释放出来。从这一点来说，科学理性已经表现为一种意识形态，它阻隔了人类的自我理解及其反思。在这种情况下，20世纪60年代重新兴起对德国观念论的研究，它并非要回到"绝对"或形而上学统治哲学的年代——毋宁说，人们希望通过德国观念论中的超越性力量来冲破现代科学的"囚笼"。德国观念论从前理论或前概念层次

---

① 克朗纳．论康德与黑格尔[M]．关子尹，编译．上海：同济大学出版社，2004：11.

整合生命内在经验的探索，展现了人类所特有的批判反思精神。哈贝马斯在 20 世纪 60 年代发展起认知人类学时，就明确昭示他的哲学意图在于"重温被忘却了的反思经验"。正如亨利希（Dieter Henrich）所说，德国观念论乃是一个无法被打破的理论传统，它的潜力从未被耗尽。这种理论传统的力量来自人类批判性地实现自身的理念，来自对未来的规划和超越当下的渴求。

二、康德确立的"理性自主"原则

哈贝马斯关于人的问题的探讨，从批判德国观念论的"自主性"原则入手。这一原则首先由康德阐述并在后续发展中日渐丰富。不同的观念论者，实际上有不同的自主性原则。讨论哈贝马斯对观念论的批判与承继，需要就此详加甄别。下面先考察康德哲学的相关观点。

（一）康德哲学的自主性原则

人的问题是康德哲学的中心问题。在《逻辑学讲义》中，康德将他的批判哲学归结为我能知道什么、我应当做什么、我可以期待什么三个问题，而这又归结为"人是什么"的问题。康德尝试限制理性在不同领域的使用，以克服人类生活经验和关于人的本质理解的分裂。① "哥白尼式的革命"不单是为了解决"认识何以可能"的科学问题，更多地是把同样正当的理性动机扩展到人的存在，从而赋予人类精神以某种实在性的原则。康德通过三大批判告诉我们：理性不仅是人的认识能力和工具，更是人的本性和存在目的。那么，当康德主张理性是人的本性时，他到底表达着什么？

第一，强调主体的绝对自主性。康德认为，理性意志只有当它执行它自身给予的规律时它才是自主的。因而，理性自主表现为一种绝对律令，它要求我们按照理性准则而不是按照感情冲动去行动，"要这样行动，使得你的

---

① HENRICH D. Between Kant and Hegel : Lectures on German Idealism[M]. Cambridge : Harvard University Press, 2008 : 26–33.

意志的准则任何时候都能同时被看作一个普遍立法的原则"①。《实用人类学》指出，人是有理性的存在者，他能够通过自己的创造行动使自己从"天赋有理性能力的动物"成为一个现实的"理性的动物"。一个完全自主的理性主体，把自己视为一个自我决定、自我实现的无限主体，因而在实践活动中只服从于它自身的理性规律而拒绝接受任何外在的、感性的东西。用黑格尔的话就是，"除了由它自身创造出来的、它自己的自由外，没有别的目的"②。

第二，强调理性主体的自发性活动。根据自主原则，理性主体在实践活动中能开展具有绝对自发性的活动，从而使人摆脱感性世界的支配，将之导向理想和目的。在康德看来，经验总是统觉的本源的综合统一，这种统一性仅仅是自我意识的可能性。正是通过本源的综合统一的自发行动，主体才得以构成自身。也正因为如此，认知主体总是一个自发的主体。通过认识论上的"我思"主体的统一，"我"知道我是存在的，这个"自我"要求被给予性，在这个被给予性之内，现象世界与本体世界存在区别。但是，一旦这种区分被给定，"先验自我"就不再能返回到自身，它将被限制在作为连接的逻辑中心的人的概念上。③由此，人作为统一体处于本体世界和现象世界的连接点上。理性的"我"，成为沟通理想与现实的桥梁并获得生命的完整性和统一性。借助理性批判，在笛卡儿那里对抗和分裂的"我思"主体，被改造为统一的"先验自我"。相应地，自主性原则从"我思"主体的禁锢中释放出来。

第三，强调理性主体的自我实现能力。对康德来说，具有决定性意义的是理性的总体性能力。后者在实践领域运用时，能从观念上赋予每一个理性存在者以自我决断、自我实现的能力。"也就是说，把隐藏在人之中的东西

---

① 康德. 实践理性批判 [M]. 邓晓芒，译. 北京：人民出版社，2003：39.

② 黑格尔. 小逻辑 [M]. 贺麟，译. 北京：商务印书馆，2013：127，142-143.

③ HENRICH D. Between Kant and Hegel：Lectures on German Idealism[M]. Cambridge：Harvard University Press, 2008：52.

显露于使他对他的决定负责的存在义务之中；它不是一种对象化的反思。"[①]
在笛卡儿那里作为认知能力的理性，被康德提升为一种把握总体性观念的能力。依据它，人类理性能自发地从有限延续到无限，并内在地将其把握为一个整体。理性自主的原则，赋予人的存在以"绝对"意义。黑格尔指出，"在纯粹理性批判中最深邃的和最具有真知的洞见是，构成概念本质的统一体被视为统觉的本源的综合统一体，被视为我思的统一体，或者说是自我意识的统一体"，"自此以后，理性独立的原则，理性的绝对自主性，便成为哲学上的普遍原则"[②]。康德关于理性自主的思想，改变了后继者探讨人的问题的方向，哲学人类学由此转向自我决定、自我实现问题。由此，人开始意识到他是自己的创造者，人类对自身的认识摆脱神学世界观和形而上学的桎梏，转而以自我创造、自我实现的主体身份出现在历史舞台。亨利希将这一转向与法国大革命相提并论，认为两者都是人类"无法遗忘的事件"[③]。

康德理性自主原则的缺陷在于：它要求人们对行为活动作完全符合本性的理解，这使得道德实践活动远离了具体社会、历史环境，人类生活和关于人的存在的价值观点被撕裂开来，最终空悬彼岸。结果是，人的本质和理想作为目的王国只能停留在否定的和单纯的应当阶段，停留在彼岸世界，无现实意义。理想与现实的分离，使理性自主原则无法兑现它关于生命统一性的最初承诺。问题出在哪里呢？这就需要深入分析批判哲学的理论动机及其哲学证成。

（二）自发性活动及其本体论悖论

1. 康德哲学的本体论悖论

批判哲学的初衷在于说明生命经验的完整性。在康德看来，形而上学解

---

① 严平. 伽达默尔集 [M]. 邓安庆，等译. 上海：上海远东出版社，2003：294–311.

② 黑格尔. 小逻辑 [M]. 贺麟，译. 北京：商务印书馆，2013：150.

③ HENRICH D. The Unity of Reason：Essays on Kant's Philosophy[M]. Richard L. Velkley，trans. Cambridge：Harvard University Press，1994：3.

决的是"我能知道什么"的问题，而之所以人们对生命的理解陷入分裂的困境，是因为将形而上学运用于回答"人是什么"的问题，从而导致形而上学的幻象。对康德来说，科学知识显然是可能的，但同时对人的形而上学理解也是不可能的。形而上学虽然不可能，但它在人类心灵中具备稳定的来源。批判哲学尝试解开形而上学之谜，既证成科学知识的可能条件又说明形而上学幻象的根源。由此，康德建立起一个完备的批判体系：纯粹理性批判阐明的是客观的自然科学的可能性问题，实践理性批判阐明的是人如何才能使自己适应自己所确立的法则，判断力批判则揭示了独立的审美经验所必需的主观条件。批判哲学的起点是认知能力分析，康德用"先天综合范畴"架构起人类认知能力的基本结构。先验范畴的"超验的运用"将产生形而上学幻象，因而康德引入总体性理念。纯粹理性在实践领域乃是一种完全自主的意志，"只给自己保留了在知性概念的运用中的绝对总体性，并试图把在范畴中所想到的这种综合统一延伸出去直到绝对的无条件者"[①]，由此它超越感性界限而达到无条件的超感觉的理智世界。对康德来说，这个超感觉的理智世界具有本体的意义，但它不再是传统形而上学意义上的存在物，而是作为目的王国的人类理想，是一种观念物。

　　简单回顾批判哲学后再来考察理性自主原则潜在的本体论悖论。其一，理性自主预设了世界的总体性。在批判哲学中，理性自主的主体处在现象世界和本体世界的枢纽位置，两个世界通过它的联结而构成一个总体性。在这种联结中，理性自主预设了总体性的理念，而总体性又预设了知性范畴的联结方式。也就是说，我们需要知性以便达到总体性，需要总体性以便到达自由或一个理性自主的主体，最终我们需要这个无条件的理性自主性以达到这个总体性的意义——理解人在世界中的统一性。其二，本体论悖论源自本体自身的统一性和逻辑的可区分性的冲突。理性自主对人的统一性是本源性

---

① 康德.纯粹理性批判[M].邓晓芒，译.北京：人民出版社，2004：278.

的，但它本身的源头是先验自我的自发性活动。或者可以说，康德实际上按照知性能力的自发性活动来理解实践领域的理性自主性。在按照这样一种模式建立起来的本体论框架中，"自我"不得不同时参与两个世界的活动：在现象或认知领域，"我"按照经验材料的被给予性开展认识活动；在本体界或实践领域，则按照纯粹理性的实践规律活动。然而，一旦"自我"进行这种区分，它就成为两个世界联结的逻辑中心，再也无法回归到"我"的统一体。"我"作为统一体乃是现象世界和本体世界的总体性，然而这样的区分又反过来使"我"下降为两个世界的逻辑联结，这造成了本体论悖论。那么，康德如何看待这一悖论呢？

2. 本体论悖论的谬误推理

《纯粹理性批判》对本体论悖论的分析，主要基于灵魂不朽的三个谬误推理。第一谬误推理涉及实体性概念，吊诡之处在于，康德关于"自我"实在本性之界定出现了不一致的论述。

根据第一版的谬误推理，"我作为思想的存在（灵魂），就是实体"。关于实体的经典定义是，"这样一种东西，它的表象是我们的判断的绝对主词，因此不能被用作某个他物的规定"①。康德指出，在我们的一切思维中，"我"就是那些仅仅作为诸规定的思想所依存的主体，而不能用作一个他物的规定。所以我们必须把我们自己视为实体，而思想则是我们的实存的偶性和我们状态的确定。在这里，"实存的偶性"和"状态的确定"都是经验概念，因而这种论述必然把实体概念置于经验基础之上。

康德在第二版的谬误推理中又否定了这种持存的经验性，"我们的心灵（作为意识的对象来说）所有的内部感性的直观也都不是自身独立存在的自我本身，即不是先验的主体，而只是这个为我们所不知道的存在者的感性所

---

① 康德. 纯粹理性批判 [M]. 邓晓芒，译. 北京：人民出版社，2004：310.

给予的一种出现"①。这意味着，如果探寻"我"的经验基础，实际上没有任何直观与"我"关联；它的出现仅仅是一种神秘的"感性的被给予性"。由于作为实体的"我"无法经验证实，康德转向逻辑意义的本体内涵，"在这个主体中，尽管有'我'的逻辑上的同一性，却仍然可能发生这样一种变更……这个'我'在任何其他情况下，甚至在主体都变了的情况下，都仍然还可以保有前一个主体的各种思想，这样也就能够把这些思想传给后一个主体"②。这样，讨论就从实体性转向单纯性，也就是第二个谬误推理，它讨论复合体的统一性和聚合体的差异。单纯性是"这样一种东西，它的活动永远不能被看作许多活动的东西的合作"③。而"自我"作为统一体不同于聚合体，前者被视为单纯的。换言之，表象的聚合不等于思想的综合统一体，思想的统一体是单纯的。康德的第二谬误推理可以区分为三个层次：（1）主体的单纯性无法从单纯统一体中被推理出来，而是必须由后者假设；（2）先验自我没有建立任何关于主体单纯性的知识；（3）主体在逻辑上的单纯性不同于灵魂的单纯性。显然，第二谬误推理否定了"自我"作为逻辑本体的内涵，而坚持"我就是我"这样一种单纯性的立场。那么，这个"我"的本性究竟是什么呢？

康德在第三谬误推理即人格性谬误推理中进一步讨论"我"的本性。所谓人格，就是"凡是在不同的时间中意识到它自己的号数上的同一性的东西，就此而言它就是一个人格"④。灵魂就是如此，所以康德将灵魂视为一个人格。作为一个同一的人格，思考主体在不同的时间内意识到自己的数目的同一性，他由此被推论为一个人。为了获得这个推理，主体必须转变为内感知对象。因为只有这样，数目同一性的"我"才能通过内直观把"我"的联系的各种确定内容的每一个都归给数目同一的"我"。不过这样一来，就无法

---

① 康德. 纯粹理性批判 [M]. 韦卓民，译. 武汉：华中师范大学出版社，2000：467.
② 康德. 纯粹理性批判 [M]. 邓晓芒，译. 北京：人民出版社，2004：320.
③ 康德. 纯粹理性批判 [M]. 邓晓芒，译. 北京：人民出版社，2004：312.
④ 康德. 纯粹理性批判 [M]. 邓晓芒，译. 北京：人民出版社，2004：319.

区分在时间中作为个体的统一体的"我"和在时间中被发现具有数目同一性的"我"。然而，伴随时间的"我"只是思考的联结形式，在时间中被发现具有数目同一性的"我"则是对象性结构，这两者并不等同。如果说，《纯粹理性批判》想通过灵魂不朽的谬误推理而界定"我"的本性，那么康德没有达到这一目标。

康德的三个谬误推理实际上论述了"自我关系"。按照皮平（Robert B. Pippin）的观点，康德论述的乃是先验自我与本体论自我的关系。[①] 皮平认为康德持这种立场：第二谬误推理论述的是"自由的原因性"，第三谬误推理说明的是自发性的因果性。也就是说康德想通过谬误推理证明："我"在本性上的自主性可以通过因果体系予以说明，但这种说明不是关于"我"的知识，因为本体的"我"并非一个对象，实践的自主不能转译为理论的陈述。或者说，在先验反思的分析之内，那些在经验中被证实是自发性的东西，可在本体论上被"证实是"出于某种因果体系。但实际上我们可能从不知道它，而只能在经验中通过必然性来理解自发性。可以这么说，"我"之成为"我"仅仅是出于他自身的原因而开始一个因果体系。正因如此，"我"之成为一个"我"必定是自我决定、自我实现的，能执行无原因的行动。同样因为如此，理性自主的原则才表现为一种无条件的、要求我们以如此这般的方式行动的命令。康德的问题在于，认识论上的主体与本体论上的"自我"之间的过渡并不是必然的。本体论上的"自我"通过先验自我的自发性来为自身立法，如果通过认识论主体推导出心灵的自主本性，那么康德并不能得出"自我"的实在性的结论，而仅仅只是一种新的主体哲学的开始。这是因为，先验自我的自发性仅是认知活动必然性条件，而与行动相关的某个道德判断并不必然如此。因此，先验自我的自发性到实践的理性自主并没有一种合法的或必然性连接。反过来看康德的"本体"推论，如果不是一个认知主体，那就是

---

① PIPPIN R B. Idealism as Modernism : Hegelian Variations[M]. Cambridge : Cambridge University Press, 1997 : 52.

一个不可知的神秘物。康德当然不接受笛卡儿式的认知主体，因之结果只能是：我们能认识现象领域的东西，但在现象领域之外还有一个不可知的本体。这就达到了《纯粹理性批判》的结论，即极具争议性的物自体和先验自我概念。

3."自我关系"的困境及其来源

本体论的"自我"和认识论主体的冲突造成了自我理解的困境。康德为什么要作出这一区分呢？按照哈贝马斯的观点：这与康德哲学的笛卡儿渊源有关，康德的本体论框架实际上是对笛卡儿式认识论框架批判和转化的结果。①

第一，康德对笛卡儿认识论框架的批判。对笛卡儿来说，"我思"意味着柏拉图意义上心灵或者灵魂的"自我"指称，即意识总是"我"的意识——我思维，所以我存在——这就是"我思故我在"（Cogito，ergo sum）的内涵。康德不同意笛卡儿的认识论框架。在他看来，"我思"主体缺乏本体论上的统一性。这是因为，存在和思维是异质的东西，如果思维中包含存在，它仅仅只被假设为我们知识的必然性逻辑条件，并不意味着"自我"的必然性或现实性。②《纯粹理性批判》指出，知识的产生在心灵中有两个基本来源：感官印象与自发性概念。就认识能力而言，它们分别通过感性与知性而发生。"我思"主体的"自身同一"在"直观"中被把握为一种感性能力，它是认知主体与对象直接发生联系的认识方式。这意味着，"我思"主体之所以在时间流逝中、在对外在世界的各种批判和怀疑中持存自身，是因为"我"总是立于某种能保持自身同一的基础之上。显然，这种对自身同一的基础，仅通过自明性并不能得以充分阐述。这样，"自我"在认识活动中如何保持自身同一就成为需要讨论的问题。

---

① HABERMAS J. Truth and Justification [M]. Barbara Fultner, trans. Cambridge：MIT Press, 2003：177–181.

② ALLISON H E. Kant's Transcendental Idealism[M]. New Haven：Yale University Press, 2004：82.

　　第二，康德的笛卡儿批判提出了"自我"的统一性问题。虽然我们知道"我思故我在"，这看起来的确是不证自明的，但是究竟什么东西在诠释"我"的统一性、经验的统一性以及"自我"与经验之间的统一性呢？这些问题在笛卡儿那里实际上并没有被深入讨论。通常，笛卡儿的认识论框架在直观上被把握为一种主客二元分立；而在康德看来，认识论框架的三个假设前提即自我的同一性、知识的确定性、知识的主体性基础，都是有问题的。批判哲学对上述三种统一性都作出了回答。第一批判的先验分析为经验之为可能制定了规则，先验辩证论则阐述了关于"自我"和世界的形而上学幻象。同时，康德也用自主性的概念达成实践自我与理论自我之间的和谐。从这个意义上讲，先验认识论不仅是纯粹的认识论，它还将认识论框架纳入本体论。由此可以理解康德为什么没有区分先验自我和本体论的自我。因为批判哲学对笛卡儿认识论框架的批判和超越，其要旨正在于用一个统一的理性框架涵摄二者。对康德来说，理性不再是笛卡儿意义上的构成性本质，而是一种观念性的应用理念的能力。理念是一种必然性的思考，它提供系统化的原则，它使得无穷多的东西相互补充，组成了一个总体性。而基于总体性的理念，认识论的自我也和世界必然地关联起来。对康德来说，心灵的统一性与世界的统一性来自同一个结构，关于人的概念的理论反思如果不包含与之相互关联的世界概念，就无法产生一个关于人的统一性理论。在康德看来，这种关联是根本的。通过这种必然关联，康德成功地解决了笛卡儿没有解决的问题："我思"必须伴随我的表象，"我"的各种判断、相信、行动都维系于"我"。尽管时间流逝，但是世界看起来必定是某样而不只是偶然地是某样。康德说，我们在看见白雪皑皑时总是想到白雪而不会想到其他什么，乃是因为人格的同一性和"自我"的统一性；经验总是主体的、源始的综合统一，体现着主体的理解、思想的权力；是这一权力将事物把握为"一"，所以才有对于经验事物而言必然有我的一切表象都归于我的同一性。这不是在意识中偶然发生的，而是出自一个本源性的"自我"的综合统一。但这个"自我"不再是笛卡儿意义上思维的抽象同一，而是一个按照自身意志活动的、完全理性自主的主体，是"绝对"意义上的"自我"。

第三，康德把理性的意志而非知性的原则作为"自我"的本性，这样一种扩张使得"自我"成为两个世界对立统一之基础。对应地，理性主体发展成为绝对的原则。"这是一个绝对性的观点，一个无限的东西展开在人的胸膛中；这是康德哲学令人满意的方面，真理至少是放在心灵中了；我只承认那符合于我的使命的东西。"①代价是，本体论上的自我因而成为不可知的。这是因为，理性不再是构成性的而只是把握总体性的能力。一方面，它勾画了时空当中可能存在的符合因果律的现象的总体性；另一方面，并没有经验领域的东西对应于它，因此理念的合法性只是理论领域的调节性。按照皮平的观点，为了能将认识论纳入本体论框架，先验自我必须与本体论的自我具有某种程度的同构性，从认识论立场来看这种同构性，就是把"自我"或心灵的本性作为知识"对象"，而它们实际上并不具备"真实的东西"特性。正如康德所说，"意识的统一性只是思维的统一性，仅仅通过它并没有任何客体被给予，所以永远以给予的直观为前提的实体范畴并不能被应用于它之上，因而这个主体就根本不能被认识。所以，诸范畴的主体不可由于它思维到这些范畴就获得一个有关自己作为诸范畴的一个客体的概念"（CRP，B422）②。批判哲学认识论在方法论上的倾向，最终使康德的第一哲学出现了本体论悖论。纯粹理性和实践理性在理想与现实之间划出了不可逾越的沟壑，人类理性因过于自负而将自身推向困境。

（三）自主性的双重意蕴及先验原理

本体论悖论分析表明了康德自主原则的双重蕴含。一方面，理性自主阐

---

① 黑格尔.哲学史讲演录（第4卷）[M].贺麟，王太庆，译.北京：商务印书馆，1983：288.
② 康德.纯粹理性批判[M].邓晓芒，译.北京：人民出版社，2004：302.

发了人类精神所保有的主动性、创造性力量，通过它，一个无限可能的理想世界展现于人类面前。另一方面，康德也提出了理性自主的先天知识，它要求人类心灵无条件地、绝对自发地执行综合统一。这一"隐含"的规则能力假设了认知活动的形而上学可能性，它和人类心灵的关系在康德那里并未得到清晰阐明。这使得理性原则同时表现为先验原理，也是"人类心灵被强加的给予性"①。具体来说是指：

第一，理性自主的方法论构造源于自发性活动，后者将自身确立为一个绝对的开端。自发性活动作为"绝对自发性"，被认为是"自身"的开始，它能"创造各种对象"，虽然可为因果关系阐明却独立于因果关系。自发性活动同时说明：在时间中同一的主体，在某种意义上独立于其自身的经验，要求一种"扎根于心灵的"可接受性模式。自发性活动破除了笛卡儿认识论框架中那种根深蒂固的客观对象的基础，但同时，它为人类自我认识树立了一个绝对的开端。

第二，理性自主对"自我"而言是本源性的。这里，理性不是作为认识能力的理论理性，而是理性的实践能力，是自我立法的理性意志。理性意志是完全自主的意志，它在自我决定、自我实现的过程中担当法院的角色，享有最高的裁判权力，这是康德哲学的伟大创举。正是实践理性的完全自主能力，才使人能够按照理性自身的法则规定自己的行动，使他有能力超越自然法则的限制而达到无限。

第三，理性既是原则的能力也是实践的目的。作为原则能力的理性自主是理论上的考察，在这种考察中，理性自主"表达了对我的存有进行规定的动作。……这种自发性却使得我将自己称之为理智"（CRP，B158）②。也就是说，我不能规定我的存有乃是一个自发活动的存有，但我是一个自我活动的

---

① PIPPIN R B. Kant's Theory of Form：An Essay on the Critique of Pure Reason [M]. New Haven：Yale University Press，1984：218-220.
② 康德. 纯粹理性批判 [M]. 邓晓芒，译. 北京：人民出版社，2004：105.

存有并因之而是一个理性的主体。理性在"其理论使用中"作为"依据原则进行判断的能力"，一旦被作为原则来确定意志行为，它就成为实践的。作为实践目的，理性自主意味着按照原则约束意志的能力，所有基于理性存在的概念系列都受制于该普遍性规则。理性不仅是实现自身的手段，同时也是目的本身。理性自主的最终目的就是实现一个理性的主体，实现理性自身。

第四，理性自主原则在康德那里意味着观念的现实性。理性本身并非自我的构成性要素，而是一种观念性的能力。在观念的"被给予性"上，实践领域的理性自主乃是"出于义务"，它并不是让他人感觉到对遵守规范负有义务。毋宁说，理念给予我们这样的确信，即一个作为理想和目的的理智世界是可能的，对行动本性的这一理解并不被要求去面对实际。康德对理性的批判以及对理念的分析探讨，不仅显示出人类精神生活的创造性力量，在哲学史上也是人类自我理解的一个重要里程碑。正如黑格尔所说，"对理念的揭示，通过吸收进入我们自己的思想教养里，这不仅是直接的对于理念的理解，而且是哲学这门科学本身的进步"①。

康德之后，德国观念论对理性自主原则的探讨主要围绕自发性活动之为可能的条件展开。对费希特、黑格尔等人来说，理性原则诚然指出了人类思想和行动的来源，但康德的阐述过于抽象、过于主观了。也就是说，如果康德是正确的，如果人类认知和实践活动在某种程度上来自自身所具有的某种禀赋，那么立刻就会出现追问根源的问题。诚然，康德断言了理性自身的绝对自主性并声称"理性根据自己的理念建构了自身完美的自发性"，但其实这种自发性活动并不完善。总的说来，康德的理性批判呈现出明显的两面性：积极的一面在于提出了理性的绝对自主性原则，消极的一面在于自主原则的先验性。康德将理性自主置于一个绝对的开端，这是费希特、黑格尔等人不能接受的。他们各自以不同的方式，开始探寻人类思想和行动的"自

---

① 黑格尔.小逻辑[M].贺麟,译.北京:商务印书馆,2013:18.

发性"条件。按照哈贝马斯的观点，这一过程实际上是解除理性原则的先验语境，使之从康德式内省和独白中释放出来并置入具体社会历史实践的过程。[①]

三、费希特的本原行动与自我塑造

费希特的"知识学"在德国观念论中是比较独特的一个体系，他建立了一个关于自我指涉（self-refenrence）的逻辑体系，以推演自我—世界的必然关系。黑格尔说，费希特的优点和重点在于将"我是"（Ich bin）作为哲学的最高原则并"从必然性推演出一切规定的科学"。通过命题逻辑的演绎，康德哲学中的先验自我被费希特卷入一个更广大的整体。由此，先验自我成为一个真正富有生命力的、活动的自我。

（一）自我指涉与形而上学悖论

理解费希特的基本立场，要先了解传统哲学的自我指涉理论，其包括自我指涉、自我指涉的形而上学内涵，以及自我指涉的形而上学悖论。

第一，古代的自我指涉理论。自我指涉是指：当人们谈论"自我"时，究竟指涉何物？在古代希腊，对"自我"的意识仅是一种形而上学表征。"作为表征"的"自我意识"是指：每个知觉都是一种自我意识，心灵状态和行动例如视觉都伴随着对"自我"的意识。这种意识从何而来？亚里士多德认为，除非有个 aisthesis（对于视觉自身的知觉），否则不会有视觉。比方说，我们看见某物，我们总是知道我们在"看"。那么，有生之物如何知道他在"看"呢？这就涉及自我指涉的形而上学内涵。亚里士多德认为，"意识"的这种本性必定是精神的，是对其本质的沉思，也就是"思想的思想"。他在《形而上学》一书中通过运动或变化来论证这种活动：活动或变化的原理不在他物，而是经由自身、在自身中。亚里士多德说，病人不是通过医生而治好他的

① HABERMAS J. Truth and Justification[M]. Barbara Fultner，trans. Massachusetts：MIT Press，2003：175-176.

病，而是通过他自身。在这些事例中，"实现"（energeia）不是外在于病人，而是因为他被自身直接影响，这一点是理解亚里士多德的"活动"（actus）概念的关键。[①] 可以看出，古代希腊的自我指涉理论有两个特征。一方面，自我指涉是灵魂或心灵层面的，但并不等同于近现代意义上人的自我指涉；对亚里士多德来说，自我指涉不是用来界定"自我"或者一个心灵，而是界定一种完全非心灵的结构。另一方面，自我指涉具有一个形而上学根源，一个单独的生命或个体不能从自身获得自我指涉的独立意义。

第二，近代自我指涉的循环意识。近代哲学建基于主体性原则，由此自我指涉的形而上学关联被斩断。在古代形而上学中，自我指涉的观念仅仅诉诸心灵的现象发生，即这些现象只是表达心灵自我指涉的本性的表面；但本体论意义上的心灵的原初的自我指称并不是知觉的附属状态，也不等同于心灵的反思关系。但对笛卡儿来说，心灵或者灵魂就是自我意识，这种转换带来了自我意识的循环指示。用康德的术语表达就是，笛卡儿的"我思"主体背后有一个伴随"我思"表象的"我"，而我们理解"自我"，总渴望在其中获得某种实体性内涵。自我意识在推理上的无穷倒退，正是形而上学思维所致。康德识破了形而上学的幻象，他将理性三分并且各自限定于自身领域，以此阻隔形而上学。但这种批判并不彻底，他留下了先验自我的形而上学残余，这是费希特的起点。

第三，自我指涉的循环意识是费希特的起点。费希特识破了传统哲学中隐藏的自我意识循环指向：无论笛卡儿的"我思"主体还是康德的先验自我，都潜在地预设了"我"作为前提。他清醒地意识到，使心灵活动成为可能的

---

① 这里涉及对亚里士多德的"活动"的不同理解。按照费拉林（Alfredo Ferrarin）的观点，亚里士多德的"活动"（energeia）与"自我实现"及潜能有密切联系，它表示经由中介发动的某种本质性过程，比如医生对病人为中介，治好病的原因来自病人自身的本质力量。康德曾经在《判断力批判》中区分了 handlung 和 tätigkeit，后者是自然意义的事件，前者是人类意义的行为；而黑格尔则将 energeia 理解为主体的实现，即"精神的自我实现"，并区分了 actuality 和 actulization 两种活动。康德和黑格尔对"活动"的区分与亚里士多德的理解既有相同之处，又有不同之处。

条件，先于心灵的活动及其后续发展。对自我的反思无法阐释自我本身，因而探讨绝对的、原初的自我意识，必须先于反思活动并在考察层次上作出区分。费希特通过一个更本原的"自我"来破除自我意识的形而上学悖论，他追问康德：先验自我的自发性活动本身是如何可能的？它又是如何可能被认识的？等等。这些是更具源始性的问题。也就是说，如果康德是正确的，即如果知识的获得是自发性活动的结果，或者世界是心灵按照自主本性无限延伸的结果，而这一切在某种意义上又是人类主体的自我反思，那么，自发性活动的根据问题就会立即出现。康德曾经将统觉或自发性活动的先验统一作为最高原理，这在费希特那里被改造为更纯粹、更严格的自我。显然，费希特这个作为本原的"自我"，比康德哲学中作为绝对开端的先验自我更加绝对，也更具反思性。正是看到这一点，黑格尔指出，"康德哲学的文本背离了康德哲学的精神"，而费希特"显示了更深刻的思辨精神"。①

（二）"事实行动"与知识学原理

费希特的知识学以康德的"统觉"为逻辑起点。在康德那里，统觉的综合统一是所有经验的必要条件：任何对 X 的表象都包含这个必要条件，即我把我自身认作是在表象 X；这个条件，不能是其他表象的结果。统觉活动被认定是"自发的"，是一个为"自我"自身规定的活动。费希特则通过考察统觉与"自我"的关系，提出了他的知识学原理。

第一，费希特提出了两种不同的自身关系。他考察康德的"统觉"后指出：统觉的发生，或"思考一个思想"，发生了两个心灵事件或两种双位关系，一个是"我"的思考和被思考的思想，另一个是"我"和我思考一个思想。②笛卡儿沿前一个事件展开："我"的思考作为基础，由此意识成为对

---

① HEGEL. The Difference Between Fichte's and Schelling's System of Philosophy [M]. H. S. Harris, Walter Cerf, trans. New York：State University of New York Press，1977：7.

② PIPPIN R B. Hegel's Idealism：The Satisfactions of Self-Consciousness[M]. Cambridge：Cambridge University Press，2001：46.

象，"我思"主体意识到我的思想。康德沿后一个事件展开："我思"必然伴随"我"的表象，在众多表象中维持自身同一的"我"被康德作为基础。

第二，费希特通过命题逻辑提出了关于"我是"的绝对无条件的原理。（1）任何一个合题（综合）判断都包含了双重的根据和判断，一个关联的根据，属于正题判断，另一个是区别或差异的根据，属于反题判断。费希特举例说，"鸟是一种动物"，这个正题判断的关联根据是确定的动物概念；而"一种植物不是动物"的反题判断需要给出区别的根据，在这里关联根据则被抽掉了，例如我们不必关注植物是有机物的关联根据。由于逻辑形式的需要，命题必须以一个第三者为前提。费希特指出：这个第三者作为原始的最高判断就是"我是"，它是被直接设定的；这个"自我"，其意识不会受它以外的任何东西所规定，却通过它的单纯意识规定它以外的一切东西。（2）反题判断同样如此。我们无法给出差异的根据，只能设定一个与"自我"对立的东西，而一旦这样设立，这个"自我"就从原先较高级的概念下降为低级的概念上的"自我"，同时还有一个与之对立的非我。费希特指出，"自我与非我，通过相互的可限制性这一概念，都成了既相同而又对立的东西，然而它们本身构成那作为可分割的实体的自我中的两个某物（两个偶性），则是通过那既无任何东西与之相同又无任何东西与之对立的、作为绝对的不可限制的主体的自我而设定起来的"[①]。费希特指出：康德哲学的绝对"自我"是关于"我"的正题判断，而笛卡儿的"我思"主体则是反题判断，"它在一个应该是更高的物的概念中设定某种东西与自在的我既相同又对立，而同时又完全武断地提出物的概念是绝对最高的概念"[②]。（3）费希特指出，"自我"既不是康德意义上的先验自我，也不是笛卡儿的我思主体，而是这两个命题的合题，是一种自我设立（posting）的活动，也就是自己直接设定自身，即

---

① 费希特.全部知识学的基础 [M].王玖兴，译.北京：商务印书馆，1997：36-37.
② 费希特.全部知识学的基础 [M].王玖兴，译.北京：商务印书馆，1997：37.

"A=A"。对费希特来说，自我作为设定者的本性，是先于自我的设定活动而被设定的，这就是先验统觉的自发性活动的本性，"我们的作为一切知识的绝对原理的命题，康德已在他的范畴演绎中提示过了；不过，他从没把它建立为基本原理"①。康德并没有意识到的是，自我首先设定的东西，乃是对于自身的一种确知。通过对康德先验自我的自发性活动的分析，费希特提出了关于"我是"的绝对无条件的原理。

第三，费希特基于自发性活动分析提出了知识学原理。（1）费希特把"自己直接设定自身"（A=A）作为哲学的基础和"绝对无条件的原理"，称之为"事实行动"（tathandlung）。事实行动不是说这一原理是一种经验规定，而是说"设定着自己的自我，与存在着的自我，这两者是完全等同的、统一的、同一个东西。自我就是它将自己设定成为的那个东西；而且它将自己设定成为它所是的那个东西"②。"事实行动"是一切意识的基础，是一切意识唯一赖以成为可能的那种东西。对费希特来说，我的存在和意识到自我作为自我的存在是不可分割的，除非"自我"已经意识到自身，否则我们不可能有"自我"，也无法使自我及它自身的概念化同时发生。费希特的自我理论最核心的要点在于：心灵中没有直接的、无差别的自我指涉结构，那个原初的、直接的自我指涉总是以主动活动的形式存在，心灵中只有差别化的、关于自我的结构。但是，"A=A"只是形式上的同一，哲学的其他内容如何可能从这个绝对原则中推演出来呢？（2）知识学的第二条原理"自我设定非我"是差别化原理，费希特称之为"按其内容为有条件的原理"，它是反设定（gegensetzen）或对设的行动。反设定就是相对于自我直截了当地对设一个非我（–A），非我是自我的对应物，同时也是对自我的限制性规定。对非我的概念通常是从主客对立的反思意识上理解的，在这种理解中，非我的概念

① 费希特. 全部知识学的基础 [M]. 王玖兴，译. 北京：商务印书馆，1997：15.
② 费希特. 全部知识学的基础 [M]. 王玖兴，译. 北京：商务印书馆，1997：13.

被作为表象的对象意识，是对表象出来的东西进行抽象产生的。在费希特看来，任何一个包含 X 且不属于表象者的东西，表象者将不能通过表象对象而懂得，因之，对象必须在一切可能的经验以前就存于自我之中、存于表象者之中。这样来看，非我（–A）实际上是自我在自身内所设定的差别。差别化的非我（–A）一旦被设立起来，就构成了对自我的限制；自我似乎成为意识哲学的主体那样，总面对一个无法克服的客观世界。然而，这并非费希特所认为的。（3）知识学的第三条原理（A3）通过自我和非我的交互运动来揭示实在性关系，费希特称为"按其形式为有条件的原理"，是指自我在自身中设定一个可分割的非我与可分割的自我相对立（A or –A）。在第二条原理中，当自我把自身设定为自己的差别时，主词把自身分化为差别化的宾词，从而获得了内容方面的规定。非我是自我的否定物，但同时自我也是非我的否定物。而非我对于自我所做的限制，又恰是自我在自身内所做的限制。自我建立了自己的差别，也扬弃了那些差别。通过自我和非我的这种交互运动，一种实在性的关系便被揭示出来了。整个知识学的目的，也是揭示这一实在性关系。

（三）本原行动的实践能动性

费希特对理性自主的理解明显不同于康德。

第一，知识学的本原行动强调理性的实践意义，并从逻辑形式上修复了康德哲学的统一性。本原行动成功地说明了"我如何意识到我是什么"这一问题，在自我设定自身的活动中，孤立的、被分割的先验自我通过来源识别而与自我的活动联系为一个整体。同时，自我的活动性还修复了被康德分裂的理性。费希特认识到，"理性自身只是实践的东西，只在它的法则被应用于一个对理性施加限制的非我时，它才成为理论的东西"[①]。像康德那样，把理论理性和实践理性分开来加以分析是错误的，费希特强调前者依赖于后者

---

① 费希特.全部知识学的基础 [M].王玖兴，译.北京：商务印书馆，1997：44-45.

的统一的行动原理，把理论理性与实践理性统一起来。对费希特来说，自我设立自身是绝对的、无条件的活动，作为一种创造活动，"设立"行动导出了一个具有规定性的结果，而设立活动及其结果组成的体系可以表述为一个展开的系统。这个系统可以视为一个自我塑造、自我规定的历程，在这一历程中，自我的自发活动只涉及自我本身而与自我以外的任何别的无关。

第二，费希特强调自主选择的个别意志，反对将理性意志等同于自主选择。在康德那里，理性意志在实践领域中与理性自主是合二为一的，并表现为"你应当如此行动"的绝对命令。费希特在讨论自由概念时指出，自由包括形而上学的意志自由和心理学上的意志自由。前者是就其本性而言的，后者则是选择的自由。虽然前者是后者的目的和本因，但是在经验中这两者其实是相互排斥的。那么究竟有没有形而上学意义的自由呢？费希特指出，我们的自我意识并没有欺骗我们，自由的确是我们的本性，但这并不意味着这种本性是以一种绝对无因的成分进入我们的生活的，也不意味着基于这一本性，在生命的任何时刻任何可能发生的现象都跟它前面的任何现象没有关系；事实上，自我及其全部本性最初都是从个别意志的东西发展而来的，"在它发展的早期它具有很大的可塑性；但逐渐地变得越来越能抵抗外力，获得了那种通过它自己的决定改变它同它的环境的关系，从而也间接地改变它自己的形式的能力"[①]。个别意志的活动和不断塑造，才成就了那个作为目的的"自我"。

第三，知识学的"自我"表现出强烈的主体能动性。它通过客体对象的自主选择而不断塑造、不断形成自我，从而面向无限展开。理性意志的活动与自主选择的个别意志活动都是一个本原自我的设定，但是在这两种情况下的命题逻辑形式不同。第一个命题是，自我无条件地设定自己为无限的和没有限制的；第二个命题是，自我无条件地设定自己为有限的和受限制的。这

---

① 费希特.伦理学体系[M].梁志学，李理，译.北京：商务印书馆，2010：391.

两种关系的活动在实践领域实际上是同一个主体的同一个活动。费希特认为，使这两个命题合题的纽带就是康德意义上自由的原因性。就是说，我们把那个本原的自我视为原因，在实践活动中不断努力而向自身返回。正是在这样的努力中，自我返回自身的纯粹活动成为一种自我实现的努力，这种活动"就其与一个可能的客体的关系而言，是一种努力。这种无限的努力向无限冲去，是一切客体之所以可能的条件，没有努力，就没有客体"[①]。自我形成和塑造的过程，表现出自为主体强烈的实践倾向。费希特的这一举措，在黑格尔那里得到延续。人类主体的形成和发展，被黑格尔置于具体生活形式中来考察，人类主体的形成和塑造由此才真正具备现实可能性。

四、黑格尔与"概念的自我现实化"

黑格尔庞大的思辨体系，从根本上讲就是概念的自我规定，其核心论点是"概念的自我现实化"，一个在"绝对理念"中充分和最终"实现"的进展过程。黑格尔的深刻性在于，他将这一探索追溯到人类生活和社会历史的实践领域，并以此探讨人类精神的自由本性及其可能实现的途径。在黑格尔看来，康德的先验自我只具有使经验判断和科学经验之为可能的观念意义，尚不足以将之转化为现实。因之，他赞同康德的自主性原则，但又批判其主观性。基于同样的立场，黑格尔也批判费希特的独断性，认为费希特体系中自我返回自身的统一像在康德那里一样，仍然"只是观念上的，只是一个应当"，因而费希特依旧"停留在自我这一原则的主观性形式上"[②]。黑格尔不能简单地被视为康德或费希特的批判者或继承者，而是德国观念论的综合和集大成者。

（一）黑格尔观念论的基本立场

对黑格尔来说，人之为人的观念基础乃是思想本身。黑格尔所指的"思

---

① 费希特.全部知识学的基础 [M].王玖兴，译.北京：商务印书馆，1986：183.
② 黑格尔.哲学史讲演录（第 4 卷）[M].贺麟，王太庆，译.北京：商务印书馆，1983：312.

想",不是自然意识的观点、体会或感受等,而是作为绝对、主体的思想,是自我规定的思想。相较而言,人类自身的思想只是一种有限领域的存在。《逻辑学》指出,思想总是具体的思想。黑格尔举例说,诸如战争、人民或海洋、动物等表象,自身中都包含了无数的外表存在和活动的细节。按照这样一种理解,康德提出的自发性活动,只是思想本身的一个侧面,即自在的或对自身抽象同一的侧面;思想还有一个自为的、具体的实现过程,也就是费希特的本原行动所关注的那种过程。所以黑格尔认为,只有他的观念论体系才真正关注思想本身,即关注具体的思想、关注思想的实现过程。黑格尔要做的,就是为此提供一个形而上学基础;"一个民族没有形而上学,就好像一座庙竟然没神",此举对他来说意义非凡。

黑格尔观念论的基本立场,可通过对"本原行动"的批判而简单加以界说。黑格尔认为,费希特的进步之处在于意识到一个自为的主体,即主体判断的形式与主体认识的形式的同一。他在这两点上赞同费希特的"自我":(1)自我指称不是意识结构,而是一种自发的活动;(2)对立是心灵或自我的基本结构,自我的形成既是对立的表现过程,也是认识过程。不过,黑格尔认为,费希特自为的"自我"还只是主观的"主体—客体"关系,还需要一个客观的"主体—客体"关系来完善它。也就是说,费希特无法以一种合理的方式阐明"自我"的完整性。对黑格尔来说,一个自我规定的主体的认识过程,同时也是它自身塑造自身的过程。用精神现象学的话来说就是"真理乃是一个整体",或者"目的连带着它的实现活动",这意味着不应把自我表现过程视为一种对原始存在的剥夺,也不应只视为向最高者的上升。

（二）经验之为可能的概念活动

德国观念论体系在很多地方拥有共同的问题框架。前面已经简要介绍了康德的批判哲学和费希特的知识学,这里的探讨集中于黑格尔与他们共同关注的一个问题:自发性如何产生概念活动?以下从同一性问题、形式建构、内容的注入、主体的实现四个方面作简要介绍。

第一，黑格尔汲取了费希特的观点，将自发性活动理解为主体对自身的同一。先验自我的判断同时也是一个主体自身的判断，也就是说，判断不仅是意识到一个人在判断什么，而且他意识到他在判断、断言或主张什么。显然，一个人不能同时既判断又判断他的判断，所以，判断活动同时是判断意识，这是一个事实而不是两个事实。这意味着，思想的自发性是一种特殊类型，它的行动是这些行动的知识。

第二，黑格尔认为自发性活动仅仅是形式上的知识。自发性活动是主体对自身的统一，自身的判断同时也是关于它自身的知识。但是，自发性活动仅仅承载了我们称之为"自我联系"的合适的"逻辑"形式。因此，心灵仅作为自发性，作为直观和判断活动，只是认知主体的形式；或者说，康德的自发性命题只涉及认知的形式结构，而不涉及认知主体本身。那么，认知主体的内容从哪里来呢？这涉及先验认识论的去工具化问题。

第三，黑格尔认为，认知主体的内容实现通过康德认知结构的去工具化进行。从康德的理论构造来看，"心灵强加的统一性"是康德方案中知性活动的核心内容。① 黑格尔认为，正是这种工具性倾向，导致形式主体无法获得其内容。因为，在被强加的统一性之统摄下，现象界的任何内容都被视为自发性自身活动的结果，这使得认知主体的内容无法注入。黑格尔指出，如果康德建立的"心灵的统一性"不是"认识一个客体"而是被要求"什么是一个客体"，那么在这种意义上，统一性就不再是被强加的。黑格尔认为，这是我们理解经验的统一性的唯一形式。

第四，黑格尔还汲取了费希特的这一观点——主体的认识同时也是他对自身的同一；这就是说，任何内容的理论思想不能被理解为一种孤立的把

---

① PIPPIN R B. Kant's Theory of Form : An Essay on the Critique of Pure Reason [M]. New Haven : Yale University Press, 1984 : 221.

握。主体或者思想的内容，总是以某种方式同一于某个概念。例如，离散对照于持续性，本质对照于表象，等等。对黑格尔来说，就是理性主体异化为它的反面。因而思想的主体为了决定某种内容，为了去判断某物，它必须自身规定自身。这就是逻辑学的努力。在这样一种高度抽象中，思想的主体通过自我等同而成为一个无条件的绝对主体。

（三）绝对主体强加的统一性

随着理性主体被升华为绝对，这个无限的主体也将世界进程囊括入内。对黑格尔来说，康德意义的纯粹自我同一仅仅是"自我"的一个侧面，另一个侧面则是主体在具体生活形式中的历史联系。于是，黑格尔将康德的先验自我（主体）放入了人类意识形式的现象学运动中进行考察。自然意识在现象学反思中获得新的批判力量，但同时，大写的理性（Vernuft）囊括一切有限而将自身提升为无限、主体或自我。普遍性支配了世界历史和真实的个体生命，人类主体臣服于必然性而成为主体的附属物，成为指示在抽象中被清除掉的东西的"名称"，自身再无任何价值和意义。正如阿多诺所说，这种"强加的统一性"剥夺了人类自身的意志，它是"绝对主体自身的和解和现实和解的失败"[①]。哈贝马斯同意这一观点，在他看来，如果绝对者被认为是无限的主体性，那么，一般和个别这两个环节的统一就只能在独白式的自我认识框架中得到统一。相应地，普遍性主体始终优先于个体的主体，这必然导致对个体的新的奴役。黑格尔的方案仍然没有解决自主性原则的基础问题。

五、一个"不受压制的主体性"

德国观念论为哈贝马斯研究人的问题做了充分的理论准备。哈贝马斯的认知人类学强调"不受压制的主体性"，自主性原则被作为人类自我理解、自我实现的基础。相较于德国观念论的观念"自我"，哈贝马斯更强调其在

---

① 阿多诺.否定的辩证法 [M].张峰，译.重庆：重庆出版社，1993：321，360.

实践领域的批判意义，这一转换是哈贝马斯对德国观念论开展多重批判的结果。

（一）对康德自主性原则的批判

在第一重批判意义上，哈贝马斯同意康德对自主性原则的本源性界定，但不同意后者将自我指涉的源头定位于先验自我。一方面，哈贝马斯认可的是，自主性原则或康德意义上的自发性，对于"我"之成为"我"具有本源性意义。在他看来，"我的行动的自发性，并不来源于任何匿名的源头，而是来源于'我'就是这个中心（zentrum），而且我也知道是与之同一的"[①]。另一方面，哈贝马斯不赞同康德通过"纯化"处理而将自主意志与理性意志同一，认为这将使个体的"我"（das individuelle Ich）丧失个性化力量。正像阿多诺指出的那样，把自主意志等同于理性意志实际上是对真实理性的一种疏远，对内在自然和外在自然的一致支配必将开启对人的新的奴役。行动的主体诚然需要理论理性，但实践行动还需别的东西，即"意识不能穷尽的肉体的东西，传达有理性而在性质上又不同于理性的东西"[②]。哈贝马斯认为，阿多诺的观点表明了自我的形成必然与个体的自我理解相关，与个体生活史的历史进程相关。由此观之，自我同一性不能仅仅依赖于先验自我的纯粹同一性，还必须关联于在世界中发生的某些具体事件。把先验自我作为绝对的开端乃是一种独断的做法，它无法真正实现理性自主，反而会使其丧失反思能力，"作为生者，只是一个散漫的、没有独立性的、由客体所决定的，并把自己变成了物的主体"[③]。哈贝马斯认为，"自我"的形成是有条件的，它是对某种既定的东西进行反思的结果。然而，"自我"形成之先验依赖性与自主性原则的本源性乃是一对矛盾。如何处理这对矛盾呢？这涉及黑格尔的康德批判。

---

① 哈贝马斯. 在自然主义与宗教之间 [M]. 郁喆隽，译. 上海：上海人民出版社，2013：154.
② 阿多诺. 否定的辩证法 [M]. 张峰，译. 重庆：重庆出版社，1993：225.
③ 哈贝马斯. 认识与兴趣 [M]. 郭官义，李黎，译. 上海：学林出版社，1999：210.

（二）对黑格尔反思意识的批判

在第二重批判意义上，哈贝马斯吸收了黑格尔在社会生活历史中通过批判反思形成自身的观点。第一，黑格尔向哈贝马斯提供了把握批判反思力量的实践维度。黑格尔认为，康德对理论理性、实践理性各自加以探讨，这种分化实际上意味着人的统一性的分裂。在实际生活中，认识与实践并不如同康德所阐释的那样迥然有别、泾渭分明；相反，理论认识在前理论的生活实践中有它的源头，它们始终处于特定生活形式的统一性之中。从整个人类意识形成史来看，理论认识与实践活动是交织在一起的。康德的理性批判已经说明了人类理性的这一限制：在没有任何外来帮助的情况下，理性无法达成对事物本质的认识。[①] 这样来看，先验自我并不能为人之为人提供一个规范基础，"我"的统一性需要将先验主体性和它的具体实现过程结合起来。就是说，康德意义上的纯粹自我同一仅仅是自我的一个侧面，被康德忽视的另一个侧面，则是主体在具体生活形式中的历史联系。黑格尔的基本立场是：自主性总是在具体生活中的自主性，个体在实现其自主性时，作出了理性的抉择，同时也构造了自身。因而对黑格尔来说，自主性不仅是构成性意义上的，也是批判意义上的，个体通过对特定生活形式的批判反思塑造和形成自我。

第二，经由黑格尔的康德批判，人类自我理解的观念被引入社会生活的历史。对哈贝马斯来说，一方面，黑格尔的康德批判表明"抽象的认识批判赖以起步的那个最终的不明确的假定是站不住脚的"，而正是这种假设导致了理性主体的分裂，"纯粹理性批判把自我的另一个概念想象为实践理性批判：作为自由意志的自我同作为自我意识的统一体的自我对立"[②]。也就是说，认识活动既是批判反思的结果又是它的前提，它依赖于某种先验的东西，批

① PIPPIN R B. Modernism as a Philosophical Problem [M].Oxford：Blackwell Publishers Inc.，1999：45.
② 哈贝马斯.认识与兴趣 [M].郭官义，李黎，译.上海：学林出版社，1999：14.

判反思视之为对象而又来源于它。另一方面，黑格尔实现了认识论和本体论的同一；人类自我认识的过程被置于社会历史发展中，在每一个发展阶段，反思经验都获得肯定而被保留下来；自我作为批判反思意识、通过对构成人类历史之意识现象的经验反思而不断展开和实现；人类自我认识的过程，同时也构成了自我塑造、自我实现的过程。在这种模式中，康德意义上的理论理性和实践理性合二为一，共同统一于人类精神自我塑造的生活形式。

第三，经由黑格尔，哈贝马斯锁定了关于自我理解的"认知性"框架。黑格尔认为批判哲学运用的是一种工具或媒介的模式，即"下水之前先学会游泳"的怪圈。这通常被认为是科学知识证成的需要，然而这并未触及康德体系的观念论基础。前面的讨论提到，先验自我的设定是为了超越笛卡儿的认识论框架，即是说，为了使笛卡儿的"我思"主体在认识活动中保持自身同一，康德才将认识论纳入本体论框架。康德此举，是因为他的哲学系统规划了认识活动和源起的、构成性的"自我的联系"。在这一意义上，他的认识论确实是工具性的。然而一旦工具论的观点被证实，康德就再也无法避免笛卡儿曾经遭遇的那种自我意识的循环悖论了。黑格尔的工具论批判，成功地说明了康德哲学一系列隐含的关于知识批评的预想，包括一个标准的关于科学的概念、一个标准的自我的概念，以及对理论理性和实践理性的区分。后一种预想表明，康德的抽象性思想是难以成立的，因为在纯粹理性和实践理性的层面运用了不同的、相互对立的自我概念。哈贝马斯同意黑格尔的工具论批判，但他并不认为认识论方法是多余的，他认为黑格尔的这种观点导致了一种致命的误解，即哲学剥夺了科学的独立权，而宣称自己是万能的科学知识。因此，哈贝马斯不同意黑格尔将认识论和本体论同一的做法。在人类生活实践中，反思的经验并不能通过绝对知识获得保证，"毋宁说，基本经验包含在显现出来的意识结构中；这些基本经验表现作人们把握世界和进行活动的这些模式的变化"①。哈贝马斯认为，黑格尔通过"绝对精神"的概念描述了一种无条件的、自生性的"自身关系"，这种"独白式"知识丧失了自主性的批判力量。②这样，自主性的问题就转向讨论主体在社会生活实践如何批判反思、如何通过类似于现象学经验而自我塑造的问题。由此，"自我"问题告别了先验的观念性，转而通过社会实践来探讨。

（三）对费希特"绝对自我"的批判

在第三重批判意义上，哈贝马斯从费希特那里汲取到绝对自发性的"行动"内涵，并借此将康德意义的自主原则理解为解放的兴趣。

第一，解放的兴趣源自康德的兴趣概念。在《实践理性批判》中，理性在实践中严格按照自身法则行动。在这一过程中，康德按照先验自我的知性活动来理解理性在实践中的自主性活动，但实践领域不同于认识领域，知性的自发性活动并不能直接适用。经验上的理解是：意志自身法则并不必然导致对这一法则的遵循；如果理性必定遵循理性法则，就需要给出原因。在这种情况下，康德引入了"纯粹的兴趣"概念：在按照理性法则自主行动的过程中，理性自身具有一种兴趣。问题是，理性的兴趣不是经验的，也没有完全从经验中脱离。正如康德所说，这是无法构想的。因而康德对理性兴趣的构造并不成功。

第二，费希特的本原行动为哈贝马斯重构兴趣提供了借鉴。按照费希特的观点，先验自我意识不能作为"自我"的基础，因为它已预设关于"自我"的知识，这将导致自我意识的循环悖论。由此，费希特提出绝对自发性的行动概念来解决这一矛盾："自我由自己设定是自我的纯粹活动"，在这种设定中，自我"既是行动者，又是行动的产物；既是活动着的东西，又是由活动

---

① 哈贝马斯. 认识与兴趣 [M]. 郭官义，李黎，译. 上海：学林出版社，1999：17.

② D'ENTREVES M P，BENHABIB S. Habermas and the Unfinished Project of Modernity[M]. Cambridge：MIT Press，1997：7.

制造出来的东西"。① 经由这一改变，先验自我的意识结构转换成了自我设立的行动结构，在康德那里分裂的理论理性和实践理性缝合为一个统一的自我的解放性力量。结构上的转变使费希特强调理性的实践性质，因为主体返回自身获得自我解放是通过对象环境的自主选择实现的。哈贝马斯认为，要达成这样的立场，自我就必须在其自身的自主性中有这样一种兴趣，即具有一种将自身从对这些东西的依赖中解放出来的意志。"费希特表达了理论理性和实践理性的同一性。我们赖以获得理性兴趣，获得争取自我独立性的热情以及在自我反思中取得进步的环境，同时也决定着我们所获得的独立性的程度和我们关于存在和意识的哲学观。"②

第三，哈贝马斯的兴趣论题是对德国观念论的综合。康德提供了关于"兴趣"的内在理解，费希特提供了一条使理论自我和实践自我从分裂到统一的途径，而费希特的自发行动又被类似于黑格尔的现象学经验框架限定。由是，哈贝马斯将兴趣理解为由实践理性决定的，理性主体的自主性通过它不断形成和塑造。一方面，理性的兴趣为主体提供背景和条件，框定了自我塑造的背景；另一方面，兴趣实现本身也是来自理性主体实现自身的批判性力量。在这样一种兴趣概念中，兴趣不仅架构了主体的认识，也框定了自我塑造的背景。就人类自我实现的整体历程来说，理性的兴趣同时也是理性自身。不过，费希特的本原行动，并不是哈贝马斯意义上的那个历史的人的自我解放的过程。哈贝马斯认为，人的存在绝不是可以被预置的，如同动物的群居，或者类似于开花结果之类的自然过程。自我同一表征着在复杂的生活情境中维持自身内在统一和独立性，并满足连贯性要求的能力，它依赖于认知性的前提条件，但并非由认知性的自我决定，而是由个体在相互作用中生成。这就是说，生活世界中的行动个体无法将它自己的未来仅仅视为客观决

---

① 费希特.全部知识学的基础 [M].王玖兴，译.北京：商务印书馆，1997：8.
② 哈贝马斯.认识与兴趣 [M].郭官义，李黎，译.上海：学林出版社，1999：211.

定的问题，因为通向未来的过去的意义，绝不仅是一个理论经验问题。当个体试图通过反思让自己不完善的生活变得有意义时，是通过朝向未来同时又返回过去的方式达成的；其对过去生活实践和行动的解释，不可能独立于他对未来的规划。因此，作为一个整体的生活的意义具有无法消除的实践维度，它取决于个体想要成为什么样的人，以及个体现在是什么样的人，取决于个体想要达成的目标，以及个体现在所处的位置和已经达成的目标。哈贝马斯认为，人类自我形成不仅依赖于由反思活动所确立的条件，还取决于主观自然以及客观自然的有限条件。费希特对哈贝马斯的意义在于，他为在康德那里分裂的理论自我和实践自我提供了一条可能的统一途径。

（四）认知人类学的基本导向

认知人类学关于人类自主的基本理解来自对德国观念论的批判和继承：它摒弃了德国观念论中的"绝对"、先验等形而上学观念，保留了其内在的主动性、创造性，转而借助现实社会历史中的具体实践活动、借助"不受压制的主体性"来寻求理性自主的实现。

第一，认知人类学上的主体承继了费希特"事实行动"的内涵。"自我"不是康德意义上的统觉或自主性活动，而是真实生命个体的自我"设定"，"自我"乃是自我意识的同一，是属"我"的活动。但这种"设定"不是费希特意义上的无条件的、绝对的自我设定。从某种意义上说，自我是由社会历史"设定的"，每一个"自我"的形成，总是取决于具体的历史语境，正是在这样的具体语境中，他们不断形成和塑造自身。每一代人都只能依据他们所改造的、历史上已经形成的自然获得自身的同一性。

第二，哈贝马斯改变了康德之"认识何以可能"的主题。在哈贝马斯那里，理性主体作为一个统一的整体不存在实践理性和理论理性的区分。它不仅从事康德意义上的认知活动，在实践活动中也承担黑格尔意义上的现象学批判反思功能。因之，认识得以可能的条件不再被理解为先验—经验的、严格对立意义上的条件，而是被理解为经验历史语境中认知得以可能的前提。哈贝马斯沿袭了费希特的立场：理论和实践的区分只是理性运用自身规则的不同立场；理论认识在前理论的生活实践中有源头，它们始终处于特定生活形式的统一性之中。

第三，哈贝马斯改变了黑格尔思辨哲学的"自我"主题。黑格尔认为，认识并非孤立个体的一种经验判断，认识的真理性更多是参照实际存在的社会实践规则。在这里，一切有关经验判断的真理性、行为或信念的合理性都只有通过这一尺度的衡量才能得到确证，而对这些尺度的把握反过来塑造了自我本身。哈贝马斯认为，对认知尺度的把握确实与自我形成和塑造有密切的联系，但这两者并不能直接等同，因为这还涉及一个认知主体如何理解这种批判尺度的问题；只有将认知与批判反思结合起来，认知主体才能在具体的社会历史中既结合语境形成自身，又保持自身的自主性。正是从这里，哈贝马斯离开了黑格尔的立场。对理性主体的探讨就变成了"理解如何可能"的问题。哈贝马斯的任务是，在历史语境中寻求有效的中介和可靠的基础，使个体的主体在主体间交往中理解自身成为可能。这一理论架构应同时为个体的思想和行动提供空间面向并且无限敞开。

哈贝马斯认为，人类的实践活动不可避免地卷入某种自我概念和理解模式，哲学的任务则是在反思中进行观念的把握。正像德国观念论已经认识到的那样，哲学乃是一种反思和重构。但是，德国观念论仅是对人与世界关系的基本活动方式进行阐明，这种阐明并不能被理解为对生活的"把握"。德国观念论的根本失误在于：它企图通过形而上学理念一劳永逸地把握人与世界的关系。德国观念论相信：人的本质，对所有人都是共同的那个东西，是作为一个基础存在的；人的生命只有与之联系时才有意义。由此而来的是，人的本质和人类生活的意义不可避免地同某种终极原因的理念联系在一起。但是所有这些关于终极性的、整体的理念的哲学探索无一不以失败告终。正如泰勒（Charles Taylor）所指出的，意识哲学对人的所有考察都是独白式的，然而，"人的本质并不是来自对于某个偶然能够使用语言的物种本体的考察"，"只有在共同的理解基础上，人们的行动才有意义"。[①] 在哈贝马斯看来，生活历史的视野以及我们先天就置身其中的生活方式，构成了一种我们所熟悉的透明整体。这些整体性的东西，由个体的生活历史和主体间的生活方式共同构成。它们之所以在整体结构中占有一席之地，是因为在反思生活中那些至关重要的问题如"人是什么"时，哲学和整体性产生了关联并获得整合和终极的特征。然而，这样的追问只是为了获得自我理解并以此推动生活世界的进程。就此而言，一种确定形式的社会联系是"真正个体的可能条件"。个体的内在性只有通过他的外化才能得到实现，而外化又使他的内在反思能力不断增强并构造新的自我。在形而上学解体之后，在世界与人的统一性中所表现出来的那种形而上学失落感，只有基于现实社会生活的主体间理解才能得到重建和恢复。哈贝马斯的认知人类学规划，正是要探寻使这种理解成为可能的中介。从德国观念论中汲取到的丰富养分，为认知人类学的规划提供了支持。

① TAYLOR C. Philosophical Arguments[M]. Cambridge：Harvard University Press，1995：171–172.

第二章

"解放的兴趣":
不受压制的主体性

人 类 自 我 理 解 的 基 本 逻 辑：认 知 人 类 学 视 域 下 的 哈 贝 马 斯

在何种意义上，人类可以将自身理解为一个完全自足的理性主体？康德曾经通过纯粹理性的理想树立起一个崇高的路标，然而对德国观念论的批判表明：哲学并不能通过形而上学的沉思来阐明理性自主的基础。晚期谢林曾指责观念论思想家忽略或企图回避实践问题，其启示哲学指出：人类自身站在善恶的分岔口，无论如何选择都是他自己的事情；人类的本质是他自己的决定。① 晚期谢林构造了"自我的形而上学"，以一种动态的进化观念来解释人类历史。② 不同于谢林，马克思、克尔恺郭尔（Søren Aabye Kierkegaard）、尼采（Friedrich Nietzsche）等都激烈地反对关于人的形而上学理解；他们不再把理性作为支配我们的真理和道德准则，而是从具体情境、社会生活实践来理解人类本身。由此，哲学关于人的问题的理解出现了分化。其中，最具有范式意义且最重要的改变是以语言为基点来探讨人的本性。

一、在语言中阐释世界

形而上学解体后，哲学对人类本性的探讨分化为两个方向：一个是在语言哲学内寻求理解的理性基础，根本出发点是寻求解先验化的力量，代表人物包括皮尔士（Charles Sanders Peirce）、杜威（John Dewey）以及后期维特

---

① WHITE A. Schelling : An Introduction to the System of Freedom[M]. New Haven : Yale University Press，1983：2.
② 谢林"自我的形而上学"是一种前观念论的形而上学，即观念论的形而上学是基于何种世界观被建构起来。兰德曼指出，"自我的形而上学"乃是哲学人类学发展的理论需要。在传统形而上学通过总体性概念把握人与世界关系的失败后，对人的问题的理解被完全限制在认知范围内，哲学转而从现实生活着手扩展普遍性意义来理解人的存在。在兰德曼看来，卡西尔的"符号动物"、舍勒的哲学人类学都可以理解为"自我的形而上学"。

根斯坦等；另一个是将理性情境化，以便在历史语境中体现主体自身的超越力量，从狄尔泰（Wilhelm Dilthey）到伽达默尔（Hans-Georg Gadamer）的解释学传统属于这一方向。[①] 哈贝马斯认为，这两个方向都致力于一个完全自足的理性主体的重构，争论的焦点在于：纯粹理性的理想是已经在历史化和语境化中失去踪迹，还是在历史语境中保持着内在超越的力量？在哈贝马斯看来，这两个方向各有自身的缺点；一方承载了自我指涉和一致性需求的矛盾，另一方则代表人类知识的归谬意识（consciousness of the fallibility）[②] 与作为知识的普遍基础之间的对抗，它们实际上代表了"相对主义和绝对主义的尖锐对抗"。

对哈贝马斯来说，真正的问题在于理性批判如何面对未来无限敞开的情况：理性自主的原则既要为人类主体的思想和行动之敞开提供可能，又要对它作出限定。哈贝马斯企图将这两个方向融合，以消除它们的缺陷。他认为，如果把康德关于理想和现实的对立放入社会实践领域，合作互动就获得了理性的基础。在此情境下，理性的理念既具有解先验化的普遍内涵，又可以在具体情境用于组织相关主体的行动。[③] 由此，一个具有完全自足意义的理性主体既是普遍意义的又是超越的，既被特定社会生活形式所规定又能面向未来而无限展开。这一任务正是认知人类学的初始规划。哈贝马斯关注理性自主在社会生活中实现的可能性，他的基本立场类似于"苏格拉底式的柏拉图主义"；也就是将苏格拉底传统的对话与柏拉图式的反思结合在一起，通过语言对话呈现人类本性的丰富多样性，远离具有抑制性和虚假性的观点。由此，我们将获得超越嵌入社会制度和社会实践的抑制性力量，最终推动人的自主解放。

---

① HABERMAS J. Truth and Justification [M]. Barbara Fultner, trans. Cambridge：MIT Press, 2003：83.
② 归谬意识是阿佩尔使用的一个术语，意指自我指涉自相矛盾的情况。
③ HABERMAS J. Truth and Justification [M]. Barbara Fultner, trans. Cambridge：MIT Press, 2003：85.

（一）"自我保存"的困境（形而上学的回潮）

在形而上学和意识哲学式微的潮流中，"海德堡学派"的亨利希提出"自我保存"（selbsterhaltung）①的理论，试图调和形而上学和意识哲学的矛盾。"自我保存"理论的基本思想是："自我"是一个直接意识到其存在的存在者，其自主意识是实现自我保存的前提，但自主意识不能取代自我保存。在亨利希看来，近现代哲学的发展趋势从根本上可以理解为这两个基本原则的统合。根据这样一种观点，"自我"问题可以经由自我保存与自我意识间的关系得到新的、不同的理解。

第一，自我保存理论的出发点是解决"自我指涉"的自意识困境。关于知识学的讨论提到，自我指涉具有形而上学根源，当近代意识哲学将自我指涉诉诸意识时，它仅仅内省到一个原初自我的表象。认识论的"自我"切断了与形而上学本体的关联，因而引发自我指涉的循环悖论。亨利希的特别之处在于，他对自身意识的完整性提出了关于自我指涉的新理解。他认为，如果将自身意识理解为某人对自己有所认识，那么，它就必然包含"具有自身意识的人具有关于自己是什么的原初知识"，而这一"关于自己是什么的原初知识"中又包含了"他知道他就是那个知道自己是什么的人"，这就形成了一种套叠式的无穷后退。②亨利希指出，反思理论的悖谬源自它所依附的主客模式，即自身意识被视为自身同一化。

第二，亨利希力图通过本源性的"自我保存"来破解自意识困境。根据循环悖论可知，所有从外部角度对"自身意识"现象所作的说明，最终都会陷入理论困境。亨利希认为，最根本的原因可归结为两个方面：（1）无论是外在观察还是内省观察，对自身所做的"归化"（zuschreiben）都是间接的；（2）所有这些归置都是无标准的。亨利希指出：在前一种情况下，所有认同

---

① 亨利希的 selbsterhaltung 一词有多种译法，这里选取的是倪梁康教授的译法。
② 倪梁康. 自识与反思：近现代西方哲学的基本问题 [M]. 北京：商务印书馆，2002：660.

都是把分离的东西设定为一体，而自身并不存在将自己一分为二并以一个部分作为另一个部分的对象。在后一种情况下，知识都是主题化的，并且只能间接地与它的对象发生关系；而自身意识是直接的。由此，亨利希认为，自身意识既不可能是一种认同的情况，也不可能是知识。在此基础上，他提出"自我保存"的概念。

第三，亨利希从"自我保存"概念发展出一种具有实存意义的自意识理论。"自我保存"这一概念的一般追溯是马基雅维利（Niccolò Machiavelli）和霍布斯（Thomas Hobbes），他们都把个体为实现自我保存而斗争作为理论分析的关键。亨利希则将之上溯到斯多亚主义，并从中发展出一种具实存意义的自意识理论。亚里士多德曾经指出，所有动物都有自我保存的本能。斯多亚派将亚里士多德的这一观点和自身意识的范畴结合起来，提出：动物的最初本能在于自身保存；人的不同在于对这个本能具有自身意识，即能意识到目的、具有思虑、遵循理性。这一点黑格尔在《哲学史讲演录》中也曾经提到。亨利希认为，没有自身意识，就无法理解自身保存；而自身意识首先又作为一个特殊种类生物维系自身的条件在起作用。通过这样一种阐释，"自我意识"与"自我保存"既相互区别又相互联系，并在一个统一的个体身上呈现出来。

哈贝马斯分析了亨利希"自我保存"的内涵，指出了其理论实质及缺陷。

第一，哈贝马斯分析了"自我保存"概念的形而上学实质。在他看来，"自我保存"概念最初来自形而上学的世界观体系，它意蕴着本体论的"自我"要求实现其目的，这个目的是它的本质所决定的，而且符合自然秩序。在形而上学的目的论被隔绝后，自我保存的"目的"变成了在意识哲学中一般意义上的抽象目的，即确保主体的偶然存在。按照亨利希的观点，自我保存的意识旨在避免在自我同一过程中出现的工具。即：一方面要消除只有作为客体才能被把握的自我的痕迹，另一方面要在自我客体化的过程中保存主体性内容。在这种情况下，亨利希的"自我"就成为一种"非个性化和匿名化的意识"：一方面，它以自身为认同标准，反对通过对象化、工具化的意识来指涉自身；另一方面，自我实现的过程又要维持自身的存在。这样一来，亨利希就失去了自我指涉的结构，而只能依仗"自我保存"来维系自身。即是说，通过"自我保存"这一概念，亨利希实际上将"自我"与对象化的"自我意识"这两个维度的联系断开，使"自我"成为一种孤立的、绝对化的意识，成为一个"匿名"的"自我"。

　　第二，哈贝马斯分析了亨利希"匿名自我"的理论困境。当"自我保存"将"自我意识"与对象化意识的联系断开后，"自我"的发展要么追求源起的"自我"，要么作为客观化的一般意识，即人类学上的"社会客体"。在前一种情况下，亨利希的"自我"成为霍克海默和阿多诺在《启蒙辩证法》中阐述的追求自身源起的绝对化意识，这种意识最终走向人与自然和谐的一种神秘主义。在后一种情况下，"自我"被理解为人类学的"社会客体"，实际上是康德主义和达尔文主义相互融合的一种实用主义；就是说，关于"自我"的知识乃是一种客观的社会存在，关联于文化生活形式及其对个性化自我的塑造。在这样一种观点中，"自我"的塑造实际上体现为一种客观化过程，它丧失了自身的个性化地位，转而通过"社会客体"获得其实存意义。在此，亨利希无法面对自然主义的压力。

　　第三，哈贝马斯认为，"自我保存"理论的根本缺陷在于其意识哲学的思维范式。它的自我关系回避形成和塑造"自我"的实践活动，对"自我"表达的意义分析是完成式的。[①] 也就是说，"自我"用经验命题所表达出来的体验，被认为是一种特殊的事态或内心的事件，进而与世界中的实体等同起来。这种作为自我意识的自我关系既有所表现又有所遮蔽，因为它用命题与

---

① 完成式是语言哲学对语态的基本区分之一。根据这一区分，意识哲学的"自我"概念是完成式的语态，即将"自我"视为已经论证、达成有效性的"事实"。

事态之间的一种完成式关系代替了主体与对象以及系统与周围世界之间的双重关系，因而对自我关系依然充满认识论上的短见。

哈贝马斯认为，亨利希的理论缺陷可以在语言哲学的范式内得到解决。即便是从语义学的角度看，"自我保存"也远不止一个语词而涉及一个过程。把握"自我"的内涵，离不开生命活动中相关经验要求的词语，通过它们生命才能认知意识生命的基本过程。阿多诺曾尝试用模仿来调和"自我"与工具意识的矛盾。模仿描述的是人与人之间的一种关系，即把他者当作榜样而使自己变得更加充实和丰富。阿多诺的方案表明，只有通过社会化的道路才能实现个体化的"自我"。哈贝马斯指出，应当使用心灵、身体之外的第三类范畴来解决自我问题。在这一方面，语言哲学为解决自我意识难题提供了广阔的前景。

（二）语言的解主体化运动

自弗雷格（Gottlob Frege）开始，语言哲学沉重打击了意识哲学的主体概念。语言哲学区分了句子的内涵与所指，强调事实并不是对象的存在而是命题内容的真实性。按照这一区分，单纯地问"人是什么"并没有意义，它不符合被意指的与被言说的事态的逻辑结构。石里克（Moritz Schlick）声称：全部"哲学问题"，一部分将通过澄清日常生活语言的误解而得到消除，而另一部分将通过科学命题而得到解决。① 他把语言分析和哲学命题的探讨结合起来，这一"语言分析的哲学"潮流从德国和奥地利迅速向英语国家传播开来，成为 20 世纪最有影响力的哲学运动之一。"语言学的转向"并不意味着哲学不再探讨理念的本质，而是从语言本身来探讨这些哲学命题。维特根斯坦借助语言来探讨"人是什么"的问题，他把人的活动引入语言，并在语言中构造一个场域来理解人。对于后期维特根斯坦来说，语言游戏本身是生活形式的一部分，想象一种语言就是想象一种生活形式。"语言游戏"也

---

① BOWIE A. German Philosophy：From Kant to Habermas [M]. Cambridge：Polity Press，2003：156.

是个体介入生活的先在条件；如果不理解生活的"语言游戏"，生活将无法展开。"语言游戏"突出了语境（context）之于人类活动的意义，它将主体的存在置于一个"关系领域"，从而彻底消除了"意识哲学"独白式"主体"的内涵。维特根斯坦"语言游戏"的不足在于，它仅仅从阐明主体内在经验出发来阐明世界，仅仅从生活形式来理解创造世界的主体。这样一来，主体反而被框定在由语言游戏所规划的领域内，后者独立于个体而存在。实际上，特定的生活形式不仅是人类活动的背景，也是人类活动的产物，"人类主体并不会将这些规则视为独立于他们的形式，而不如说，他们通过语言行为创造了这些范畴"①。因此，维特根斯坦的"语言游戏"需要进一步被主题化、被阐明，只有这样，才能理解那些为语言符号所构造的人如何可能被塑造出来。

哈贝马斯强调通过语言和对话来理解人类生活及人的本性。在他看来，人类并不是出于进行自我界定的需要才掌握语言的；相反，正是通过语言，我们才能够理解我们自己、构建自身认同，最终将自身塑造成为具有人性的主体。从这个意义上来说，人的形成与自我理解绝非独白式的，而是紧密关联于社会互动。在这一方面，哈贝马斯认为古代希腊人的公共生活提供了一个典型范例。古代希腊人把公共领域视作自由王国和永恒世界，他们认为，只有在公共领域呈现出来的事物，才能表现出事物本身是什么样子的。公民在公共领域相互辩论、对话和商谈，从而把事物表达出来，并使之形象化；在公共领域出现的一切，都真真切切展现在众人面前。如果说生存要求和获得生活必需品仅仅发生在私人领域（oikos），那么公共领域（polis）则为自我和个性的彰显提供了广阔的表现空间：公民之间平等对话，但每个人都力图突出自己并把最好的衬托出来，使之个性鲜明——这就是名誉永恒性的体现。希腊人对人的理解是社会性的，所以才有了亚里士多德的那句著名的

---

① HABERMAS J. On the Pragmatics of Social Interaction：Preliminary Studies in the Theory of Communicative Action[M]. Barbara Fultner, trans. Cambridge：MIT Press, 2001：56.

话——"人是政治动物"（zoon politikon）。哈贝马斯指出，亚里士多德的这句话逐字翻译出来就是，"人是在公共空间生存的动物"；更确切地说，"人是这样一种动物，只有被嵌入（embedded）一个社会关系的公共网络中，它才能通过语言能力发展变成人"①。对哈贝马斯来说，人在语言活动中才能实现他的本性，人的理性本性需要经由一个社会化过程才能实现。

1. 语言工具论的源起与缺失

语言哲学有两种风格迥异的理论传统：工具性的和表现性的（expressive）。语言工具论产生于 17 世纪的科学革命，它将语言视为人类思维的表象工具，其任务在于产生表象意识并再现世界。在这一立场中，语言符号是工具性的，它指示世界的某物或某个事态，我们依据它解释世界。哈贝马斯不赞同对语言的工具性理解。在语言的运用中，语言工具论究竟缺失了什么？这就不得不追溯语言理论的起源。"从起源的基础性陈述中，我们能获得某种对哲学重新规划的重要东西；在某种意义上，起源的丧失比历史的丧失更加意义重大。"② 哈贝马斯认为，语言工具论在语言的运用及对其源起的认知上有重大缺失。

第一，西方文化一直有将对话联系于人的存在的传统。亚里士多德认为，语言表达更多是在对话、论辩过程中彰显是非善恶的德性活动，具有重要的人格生成和意义规定性。亚里士多德对语言的理解是存在论意义的，认为语言既意味着言说活动，也意味着通过它将实在事物的不同方面关联为一。当亚里士多德说 "Zoon logon echon"（通译 "人是会说话的动物"）时，它的原意是 "Animal possessing logos" ③。这里，logos 既意味着语词、言说、对话、思考、理性等，也被用于对这些词语的解释。这一概念联合了语言和思考的各种范畴，我们从中能获得言说、语词和理性之间的关联基础。当就

---

① HABERMAS J. Between Naturalism and Religon [M].Ciaran Cronin， trans. Cambridge：Polity Press，2008：13.

② TAYLOR C. Philosophical Arguments[M]. Cambridge：Harvard University press，1995：79.

③ TAYLOR C. Human Agency and Language (vol.1)[M]. Cambridge：Cambridge University Press，1985：221.

某些令人困惑的东西作出解释时，需要通过 logos 将之展开，表达它的诸多方面并将它们关联同一。所以柏拉图说，除非你能给出解释，否则你实际上并不知道某物，你所持有的仅仅是意见而非真正的知识。这里，给出解释就是"对话"（logon didonai）。在源初的意义上，语言本身具备"通过对话展现存在"的内涵。

第二，亚里士多德关于语言与对话之间关系的思想，在中世纪被改造为一种关于"神迹"的符号理论。出现这种转化的原因之一是 logos 本身的内在性倾向：当 logos 被用于关于实在事物或者对话的思想时，同时也带来了置于思想主题中的 logos。如果没有人类的语词，它并不能显现出来。在这个意义上，logos 就有了"思想的外衣"的意谓。奥古斯丁正是在这一意义上转化了 logos 一词的内涵：正如思想披着语言的外衣，神的思想，logos（verbum，启示）在创世中运用，就像它是神的言说一样。按照这种观点，万物都是符号，都是神意的表达。这种被称为指号学（Semiological）本体论的理论框架，将世界描绘成神意的秩序或者文本。在中世纪和早期文艺复兴时期，它是占统治地位的世界观。

第三，语言工具论是"神迹"的符号理论经唯名论转化后的产物。唯名论否认事物存在一个实在本质，相反地认为，"宇宙"并非世界的特性，而是语言的效果；我们运用语词分类对象，并将之聚成统一体，这就是一般意义上的"宇宙"。这种理论使语言的角色发生重要改变，语词成为我们分类和理解的东西，成为某种指示性的符号。在这之后，17 世纪的科学革命重铸了人的概念，人们不再将思维作为神、上帝或实在的一部分，而是视为一个独立的内在过程。这意味着，思维在自我内部分解、组装各种部件；世界也以这种方式被装配（assembled）起来。用梅洛 - 庞蒂（Maurice Merleau-Ponty）的话说就是，"将世界的知识看成建筑块，我们一块一块地将它们搭建起来"①。这种内在的拆解和组装需要工具，而语言便承担了这一角色；语言将我们导向关于事物的观念，它们对我们是完全透明的；我们清楚地知道这些语词指示什么，否则我们不能组合我们的观念使之与实在符合。在这个意义上，语言仅仅是我们获得关于世界知识过程中的一个工具性手段。这正是大多人所理解的关于语言的观点，即：语词仅仅包含所指示的观念，通过与事物指示性的联结才建立起语词的意义。显然，在这样一种语言工具论中，对世界的理解被狭隘化了；我们与世界的关联、对世界的真切体验都在这种理解中失去了。就像梅洛–庞蒂指出的，世界就像散文被分解为词语的连接，真实的世界由此消失在字里行间。

2. 表现主义对人的理解

语言工具论对人和世界的机械性理解，受到以赫尔德、洪堡等为代表的表现性的语言理论的强烈反对。表现主义理论兴起于 18 世纪浪漫主义运动时期，其基本立场是：语言不是从单个的语词意义来理解的，而应被视为一个整体。表现主义理论认为，在语言中被"显现"的内容是就媒介整体而言的，不能将之分解或从部分来显示整体。比如，在文学作品的理解中，不能通过词物关联或孤立作品各部分来追问作品的意义。语言不仅是指示工具，它同时也通过对话构成一个表现场域，将事物的不同方面关联在一起。赫尔德首先提出语言作为"表现"中介的观点：表现意味着通过表达使某物被显现。这一观点包含一个至关重要的理念：如果人的本质在"表现"范畴下被理解，那么他就不能被理解为某种空洞的抽象物，而必须借助中介来实现他的存在。语言虽然被赫尔德作为自我实现的中介物，但他更多关注表现本身而忽视了表现与对话的关联性。英格兰德（Alex Englander）指出，赫尔德在阐释语言的表现功能时，依据的是"理性动物的意识"来解释人的本性，

---

① CARMAN T, HANSEN M. The Cambridge Companion to Merleau-Ponty[M]. Cambridge : Cambridge University Press, 2006 : 26-49.

因而不是将人置于语言对话、置于主体间来理解，而是保留了一个认识论主体的残余。① 相比较而言，洪堡的语言学理论既承继了赫尔德的"表现"范畴，又更加强调语言栖息于对话之中的特性。哈贝马斯的语言范式受洪堡语言学影响较大。

第一，借助语言来理解人的自我实现。洪堡认为，人的概念不是意识哲学中的抽象主体，它包含多样性。在洪堡看来，普遍人性的最终实现，实际上是以不同个体自我实现的扩展形式显示着完整的人类本性，而这必须在一个社会交往网络中进行。借助语言，个人全部内在的经验、感觉、情绪和思想在接触外界的过程中，与外在的即他人的经验、感觉、情绪和思想等联系起来；普遍意义上的人类本性，正是在这种联系中逐步实现。语言对人的本质性意义在于：个人只有使自己的思维与他人的、集体的思维建立起明晰的联系，才能形成对世界的看法；"正是个人与人类本性的这种联系，在人类活动中起着最普遍的作用，并使人类获得了最最崇高庄严的特性"②。

第二，强调语言的实存性以及语言与人的相互塑造。语言的实存性表现在，它虽然只能在每一次具体的思维行动中得到实现，但整体上并不依赖于人的思维。在这个意义上讲，语言既有依赖于人类心灵的一面，又有独立于人类心灵的一面。洪堡指出，对语言的统一性中存在的这种矛盾，我们应该这样理解：一方面，语言客观地、独立自主地发挥作用；另一方面，语言又受到人类主观性的影响和制约。语言的作用最终必须在思维中得到重新创造，转化为言语或理解，才能全部融入主体。洪堡认为，正是通过人类的这种主观创造行为，语言才在一般意义上被理解为客体，并以这样的方式经受着使用它的主体的主观影响。但这种影响受到语言本身正在造就和业已造就的东西的束缚。一方面，语言属于个体，因为每一个个体都以其自身的独特

---

① ENGLANDER A. Herder's expressivist' metaphysics and the origins of German idealism[J]. British Journal for the History of Philosophy，2013，21（5）：902–991.

② 洪堡特．论人类语言结构的差异及其对人类精神发展的影响 [M]．姚小平，译．北京：商务印书馆，1999：31.

方式进行言说活动；另一方面，语言整体又具有客观性，它同时存在于历代人们的话语之中，可以一代代不间断地传递下去。解决这一矛盾的真正方法存在于人类本性的统一性之中；语言中限制、确定着"我"的东西，出自与"我"有着内在联系的人类本性。语言中的异物只是有异于瞬时的个性，而非有异于"我"原初的真正本性。

第三，通过语言的生产性来表述人的普遍本质。洪堡区分了整体性的语言和具体言说活动，语言作为实存，是这两方面的统一。就整体性而言，洪堡认为，没有属于"我"的语言，语言总是"我们的语言"；使用某种语言就必须理解它的文化和背景，否则无法理解表达的含义。在这个意义上，语言不再仅是笛卡儿所说的"思想的外衣"，而更像一张"思想之网"；如果我们触及某个语词，就会触及整个文化网络。语言表达某物，乃是言说者挑选事物、语词被联想于意义，这种能力乃是语言表达的关键。语言表达展现了它的生产性力量，它对言说中被创造、被生产的内容持续敞开，使语言不断被扩展、改写。这些事情持续发生，将不断形成语言，铸造新的词语，也使语言所表达的意义区域不断改变。正如泰勒所说，人类言说者"恰似哲学新大陆的水手，他们不得不在苍茫的大海上不断重置他们的航向，以此朝向一个无法穷尽的意义海洋"[①]。由于语言的生产性力量，人类自身有了无限发展的可能。

3. 反思洪堡语言学中的"自我"

哈贝马斯从洪堡语言学中汲取的观点是：语言是一种生产性力量，主体通过它将内在体验在主体间的对话中表现出来，进而既塑造世界也塑造自我。哈贝马斯指出，这种生产性力量表明，语言并非代表某种真实存在的事物，而是发现某种此前未知的意义。这意味着：语言的意义不再是从单个语词而是从一个社会关系的语境前提来呈现；或者说，它不是一个言说者意识

---

① TAYLOR C. Human Agency and Language(vol.1)[M]. Cambridge ：Cambridge University Press， 1985 ：232.

的副本，而是使言说者自身得以形成和塑造的动力。哈贝马斯强调，我们不能将洪堡的言语主体理解为与客体相对立的认知主体，这正是洪堡和赫尔德所反对的观点；相反，应从社会交往网络、从语言作为本质性力量的角度来理解言语主体的本性。在这一定位中，语言活动被把握为超主体的力量，被把握为第一性的、生产性的实现活动，它通过言说实践不断推动自我的更新和实现。作为对照，可以把洪堡的观点简单类比为黑格尔具体的普遍性的变种：语言整体构成了具体语言活动的普遍性意义，个体在语言进程中展现为一个总体性的实现。

哈贝马斯同时认为，洪堡语言学存在一种张力而使他的立场变得含糊。[①]洪堡把语言视为一种独立的实存，包括语言整体和具体的言说活动。那么，在以语言为中介的自我实现的过程中，究竟是将语言的生产过程把握为一个整体，还是在主体间对话中完成这种综合？哈贝马斯倾向于后者，即自我关涉乃是通过主体间对话形式完成的。但哈贝马斯也承认，洪堡所强调的语言中介状态并不是完全对话模式意义的，言说主体似乎更多地被一个超主体的精神力量支配。洪堡理论的模糊之处在于：不同个体之间的理解最终是在某种无限的意识中才能完成，而这种无限的意识乃是个体之间相互理解的基础。那么，是否应该经由这种"无限"来理解个体性呢？泰勒正是以此为基点解读洪堡的语言学，认为语言整体和具体言语活动的关系表明了语言共同体对主体的构成性意义，话语表达不仅在总体上受到语法框架的限制，而且始终受到共同体的语言传统的限制。诚然，主体可能超越主体间沟通的话语地平线并创造性地引入新的意义。然而，这种表达绝不能完全从社会共同体的价值地平线上摆脱出来，它始终依赖于社会共同体生活形式的支撑。由此，洪堡的语言理论被解读为一个"大写的自我"的发展过程。哈贝马斯认

---

① HONNETH A，JOAS H. Communicative Action[M]. Jeremy Gaines, Doris L. Jones. Cambridge：MIT Press，1991：214-265.

为，洪堡已经认识到主体间达到相互理解是使个体化和社会化成为可能的行动，这种主体间性要求有个体言说者的声音。对世界中某物的客观认可，或者对一个未决问题的有效认可，都依赖于主体间的创造。对哈贝马斯来说，洪堡的语言模式采取了柏拉图的对话理念，它暗示了多重表象的辩证综合，而不是一个独白式的"我思"主体的沉思。洪堡的语言活动中要求参与者的声音，通过对话达成的理解更多来自个体的自决力量。哈贝马斯从具体的普遍性、生产性力量、语言的本质等三方面强调洪堡语言学的"自我"意蕴。

第一，自我是抽象的总体性还是具体的普遍性？泰勒关注语言的总体性：语言表达具有阐发世界的功能，世界是通过语言总体性而被阐发的。哈贝马斯认为，洪堡不仅关注语言的总体性，也关注经验个体、群体和民族认同的形成的阐发。事实上，洪堡的动机是通过具体多样性的经验穷尽人性的丰富性。在洪堡看来，它们比一个单纯的理性定义更能启发人们去了解人的本性。用黑格尔的术语讲，洪堡关注的是"具体的普遍性"，而泰勒仅仅关注"抽象的总体性"，后者的抽象性正是洪堡力图避免的。

第二，自我是构成性的还是生产性的？泰勒关注共同体传统的构成性意义，对他来说，个体的生产性力量虽然可以超越语言共同体的限制，但仍然只是在一个安全的范围内，并且产生的裂隙可以通过传统的力量而得到缝合；否则，个体的语言活动将变得不可理解。哈贝马斯认为，洪堡的初衷在于探讨普遍性意义上的人的完善和实现。就主体间理解而言，他考虑了不同个体的意图和理解。对洪堡来说，个体的生产性力量并不是基于某种规范表达的使用来说的；生产性力量是对未知的探索，它只有在主体间对话之中才能消解潜在的歧义；泰勒不能使用传统的力量来限制这种生产性，这种观念与洪堡所主张的总体性观念相反。这样来看，泰勒所主张的正是洪堡所批评的，即"对人类社会的不同状态缺乏正确的评价，例如，人们常常把文明和文化看作某些发展的源泉"①；也即，这些发展绝不是导源于文明和文化，而是源自某种使得文明和文化本身得以存在的力量。

第三，自我是伦理意义还是本源意义的？哈贝马斯也不赞同从伦理学来理解洪堡语言学的"自我"。伦理学并不能涵摄语言总体性的各方面，即便从善良生活的规范视野看，语言的本质也并不限于某种特殊形式的实质内容，因而泰勒的伦理学理解并不恰当。总体上说，洪堡的语言理论不能被视为一个"大写的自我"关联自身而实现自我的过程，而不如说这样：语言的总体性朝三个方向分化，即语言在形式上的总体结构，特定社会组织语言的形式结构，以及个体的自我理解。在语言的总体结构中，个体通过具体的语言形式理解自身，同时也通过主体间对话塑造语言的形式结构。这个过程不断推进，最终将实现一个本源性的"自我"。哈贝马斯认为，正是通过洪堡的语言理解模式，自我意识中纯粹的自我指涉才可能被彻底解构，自我决定、自我实现等具备的相互渗透和相互承认的结构才可能被揭示出来。

（三）符号哲学的方法论意义

洪堡的语言学潜在地表明，主体的自发性活动只有在社会中才能实现。这一意义被卡西尔揭示出来。哈贝马斯指出，"卡西尔第一个认识到洪堡哲学的范式意义，他通过洪堡的语言理论对康德先验哲学进行了语义学的转换"②。卡西尔不仅从语言视角阐释了人对世界的内在体验，而且通过语言运用将人与生存环境的互动也包含进来："使人赖以生存的环境成为人的环境，使人赖以存在的社会成为人的社会，使人成其为人，使人的世界与动物世界成为完全不同的世界。"③洪堡语言学中展现出来的生产性力量，通过人与符号世界的互动得以体现，并凸显人类自身的存在价值。卡西尔的符号哲学对哈贝马斯的意义在于：以符号为中介，就能克服康德观念论中关于人的理解

---

① 洪堡特.论人类语言结构的差异及其对人类精神发展的影响 [M]. 姚小平，译. 北京：商务印书馆，1999：33.
② HABERMAS J. The Liberating Power of Symbols [M]. Peter Dews, trans. Cambridge：MIT Press，2001：12.
③ 杨寿堪.冲突与选择：现代哲学转向问题研究 [M]. 北京：北京师范大学出版社，1996：249.

的二元对立，揭示出人类世界不同于自然世界的意义再生产问题。①康德哲学中先验自我的张力，转化为潜能与行动之间的张力、"潜在性"与其充分发展和效果之间的张力。卡西尔认为，康德所发动的"哥白尼式的革命"不能被理解为单单涉及逻辑判断的功能，而应扩展到人类精神赋予实在形式的每一种趋向和每一种原则。这就是说，要揭示这些功能的确定性意义，不能仅仅将之视为被预设的世界结构，而要理解在康德哲学中，这一世界结构是如何可能、如何具备客观性意义的。这样一来，对理性的批判就要求理解并展示"就其根植于一种普遍的形式原则而言，怎样以人类精神的本源活动为前提"②。卡西尔指出，关于人的本性或"本质"的定义只能是功能性的而非实体性的，人既无法以某种构成性的本质来定义，也不能以在经验观察中获得的某种能力来定义。人的突出特征不是他的形而上学本性，也不是他的物理本性，而是人的劳作（work）。"劳作"作为特有的人类活动，规定和划定了"人性"的范围。人的存在的意义在于其创造活动性，人的本质乃是一种无限创造性的活动。

卡西尔符号哲学具有重要的方法论意义。第一，它提供了从先验范式向语言范式转换的理论框架。在康德那里，先验主体严格遵循范畴进行综合活动，这种活动构建了一个因果体系，我们通过经验可以知道它是可能的，却无法得知它为何是这样的。先验主体的意义始终被遮蔽，我们无法理解自我实现的基础。与康德不同，卡西尔强调符号的去蔽功能。符号一方面产生概念和意义图像，另一方面又产生于与表达相关的经验范畴。这种理解方式允许我们将一个知性元素带入未知领域，语言符号将言说主体与前语言世界关联起来；语言活动的外在化过程，使言说主体在世界中不断得以更新和实现；符号意义的生产，使被遮蔽的前语言世界不断主题化并呈现给言

---

① HABERMAS J. On the Logic of Social Science[M]. Shierry Weber Nicholsen, Jerry A. Stark, trans. Cambridge：MIT Press, 1988：9.
② 卡西尔. 语言与神话 [M]. 于晓, 等译. 北京：生活·读书·新知三联书店, 1988：211.

说主体。在这个意义上，符号化过程呈现为一种自我去蔽、自我实现的解放性力量。由此，康德哲学中认知何以可能的问题，转变为前语言世界的理解问题。曾经被遮蔽的先验主体，借助语言的生产性从它所创造的概念中呈现出来。

第二，为解决康德哲学的本体论悖论提供了重要的方法论参考。在康德哲学中，认识论的主体始终对立于本体论上的"绝对自我"。卡西尔符号哲学的重大特征之一，正是要破除这一对立。主体间分享的语言既包含语言本身也包含言说活动。一方面，语法规则反映了语言实在性，没有一个人能将语言控制为私人财产；另一方面，语言不是囚禁主体，而是赋予言说者自由创作的力量。先验哲学中的认识论自我，被言说主体的经验理解取代和更新。先验哲学中的绝对自我，则通过符号中介而统一于自我实现的理想。在这样一种转换中，主观世界和客观世界不再是彼此对立的两极，而毋宁说，这种关系构成了既分离又相互关联的某种认知活动的循环。卡西尔卓有成效的工作表明：关于人的理解的观念论问题，完全可以在语言范式内解决。卡西尔的不足在于：他倾向于通过文化发展构造一种本体意义上的"自我"，这反而造成了一种分割。对卡西尔来说，符号的意义在于它服务于特别的文化目的，只有从这个角度我们才能将之联系到自我的解放。以这种方式，卡西尔引入了神话、语言、艺术和科学这四种世界，它们构成了哲学的符号形式，其中每个领域都形成了自身的客观性，就像数学与自然科学那样。这种理解方式，诚然带来了主体自由的增长，但这种从野蛮中摆脱了的解放的代价是，我们失去了在具体直观和感觉中的符号意义。在卡西尔那里，语言自身的统一性反而被它的解放性力量分割。

第三，在哈贝马斯看来，卡西尔并没有真正认识到符号的实践意义。卡西尔把符号形式的意义作为解先验化的基础，然而他没有说明为什么这种符号能被结构为意义。就是说，"人是符号动物"说明的是运用符号的能力。

当卡西尔将这种能力本体化、本质化时，对人的理解就返回到主体自身，主体和世界之间的联系只剩下空洞的、抽象的"文化"这一形式。严格说来，卡西尔并没有将这种创造性力量透明化，因为文化上的各种表象仅仅意味着符号的创造性力量，超出这种基础，存在是无意义的。哈贝马斯认为，符号的表述实际上体现在交往活动中，如果社会成员之间依赖于一种相互理解，而这种理解又不能人为地制作出来，那么主体预期的这种理解，就只能以语言化的形式镶嵌到社会发展过程中，个体从中获得自身的理解并再生产。语言行为具有言语表达和概念化的特性：一方面，"言语表达能转译个体内在体验的各种印象进入语义学意义，并在记忆中再生产和保持这些印象，这打开了人类心灵的过去和未来的向度"；另一方面，概念化将世界把握为一个整体；"在保持自我同一的同时，语言活动也生产了一个客观性的思维中介"①。由此，语言就获得一种塑造世界的原动力，既能超越主客对立，也能吸纳不同主体之间的异议。尽管洪堡和卡西尔的理论存在种种模糊或不足，但哈贝马斯仍然相信，他们的理论已经足够阐明语言的解放性力量。可以认为，正是洪堡和卡西尔在语言方面探索的成功，才促使哈贝马斯以语言为中介来规划他的认知人类学。

二、语言、劳动与相互作用

哈贝马斯将以语言为中介的理解框架，与黑格尔早期思想结合起来，发展出人类理解的"相互作用"② 概念。对哈贝马斯来说，以语言为中介的"相

---

① HABERMAS J. The Liberating Power of Symbols [M]. Peter Dews, trans. Cambridge：MIT Press，2001：10.

② 这里的"相互作用"有特别内涵：（1）一般地看，以语言为中介的社会行为（soziales handeln）作为复合概念使用时，关联于以语言为中介的相互作用（interaction）或互动。在后来的交往行为理论中，哈贝马斯将该互动分为策略行为和交往行为两种。（2）在《劳动和相互作用》中，"相互作用"（互动）具备规范意义上的相互期待，也就是具有后期的"交往行为"的内涵。哈贝马斯明确指出，他把以符号为媒介的相互作用理解为交往行为。（3）哈贝马斯要论证的观点是，"我"的被承认源自不受压制的交往关系，这从黑格尔的康德批判开始。康德从经验的道德原则来考察人与人之间的"相互作用"，而黑格尔将之提升为相互承认的主体间关系；进一步，哈贝马斯将之普遍化为自我理解的结构性存在。这样，"相互作用"就经历了从道德关系向相互承认，再向不受压制的交往关系的两次视角转换。

互作用"指示了潜在的、不受压制的普遍交往关系。在 20 世纪 60 年代的人类学规划中，哈贝马斯将"不受压抑的主体间交往"视为人类自身的解放，这一理念也是后来"理想交往情境"或"纯粹的交往行为"的雏形。

黑格尔在耶拿大学讲授《精神哲学》时，曾提出过"相互承认"的概念。针对康德的先验自我，黑格尔提出了语言、劳动和相互作用三种异质的主客辩证模式，并将这三种模式纳入"相互承认的自我"的形成过程，以此修正康德哲学的主体概念。哈贝马斯从黑格尔的论述中看到了相互承认的难题：三种异质的辩证模式并不能基于相互承认这一基础而得以统一，语言和劳动作为精神的媒介，其本质与相互承认的经验并不相同。哈贝马斯认为，这三种异质的经验之所以得到统一，是因为在形成自我同一的过程中，精神将自身的实存（婚姻、财产、契约、犯罪惩罚等各种社会建制）视为权力并以之抑制主体间的相互作用，然后基于一种相互承认的关系加以重建。换言之，"实存的意识"（das existierende Beuwsstsein）将"自我"的三种意识结合在一起，并通过建制结构显现为一个统一的精神主体。这样来看，主体的形成实际上是各种行为被纳入统治和奴役关系中的过程。正是从诸多互动的被压制和重建中，哈贝马斯看到了不受压制的解放主体。

（一）耶拿《精神哲学》的"自我"概念

耶拿《精神哲学》改造了德国观念论的主体概念。黑格尔反对将"自我"设想为"纯粹的、同自身相关的同一"，并指出：自我意识的经验产生于相互作用，在相互作用中，"我"学会了用其他主体的眼光来看自己。这就出现了经验自我意识与作为普遍范畴的"自我同一"间的对立。黑格尔将之理解为"在自身中有差异的对立"。对他来说，"自我同一"的过程，就是精神的抽象规定和它的对立面走向统一、精神获得差异化经验并形成"自我"的过程。耶拿《精神哲学》借由理智和意志的关系进行探讨。就理智而言，主体将自身理解为一个对象或"他者"；但意志是自主的，它反对这一点。因之，每个主体既同一又自我区分，"精神"概念由此被提出来，用以化解对立，建构一个统一体。

黑格尔的论证受费希特的影响。费希特将自我视为自我与非我的同一，黑格尔则将自我视为从主观的东西过渡到一个普遍客观的东西。对黑格尔来说，这一原则不是个别的行为，而是一个运动过程；精神将客体对象化为它的对象并统一于自身的过程，是普遍性范畴和自我的特殊要素结合并返回自身的同一过程。黑格尔通过辩证发展主观精神①，使之越来越多地包容个别自我的经验意识，从而重构主体的发展过程。这一重构过程的意义在于，它显示出主体在把自己当作一个"我"之前所获得的特殊经验内容。其具体包括：命名意识的同一性、机巧意识的同一性以及相互承认的同一性。

第一，关于命名意识的同一性的发展。命名意识是理智的自我意识，涉及用语言再现事物的能力。命名意味着一种最基本的否定性功能和精神自我认知的基本训练，狮子通过命名而成为一个叫"狮子"的东西，自然被打上精神的印记；在这种意义上，自然是被精神创造的。通过这样的论述，黑格尔表明：世界是一个意义和名称被授予的王国。主体的授予是一种外化过程，这不仅是单纯主观的"为我"，事实上它就是"事情本身"。森林由此而成为"森林"，狮子就此而成为"狮子"。命名同时克服了经验的特殊性问题，名称对立于感知而成为某种常住不灭的东西，从而将特殊性、直接性提升为普遍性和间接性的思维。自我独自创造了现实秩序，并在现实秩序中使自己成为"对象"。但是，"自我"仅有一种命名的经验意识显然是不够的，因为它只能在理论上而不是在实践上创造世界。精神发展过程需要拓展到经验维

---

① "主观精神"不同于《哲学全书》所指。（1）《劳动与相互作用》所讨论的黑格尔耶拿《精神哲学》部分，在拉松（Georg Lasson）编辑的耶拿《精神哲学》中位于第一章，即"主观精神"（Subjektiver geist）章节。章标题"主观精神"为编者所加，下有两个小节——"理智"和"意志"。（2）"主观精神"一章所讨论的语言、工具和家产等范畴，按照《法哲学原理》及《哲学全书》的划分，属于客观精神部分。（3）哈贝马斯认为，这个阶段更应归属为"抽象精神"，即黑格尔把精神的抽象规定理解成理智和意志的统一。（4）利奥里奇（Leo Rauch）的英译本称之为"人类精神"，即作为实体化精神被抽象后的"精神"，这种翻译与哈贝马斯的阐释相呼应。为对应于原文，后续讨论仍沿用"主观精神"这一概念。

度，因而，主观精神的对象化运动推进到第二个方面，即意志的对象化。意志的对象化运动与理智的对象化运动的区别在于，它通过实践关系考察自我意识的形成，而不仅仅是基于认识关系或从理论领域来考察自我的形成。

第二，个体自我的实践内涵开始于工具经验。人类通过工具劳动来满足自身欲望，与动物不同的是，人类的满足并不只是"欲望的满足"，而是"纯粹欲望的满足"。这两者的不同在于：后者在欲望对象上有一个现实存在的抽象形式。"纯粹欲望的满足"不是说，通过吃饱了而在自我感觉上得到满足；而是说，外在的对等性通过一个行动的主体而消失了。当语言违抗直接的直观命令，把感觉上的混乱整顿为同一的东西时，劳动则违抗直接的欲望命令，使满足欲望的过程中止。劳动者的普遍经验及其客体表现在他们所使用的工具中，语言符号和工具都是实存的中介。矛盾在于：理智能和外部世界以及复杂的现实生活联合起来，意志则将这外部世界加以内化，而它们都是"在其自身中"的。这两者的关系好像两个独立的"自我"，它们几乎不能组成一个统一体。

第三，为了超越对立而形成统一的"自我"，黑格尔提出了相互承认的意识。后者与《伦理体系》的"爱的和解"的伦理原则相关。（1）"爱的和解"曾被黑格尔用来扬弃康德式义务的内在矛盾。在康德的义务命令中，普遍性与特殊性的差异始终存在，为了扬弃对立，需要把它们的结合用一种存在的东西表现出来。黑格尔认为，青年男女的"爱"具有这种特征，它能使"人性中分裂的东西结合起来"而成为一个全体。[①] 在耶拿《精神哲学》中，黑格尔将"爱的和解"理解为以相异者联合为特征的"双重意义"的知识："任何一方，都在他同对方的对立中与对方等同。因此，它自身之有别于对方，也就是它自身之等同于对方。"[②] 黑格尔把爱视为一种活动的结果，视为先前发

---

① 黑格尔. 黑格尔早期神学著作 [M]. 贺麟，译. 北京：商务印书馆，1988：312，343–344.

② RAUCH L. Hegel and the Human Mind：A Translation of the Jena Lecture on the Philosophy of Spirit(1805–6) with Commentary[M]. Detroit：Wayne State University Press，1983：106.

生的冲突的和解；对黑格尔来说，爱的和解蕴含了相互承认的意识。（2）相互承认的意识通过伦理关系从正反两方面得以阐释。一方面，伦理原则表明了命运的因果性，破坏伦理基础的"罪犯"不仅遭受被损害的他人的敌意，而且失去了往日的友谊和信任。他因为自己的行为而被排挤和被隔绝在生活之外，其生命被他的行为异化成敌对的命运。他由此认识到自己的缺陷：否认他人生命，即是自身生命的异化。另一方面，伦理原则来自一种客观化的社会建制。黑格尔论述了从自然家庭关系（如亲子之爱）向婚姻、财产、契约、交换等社会建制的伦理过渡过程。黑格尔认为，这一构成是在社会实践中完成的，在这个环节上主体能够意识到他们之间的承认关系，并且这种关系对人与自然的关系是优先的。（3）耶拿时期的"相互承认的同一性"的观点，来自对客观化社会建制的反思。黑格尔指出：单个的总体性，只能是一种被扬弃的总体性，不能作为一种存在着的总体性，而只能作为一种被扬弃了的总体性维持自身。但是，相互承认的同一性不仅包括伦理关系上的相互作用，它同时也将命名意识的同一性、机巧意识的同一性包含进来。在这一架构下，精神的实现过程就成为它在人类领域按照相互承认的关系而不断实现自身的表现。这呈现为一系列阶段，包括个体主体的自我关系、主体间的制度关系，以及社会主体与整体世界的反思关系等。由此，黑格尔根据"现实精神"得出了"相互承认的自我"的结论，"人必然要被承认，也必须给他人以承认。这种必然性是他本身所固有的，而不是在我们思想中的必然性。作为承认行为，人本身就是运动，这种运动本身也否定其自然状态：他就是承认"[①]。

（二）"相互承认的意识"从何而来

哈贝马斯认为，相互承认的同一性是劳动和为承认而斗争的结果，这一

---

① RAUCH L. Hegel and the Human Mind : A Translation of the Jena Lecture on the Philosophy of Spirit(1805–6) with Commentary[M]. Detroit : Wayne State University Press, 1983 : 111.

过程涉及理智的命名、工具性的劳动以及相互作用三个各自独立的环节。这三种同一性意识彼此是异质的，黑格尔不能将劳动辩证法理解为相互作用的辩证法，也不能将相互作用等同于劳动。简言之，黑格尔关于"自我同一"的论述存在问题。

1. 三种异质性意识为何统一

黑格尔三种同一性意识的相互独立性表现在：命名通过表述性的符号，把一个对象和事实显示为一个他物。命名涉及的"表述的辩证法"表明自我对外在自然的否定，自然由此成为自我的世界。工具性劳动涉及"劳动辩证法"，表现为利用机巧意识获得对客观精神力量的优势，涉及内在力量的外化。伦理关系的辩证法是不同主体间通过斗争而获得承认，它并不能归于劳动辩证法。显然，命名、劳动和相互作用这三种活动中建立"自我同一"的过程以及同一意识中具体的辩证关系并不相同。为什么黑格尔将之归于一个统一自我的形成过程呢？哈贝马斯认为，在黑格尔"相互承认"的主体背后，隐藏了一个作为"对立物"而不是"对象"的客体。通过它，相互承认的关系才得以建立起来。就是说，为承认而斗争的主体，在引发承认斗争之先就已经具备类似劳动辩证法中的"自我"的承认，包括对"我的"命名物、"我的"劳动、财产等的承认。这些对象并非真正的"对象"，而是对立于"我"。哈贝马斯认为，对立物的自我授权是基于"现实精神"的建制而出现的。也就是，黑格尔在论证之先预设了精神的同一性，每一个"我"在劳动中都将自身归属于一个精神主体，能将自身本质力量外化出来，从而使劳动产品成为"我"的；这是精神主体的自我独断。[①] 反过来讲，如果授权是正确的，那么获得承认的自我意识，不仅将包含相互作用的解放，也应包含通过劳动获得解放的要素。即是说，当伦理关系辩证法中的对立基于相互承认而获得和解

---

① HARRIS H S. Hegel's Development : Toward the Sunlight, 1770–1801 [M]. New York : Oxford University Press, 1972 : 335.

时，劳动辩证法中"自我"与内在自然的对立也应获得和解。然而事实并非如此，黑格尔"既不能把相互作用降低为劳动，又不能把劳动提升为相互作用"①，他实际上没有解决异质的辩证法之间的同一问题。

2. 以语言为中介的相互作用

哈贝马斯重新考察三种异质模式的统一过程，提出以语言为中介的相互作用。（1）这三种辩证模式都以语言为中介，其中，抽象精神的第一个规定即表述性符号是以语言为规定的。哈贝马斯认为，只有主体间性上有效的、稳定的意义，才能通过互为补充的行为期待而指导相互关系，因此，相互作用取决于大家都熟悉的语言交往，其意义为文化传统所承载并包含在交往活动中。（2）劳动和相互作用的关系，在黑格尔那里是通过内在本性力量的外化而被联系在一起的。前面的论述已经指出，这里潜藏了一个精神主体的非法授权。在既不能把相互作用降低为劳动又不能把劳动提升为相互作用的情况下，"相互承认的同一性"就只能通过一种不受压制的普遍交往来得以表述。哈贝马斯认为，工具性互动从一开始就与建构自我的互动交织在一起，这两种互动之间关系的特殊之处在于：主体不仅在工具互动中发现互动交往特征，而且工具性活动虽从一开始就依赖于这种互动交往，却反过来抑制它。因此，耶拿《精神哲学》中社会建制所确定的观念上的承认关系，并不能反映主体之间的真实交往活动。哈贝马斯举例说，一个关于契约的法律规定和一个真实发生的交换，是完全不同的。交换取得成功，并不是因为道德规范的形成，而是主体对自身的要求，他期待通过兑现在交换活动中所讲的话而被承认为一个人，并对契约的另一方提出了相同的要求。正是这种以符号为中介的交往活动的规范性力量，最终保证了契约制度化的成功。这样来看，工具性互动同"能够在自由的、习以为常的相互关系的基础上，在祛除统治的相互作用中建立起完美的、辩证的伦理关系的规范的形成"并非一回

---

① 哈贝马斯. 作为"意识形态"的技术与科学 [M]. 李黎，郭官义，译. 上海：学林出版社，1999：24.

事。① （3）哈贝马斯指出，当人们试图按照目的理性活动的模式来改造相互作用的交往联系时，我们更应严格地把"劳动和相互作用"这两种要素区分开来。因为，自我的形成不仅依赖于工具性活动，也对以符号为中介的相互作用提出了要求。哈贝马斯认为，"只有在一个其成员的独立判断已成为现实的、解放了的社会里，交往才能发展成一切人同一切人的摆脱了统治的自由对话"，我们才能获得"相互都有教养的自我同一性的模式以及真正一致的观念"。② 由此，以符号为中介的交往作为人类自身的生产活动被引入，对"劳动和相互作用"的讨论为认知人类学规划做好了理论准备。

（三）认知人类学的基本理念

哈贝马斯从黑格尔耶拿时期的"相互承认的意识"中发展出以交往为中介的自我同一性思想。黑格尔的"符号化的语言、劳动和相互作用"中显现出来的实存意识，替代了康德先验哲学中"主观的""自我"。通过这样一种转换，先验自我所意蕴的完全发展的理性就被置换为不受限制的主体间交往，并被安放于人类交往的现实结构之中。不过，这种自我同一框架仅是哲学反思的结果，它并不能在日常生活中被直接把握。在现实生活中关于人的形成过程的理解，并不直接地指向不受限制的主体间性，而是指向被压制和重构的历史。正如哈贝马斯在《劳动与相互作用》中指出的那样：社会关系的现实组成反映的是建制化的权力关系，而不是不受控制的普遍交往关系。哈贝马斯的人类学规划，正是要从扭曲的交往活动中揭示出不受扭曲的普遍交往。

哈贝马斯究竟在什么意义上探讨人的理念？（1）哈贝马斯关于人的问题探讨，具有一种总体性思维。③ "总体性"的内涵不是本体论层面的对世界具构成性意义的总体性，而是德国观念论所探讨的生命统一性的总体性。具

---

① 哈贝马斯.作为"意识形态"的技术与科学 [M].李黎，郭官义，译.上海：学林出版社，1999：33.
② 哈贝马斯.作为"意识形态"的技术与科学 [M].李黎，郭官义，译.上海：学林出版社，1999：133.
③ RODERICK R. Habermas on rationality [J]. Man and World，1985(18)：203–218.

体来说就是，它在反思中把人和世界作为整体来把握，在这种把握中，个体的人的存在价值和意义，通过它和整体的关系而得到理解。相应地，哲学反思（自我）作为反思基础承担批判的角色。在黑格尔体系中，这一反思过程被把握为一系列不同层级的社会历史形态。按照黑格尔的观点，反思过程的推进决定了一个理性主体的发展程度。哈贝马斯的不同之处在于，他将"总体性"内涵限制于哲学反思本身。他既反对康德的先验主体性，也拒绝黑格尔逻辑的、历史的总体性；或者说，他反对任何关于人与世界的、任何"整合性"或"终极性"的观点。（2）哈贝马斯的探讨以语言为基本范式。在哈贝马斯看来，"我"和"我们"共同生活在由语言构成和开启的世界中，个体的生活历史和主体间的共同生活方式构成了我们身处其中的世界，对生活的任何理解都通过互动交往的对话实践达成，这种范式没有形而上学和先验主体的立足地盘。对哈贝马斯来说，哲学反思的意义在于理解我们的生活。对生活的哲思需要对传统作出回应，因为当我们反思生活的意义时，需要对生活历史以及先在地置身其中的生活方式进行追问，由此提供一个合理的"解释"或"示范"。在这个意义上，哲学反思使世界整体发生联系并获得整合性的和终极性的意义。（3）哈贝马斯的探讨意在揭示人的存在与活动中的前理论的实践导向。在他看来，任何关于经验的规范性描述，都为某种意义所结构；然而这种结构本身又以一个前提为基础，即一个不受压制的交往结构，是对意义结构的解释，是"意义的意义"。哈贝马斯追问人类知识的客观条件，并通过它探求人类塑造自身的理性基础。在这种追问中，认识活动的客观条件与"自我"的联系，相对于一个不受扭曲的交往结构来说并不是终极的，它只能作为自我认识的逻辑基础。而对认识活动之为可能的哲学追问，将为寻求人类理解的理性基础提供批判性力量。

哈贝马斯的认知人类学规划包括两方面的任务：一个是分离出自我理解的规范结构，也就是阐明实体化权力的前理论结构；另一个是"为这种前理论结构提供辩护，以此说明解放性批判并不是我们选择的专断规范"①。这两者相互补充，互为支撑，构成一个完整的人类学计划。这一理论进路正是哈贝马斯人类学规划的初始方案，其观点和方法主要体现在《认识与兴趣》中。哈贝马斯相信，主体的形成关联于他们对自身的认识，通过批判反思活动，人类主体一方面能"获得支配偏颇的独断论的力量"，另一方面又在自然史中不断塑造自我，从而面向未来无限展开，最终实现理性的全面发展和人的解放。

三、自我理解如何可能

《认识与兴趣》是哈贝马斯认知人类学初始方案的集中体现。② 哈贝马斯的基本思路是：通过探讨认识之为可能的条件而追溯人类理解框架，后者作为类主体的意识凝聚物内嵌于认识活动，并反过来推动认知发展，对该过程的分析将导向一个不受压制的人类主体。

《认识与兴趣》的理论背景涉及与实证主义的争论，哈贝马斯花了大量篇幅讨论认识"客观性"问题。哈贝马斯指出："客观"地看待一个事物是不可能的，我们对事物或事件的理解受制于潜在的认识框架。而这个框架是人类改造自然的先验成就，它内嵌在社会生活形式中，我们并不能选择它。实证主义对世界的认识采取自然科学的思维模式，这种客观主义模式导致了对一个独立存在的客体对象的信仰。这样一来，认识活动就与其组织经验系统的结构被隔离开来。用泰勒的话说就是，"自我"被作为独立的研究对象，其存在的意义是基于自身并可以通过科学语言的描述而得到阐释，因而也可

---

① BERNSTEIN R J. Habermas and Modernity [M]. Cambridge：MIT Press，1991：16–17.

② 《认识与兴趣》直接相关的著作包括三方面：法兰克福同名演讲（1965）、《认识与兴趣》（1968）、《认识与兴趣》补记（1973）。郭官义、李黎的中译本《认识与兴趣》根据苏尔坎普出版社（Suhrkamp Verlag）《认识与兴趣》（1973）德文版翻译，而夏皮罗（Jeremy J. Shapiro）的英译本（*Knowledge and Human Interests*）根据苏尔坎普出版社出版的《认识与兴趣》（1968）德文版翻译。

以在不涉及环境或交往网络的情况下得到把握。[①] 就是说，认识活动本身并不能在生活实践中获得"绝对"意义的"客观性"，客观主义的立场遮蔽了事实世界的先验基础，遮蔽了使之成为可能的交往结构。哈贝马斯指出，认识活动产生于人类改造自然的实践活动，它作为人类的一种行为方式内置于生活联系的统一性中。人们通过兴趣被导向这样的行为，只有基于兴趣才能理解认识活动的意义。"兴趣"概念是哈贝马斯在分析波普尔理论时提出的，并被运用于随之而来的人类学规划。

（一）"科学的自我理解"

波普尔（Karl Popper）针对 20 世纪 60 年代盛行的"科学思维"提出以下问题：从科学自身的角度看，知识在何种意义上具备客观性？他从科学知识的划界、可证伪性和基础陈述三方面加以论证。第一，波普尔批评了实证主义"划界"方法。所谓"划界"，是为科学知识"划界"，"找到一个标准，使我们能区别经验科学为一方与数学、逻辑以及'形而上学'系统为另一方"[②]。波普尔认为，实证主义的归纳方法并不能提供一个可靠的客观性基础。就传统实证主义而言，其基本方法是感觉—构成的，即认为科学概念可以通过观察、实验等科学活动还原为感性经验要素，如感觉、印象、知觉或听觉、记忆等。逻辑实证主义者则认为"科学不是概念的系统，而是陈述的系统"，他们只愿意承认这样一些陈述是科学的或合理的，即它们可以还原为基本的经验陈述——还原为"知觉判断"或"原子命题"等。波普尔认为它们的逻辑基础都是归纳推理，因而在可检验性上必然导致无穷倒退且无法证实；真正的陈述必须能得到最后的证实，"如果不可能决定一个陈述是否是真的，那么这个陈述就没有任何意义；因为一个陈述的意义就是它的证实的

① TAYLOR C. Sources of the Self : The Making of the Modern Identity[M]. Cambridge : Harvard University Press, 1989 : 34.
② 波普尔. 科学知识进化论：波普尔科学哲学选集 [M]. 纪树立，编译. 北京：生活·读书·新知三联书店，1987 : 22.

方法"①；归纳主义的方法并不能在科学系统和形而上学系统之间划出一条分界线，这表明实证主义的划界方法存在问题。

第二，波普尔提出可证伪性来解决科学知识的客观性问题。所谓"可证伪性"，就是"具有这样的逻辑形式，它能在否定的意义上借助经验检验被选拔出来，一个经验的科学体系必须可能被经验反驳"②。在波普尔看来，科学知识的增长依赖于科学假说；科学假说的形成是一个想象的过程；假设之所以被认为是科学的，不在于被感觉经验证实，而在于经验上可以证伪的；也就是说，根据假设我们能排除一些可以观察到的可能性；假说越是具有多的证伪性，其拥有的经验内容也就越多。那么，科学适当的做法，就是去构造最具可证伪性的假说。虽然没有假设最后能够被证实，但经严格经验检验而幸存的理论提供了确证的标准，具有临时的可接受性。知识的增长存在于错误的不断消除之中，而不是存在于一个拥有更多经验的更好的确证理论之中。

第三，波普尔认为科学知识的客观性来自基础陈述。波普尔的证伪概念同样涉及经验数据的确定性问题，即观察得到的数据记录也能根据感官感觉而得出正确结论的问题，因此，波普尔提出基础陈述的概念。基础陈述的作用在于为科学证实提供确定的基础：是否允许某一组用于证伪的观察数据被视为已经得到实证证明的问题，由共同进行研究的学者决定。由此而来的结论是：任何理论陈述的最后证实，并不是研究者从经验和逻辑上得出的结论，而是科学研究的共同体"决定接受关于事实发生的陈述"，这种接受起到"一个事实的真陈述"的作用。③接受检验的最后依据，并不是研究者从经验和逻辑上推出的结论，而是一组被充分证明的观察陈述组成的基础数据。波普尔相信，"科学发现的逻辑"能为科学知识提供客观可靠性。

---

① 波普尔.科学知识进化论：波普尔科学哲学选集[M].纪树立，编译.北京：生活·读书·新知三联书店，1987：27.
② 波普尔.科学知识进化论：波普尔科学哲学选集[M].纪树立，编译.北京：生活·读书·新知三联书店，1987：28.
③ 波普尔.科学知识进化论：波普尔科学哲学选集[M].纪树立，编译.北京：生活·读书·新知三联书店，1987：88.

在哈贝马斯看来，波普尔"科学发现的逻辑"仅是方法论的，无法触及科学认识背后的意义活动。哈贝马斯从因果法则、解释视域及实践指向等方面指出波普尔理论的不足。

第一，哈贝马斯认为波普尔的论证仅限于因果法则的运用。按照波普尔的观点，理论陈述的实证检验与参与实证检验的科学家的决定相联系。哈贝马斯认为，科学研究者共同体对"事实陈述"之"合理接受"的实质，是通过因果法则来理解科学认识。比如，理解特定事件 E，科学发现的逻辑是通过显示 E 的决定因素或者结果来表明。根据某个普遍法则，若一系列事件 C1，C2，……Cn 导致伴随事件 E 发生的一系列事件，那么，事件 E 的发生能被逻辑上推导出来。哈贝马斯指出，这种解释没有考虑解释意图对"事实陈述"的影响；科学行为意图（intention）外在于观察行为，动机理解相对于方法论上的必然性来说仅是补充意义的；科学发现的逻辑，在其本质上看是因果意义上的"事实陈述"。①

第二，波普尔的理解逻辑无法阐明其界说视域。波普尔对科学认识之可能的条件建立在这样的观念之上，即科学研究的主体能预先就行动的意义达成一致理解，因而使得科学研究的过程进入了那个预先被赋予含义的界域。在这种意义上，"事实"不是被给予的，而是由语言学的理解所"构成的"；只有在被界定的视域中，科学研究的行动和"科学事实"才具有意义。那么，这一视域是如何界定的？波普尔的科学方法论显然无法作出回答。

第三，哈贝马斯从实践维度对科学知识成为可能的条件进行了分析，并由此导出兴趣概念。（1）科学知识之为可能的理解视域与人类的行动导向密不可分：人对世界的理解总是根据特定的行动方式采取特定的态度；"经验—分析科学的视域是作为一个对象领域通过主体间交往分享而获得的"，在这

---

① HABERMAS J. On the Logic of Social Science [M]. Shierry Weber Nicholsen, Jerry A. Stark, trans. Cambridge：MIT Press, 1988：27.

种视域导向中，"实证—分析的科学认识条件，先验地受到了保证生活而改造自然不得不接受的那种态度决定"[①]；这样，波普尔从科学理论出发理解的那些实证—分析的科学认识条件，被一种更高层次的实践视域决定。（2）哈贝马斯强调使科学认识之为可能的兴趣概念。如果实证分析的方法只有在涉及自然过程的技术支配的科学问题上是合理的，那么它在其他科学研究领域就失去了方法上的有效性。由于经验—分析的科学理论使科学研究过程脱离了前科学的生活情景联系，所以才不能对它所宣称的这种研究方法的适用范围提出怀疑。正因为如此，须把它从严格的实验科学形式中所发现的方法论提升为一种普遍适用的逻辑。由此，哈贝马斯提出了引导认识的"兴趣"概念，以展示认识与生活联系的统一性，"真实的表现同这样一个实在联系在一起。这个实在作为现实在两种不同的行为联系和经验联系中能够被客体化，这就是说，它既能被构建，又能被表述"[②]。通过认识"兴趣"的导向，人的认识活动和使之成为可能的经验结构（针对技术—工具活动）或行为联系（针对相互作用的实践活动）被关联为一个统一体。（3）哈贝马斯区分了两种不同的"兴趣"，它们各自组织不同的科学认识。经验—分析科学涉及技术上有用的知识的产生，而历史—解释的兴趣扎根于语言学的前理解的普遍性需要（规范、价值等）。在科学体系的分类组织中，解放的理念具有推导性，即为了一个科学体系反思的完整性，兴趣概念通过反思最终追溯到"自我"的解放。[③]

（二）法兰克福演讲（1965）的奠基性作用

认知人类学的初始规划，围绕"兴趣"这一核心概念展开。与波普尔的论战、法兰克福就职演讲（1965）及随后的《认识与兴趣》（1968），都涉及

[①] 霍耐特 . 权力的批判：批判社会理论反思的几个阶段 [M]. 童建挺，译 . 上海：上海人民出版社，2012：210–211.

[②] 哈贝马斯 . 理论与实践 [M]. 郭官义，李黎，译 . 北京：社会科学文献出版社，2004：9.

[③] FLEMING M. Emancipation and Illusion：Rationality and Gender in Habermas' Theory of Modernity[M]. State College：Pennsylvania State University Press，2004：39.

这一概念，但三者在立场和观点上既有承继又有区别。在与波普尔的论战中，"兴趣"概念是针对科学知识之为可能的背景视域而提出的；这里的"兴趣"是导向性的，使认识活动超越实证科学范围而进入其他领域。在法兰克福的就职演讲（1965）中，对"兴趣"概念的论证先从"解放的兴趣"开始。这一调整意味着"兴趣"内涵及认知人类学论证思路的重大变化。

第一，法兰克福就职演讲（1965）从直观上把握"解放的兴趣"，这意味着"兴趣"内涵的重大变化。哈贝马斯在就职演讲开篇就指出，任何理论在生活实践中都有它的兴趣来源，理论化的定势可以追溯到认识的兴趣。哈贝马斯以希腊城邦时期的自我理念为例说明这一点：希腊人之所以将他们的自我认同与宇宙论的世界观联系起来，"是因为这种理论认为它在宇宙秩序中发现了世界的理想的联系。也就是说，认为发现了人间秩序的典范"[①]。在哈贝马斯看来，正是因为以宇宙论秩序作为人与社会关系的理想样板，希腊哲学才是本体论的，并从这种完全直观的理论中获得指导行动的力量。对"解放的兴趣"的直观理解导致了两个方面的重大调整。一个调整是，"兴趣"从建构的意义转变为反思批判的意义。在与波普尔的论战中，"兴趣"是建构意义的；通过兴趣的引导，认识将生活中的人们与世界联系在一起，从而建构起科学知识。而在法兰克福就职演讲（1965）中，"兴趣"是反思意义的，分别对不同行动领域进行反思批判。另一个调整是，解放的兴趣从超越性力量转变为具有规范性意义的东西，"指导认识的兴趣受一个自我的功能（funktionen eines Ich）的约束，这个自我在学习过程中同自身的外部生活条件相适应，通过教育过程同社会的生活世界的交往联系相适应，并在欲求和社会的强制之间的冲突中建立一种同一性"[②]。"解放的兴趣"所具有的规范意义，使"不受压制的主体性"的内涵变得模糊。

---

① 哈贝马斯. 作为"意识形态"的技术与科学 [M]. 李黎，郭官义，译. 上海：学林出版社，1999：124.
② 哈贝马斯. 作为"意识形态"的技术与科学 [M]. 李黎，郭官义，译. 上海：学林出版社，1999：132.

第二，很多研究者批评法兰克福演讲（1965）的"兴趣"概念。（1）按照洛克莫尔的观点，哈贝马斯一定程度上沿用了康德"理性即理性意志"的观点①，只是对应用语境进行了调整。洛克莫尔指出，将"兴趣"等同于"理性兴趣"，与具体的兴趣结构相冲突。因为在后一方面的理解中，"自我"的同一性是以兴趣结构的实存意识为基础建立起来的。哈贝马斯曾经指出，人类主体总是在社会劳动和强制性的自我保存的系统中保障自身生存，然后才进入以日常语言为交往手段、以传统为中介的共同生活；自我同一性在个性化的每个阶段，总是参照群体规范而重新巩固个人的意识。按照这一观点，"自我"的同一性仅能以实体化权力的程度发展，与"不受压制的"的"解放主体"概念相互冲突。（2）麦卡锡认为，洛克莫尔的理解并不符合法兰克福的就职演讲（1965）和《认识与兴趣》（1968）中的基本精神。法兰克福演讲（1965）的第四个命题明确指出：在自我反思的力量中，认识和兴趣就是一个东西。而《认识与兴趣》（1968）进一步展开这一观点，"兴趣是理性中固有的一部分的命题，似乎只在观念论中才具有充分性，即只有在我们确信理性意志就是理性自身的基础时，兴趣才能具有充分的意义。但如果我们将理性认知能力和批判力量理解为来源于在偶然的自然条件下人类的自我构成，那么理性就是兴趣固有的一部分"②。麦卡锡认为，产生理解上的冲突的原因在于：将独立领域的知识看成受到技术控制或相互理解的兴趣引导，在它们背后似乎又有一种自主的理性。然而实际情况是，如果不诉诸一种与认知兴趣的关联，理性的意义和它的自主性标准就无法领会；或者它们只能是在德国观念论意义上的。麦卡锡认为应该这样来理解：独立领域的、技术的或实践的兴趣对知识具有构成性作用，它决定了经验陈述的客观性和相互作用的有效性条件，因而它们自身是理性的。麦卡锡的这一观点为霍耐特的观点所

① ROCKMORE T. Habermas on Historical Materialism[M]. Bloomington：Indiana University Press，1989：44-45.

② HABERMAS J. Knowledge and Human Interests[M]. Jeremy J. Shapiro，trans. Boston：Beacon Press，1972：287.

支持。霍耐特认为，在哈贝马斯把交往达成的相互理解作为具有普遍意义的维度引入之后，人们会有意识地把自己置于这种理解中：在技术活动中预先达成的相互理解，或在相互作用中对既有语境或意义解释的理解，都作为人类自身活动的历史产物并将在实践中得到更新。（3）上面诸种观点冲突的关键，在于对这样一个事实的澄清：一个理性完全发展的主体，在引导人类认知和发展的过程中，究竟是仅仅起批判性作用，还是在批判的同时也建构自身？后者涉及类的社会再生产的问题。显然，批判反思获得的经验，并不意味着重建理性主体的经验。如果对理性主体的理解仅仅是批判性的，那么人类认知的发展过程就只能被视为一个解除意识形态的过程，而不能同时被视为"理性主体"自身发展的过程；反过来，麦卡锡和霍耐特都支持"理性就是兴趣"的观点，在这种情况下，他们就必须回答，哈贝马斯如何在人类的自然史中建构起一个理性主体？种种纷争表明：认知人类学对"自我"的界定确实出现了模糊和含混。着眼于被批判的历史条件，哲学反思不可能是一种"纯粹理论"，而只能是意识形态批判。因此，哈贝马斯需要说明普遍的交往结构，而不是仅仅通过"对劳动、相互作用的历史形式进行解释和分类"的"现象学反思"予以阐释。然而事实是，哈贝马斯虽然将自我的身份建构视为具有普遍意义的生产，但在《认识与兴趣》（1968）中他并没有单独展开讨论。一个单独的类的再生产问题，直到交往与社会进化理论中才被引入。

第三，法兰克福就职演讲（1965）奠定了《认识与兴趣》（1968）关于"解放的兴趣"的基本立场和思路。具体地讲：哈贝马斯不仅将劳动与相互理解区别开来，主体身份建构也作为普遍意义的社会生活的一个维度被引入。从这一出发点考察，认识活动不再局限于改造自然的工具性活动和以符号为中介的相互作用，同时还对个体在社会中的身份建构提出了要求。由此产生了《认识与兴趣》（1968）的两大任务：一是批判客观主义的幻象，即"世界独立于认知者所构成的事实世界"的客观幻象；另一个是将认识框架议题化，并"在这种参考框架中对不同种类的理论陈述活动定位"①。这两大任务都紧密关联于自我的类生产，哈贝马斯需要从中发掘出推动人类解放的批判性力量。

（三）《认识与兴趣》（1968）与"解放的兴趣"

《认识与兴趣》（1968）基于认识与兴趣的关系探讨人的自我理解。哈贝马斯沿袭了法兰克福就职演讲中的观点，包括：（1）"兴趣"概念既非经验的，也非先验性的，而是同"人类的自然史和人类形成过程的逻辑"相联系的实存意识。按照哈贝马斯的观点，"兴趣"作为基本导向所要达到的目的，不是满足直接的经验需求，而是使各自独立领域的理解成为可能。（2）"兴趣"是一种"准先验性"（quasi-transcendental）的结构，它本身是人类文化积淀和社会进化的产物。人类自然史有它的基础，"人类的兴趣结构扎根于社会组织方式的劳动、语言和权力中……这种自我同一性在个性化的每个阶段上，参照群体规范，重新巩固个人的意识"②。（3）人类自我理解受限于主观自然及客观自然的有限条件。一方面，人类自我理解取决于相互作用的个体的社会化条件；另一方面，人类自我理解取决于技术上可以支配的环境的物质条件。而解放的兴趣本身，则取决于主体间性的行为导向的兴趣和可能的技术支配兴趣。法兰克福就职演讲（1965）已经完成认知人类学的奠基准备，哈贝马斯决心从认知性立场开辟出一条人类自我理解的路径。《认识与兴趣》（1968）的宗旨，就是建立起"解放的兴趣"的概念框架。

1. 指导认识的"兴趣"

哈贝马斯的基本思路是：先探寻认识之为可能的条件，在此基础上提出一种以符号为中介的相互理解的"准先验"结构，继而将该结构提升为人类自我理解的普遍结构。这一论证通过对实证主义的批判、对德国观念论的批

---

① 麦卡锡．哈贝马斯的批判理论 [M]．王江涛，译．上海：华东师范大学出版社，2010：76.

② HABERMAS J. Knowledge and Human Interests[M]. Jeremy J. Shapiro, trans. Boston：Beacon Press，1972：313.

判以及对马克思"劳动"范畴的分析而展开。

第一，哈贝马斯通过批判"唯科学论"，引出对兴趣框架的讨论。哈贝马斯认为，近代以来的认识批判没有指明认识的本源性基础。在有关认识论的争论中，哲学试图通过批判来垄断科学知识，导致认识论在科学方法论面前丧失自己的话语权。在哈贝马斯看来，哲学和科学各有其用，二者不能相互还原。一方面，批判反思对认识活动具有本源性的意义；另一方面，哲学不能垄断科学认识的权力而把自己变成绝对知识，"哲学对待科学的态度，恰恰是通过坚定不移的哲学认识为科学争得了合法席位表现出来的；认识论并不把自己限制在解释经验科学的认识上，不是把自己变成知识学"①。哲学和科学的区分表明：哈贝马斯将通过不同的理论陈述来阐释自我的类生产。

第二，哈贝马斯从对德国古典哲学的认识批判中导出兴趣概念。在他看来，康德的贡献在于提出了"认识何以可能"的本源性问题，但结果是归于一个"绝对"意义的先验自我，由此引发黑格尔的批判。黑格尔追问康德假设前提的来源，并将人类认识置于现象学的反思经验中。黑格尔对康德的批判包含了一个真正的、本源性的"自我"概念，但是黑格尔的绝对知识剥夺了科学的权利，这一点哈贝马斯又不同意。哈贝马斯认为，哲学反思如果要保存批判的力量，就不能剥夺科学的权利；"认识批判的模棱两可的彻底化得出的结论是自相矛盾的；这种自相矛盾的结论，并不是哲学对科学所采取的开明态度"②。不同于康德的先天综合范畴，马克思用劳动取代了先验综合。劳动的框架不是基于先验范畴而是来自人类改造自然的历史；在这种框架中，劳动综合作为批判框架保留了永久性的权利，并形成一个反馈系统，使综合活动得以持续进行。"在康德意义上，马克思的知识概念表现了人类与自然环境的永恒联系，这建立在人类生活中的工具行动——劳动过程与自然

---

① 哈贝马斯. 认识与兴趣 [M]. 郭官义，李黎，译. 上海：学林出版社，1999：1.
② 哈贝马斯. 认识与兴趣 [M]. 郭官义，李黎，译. 上海：学林出版社，1999：19-20.

的永恒联系上。"①哈贝马斯认为马克思的认识框架表现了人类行动中鲜明的兴趣指向：它奠基于偶然的、具有行动取向的身体结构中，借助于先验的必然性，这种行动系统将人类对自然过程进行技术控制的兴趣捆绑在一起。通过马克思，哈贝马斯引出了技术的兴趣概念。

第三，哈贝马斯借助皮尔士的"科学陈述"，将工具性活动的认识兴趣扩展到认识之为可能的、本源性的理解框架。皮尔士的"科学陈述"具有方法论意义，它不仅说明了科学理论自身的逻辑，而且说明了使这种逻辑之为可能的程序。"现代科学的真正成就首先不在于它产生了关于实在的真实的、同时也是正确的和准确的陈述；科学是借助于一种方法，即借助于我们的观点所获得的自由的和持久的共识传统的知识范畴相区别。"②皮尔士提出了主体间认可的信念的产生程序，根据这一观点，定义一条信念是我们将行为指向它。"信念主要在于人们乐于让自己所信仰的准则来指导自己的活动"，"信念的本质……建立一种行为方式；不同的信念通过所产生的不同的行动模式而得到区分"。③依据这种观念，科学知识的测量程序就是通过有效的信念对实在进行普遍陈述；信念的有效性与行为的确定性关联——只要信念所指导的行为模式在现实中没有失败，它就是一条成功的信念；当信念在现实中产生问题并在特定的行为习惯中产生不确定性时，它的有效性就受到质疑，接下来就要发现那种使干扰行为重新稳定的新的信念。因此，我们必须在信念所指导的工具理性、反馈控制、习惯行为之背景下看待信念的有效性意义。皮尔士的测量程序表明，对生存条件的工具理性控制能力，是在一种累积性的学习过程中获得并得到实践的。

哈贝马斯由此指出：工具性活动的导向结构和它的方法论原则，产生于人类生活的先验结果中，部分产生于依赖累积性学习的工具理性行动中。通

① HABERMAS J. Knowledge and Human Interests[M]. Jeremy J. Shapiro，trans. Boston：Beacon Press，1972：35.

② 哈贝马斯. 认识与兴趣[M]. 郭官义，李黎，译. 上海：学林出版社，1999：88.

③ 阿佩尔. 哲学的改造[M]. 孙周兴，陆兴华，译. 上海：上海译文出版社，1997：89-102.

过这样一种认知兴趣的导引，工具性活动才成为可能。因此，作为行为导向和方法论原则，"兴趣"结构以一种准先验的方式内嵌于人类生活。而对这一理解框架的反思批判，就获得了本源性的意义。但是，如何阐释"兴趣"概念的理解框架呢？《认识与兴趣》（1973）区分了"先验的框架"与"先验可能的对象"：后者对照于认识论上的自我，用以维护"行为和经验的各自系统的统一"；而前者可对照于"先验可能的对象"的陈述条件，即"兴趣"概念所使用的准先验结构为什么具有客观性内涵。在这种区分中，指导认识的"兴趣"的准先验结构被关联于一种更具普遍意义的反思结构。用语言哲学的术语来说，就是"意义的构成"被关联于"有效的反思"，这一关联将使以语言为中介的普遍交往被推向论证的前台。但是，《认识与兴趣》（1968）的论证是从批判科学主义切入的，哈贝马斯强调工具活动、意义活动的互动理解，而不是主体如何被建构。在这一视角下，洛克莫尔曾经提出的"理性兴趣"与具体兴趣结构的关系问题无法进入批判视野。哈贝马斯关注的是"理解如何可能"的普遍条件，聚焦于阐明不同兴趣活动的基础。

2. 技术—工具性活动的兴趣结构

第一，通过劳动导致的人类主体的再生产，不仅是个体自我保存的生命活动条件，也受到个体之间相互组织原则的调节。也就是说，受到一种相互作用的互动规范的约束。因此，自我的再生产可以理解为通过劳动活动进行的再生产。哈贝马斯承认，一方面，基于劳动活动的社会化过程以及由之而来的诸种相互作用的实践规范，的确能作为创造生活的重要手段；另一方面，自我在劳动中的反思虽然决定了人们创造生活的格局，但它仍然是规范意义的。

第二，人的社会化不能只被理解为自我保存的系统，它还包含了一种"乌托邦式的满足"。虽然劳动活动提供了打破僵化生活形式和意识形式的推动力，但是这种发展并不会导致社会生活过程的反身性理解。换言之，劳动活动会推动社会互动形式的演变，但社会互动不能通过劳动活动来理解。严格意义上讲，只有当社会主体在其生产或劳动中意识到自身是一般人类自我—生成的活动，并意识到自身是完全是通过"世界历史过程的劳动"而生产出来时，在这个意义上才能认为社会主体通过劳动形成自身的意识。①

第三，劳动过程中的互动不同于社会实践意义上的互动关系。在技术—工具性活动中获得的支配性经验，不同于主体间交往获得的经验。在前一种情况下，交往活动处于附属地位，互动的意义在于获得工具使用的生活经验。在后一种情况下，互动活动是在以日常语言组成的生活方式的框架内进行的。互动活动的参与者不会像在工具性活动中那样，把对自然界的经验理解为一种技术占有，而是涉及对这种主体间理解框架的解释性联系，它本身是"在先验联系的层面上进行活动"。以翻译活动为例，翻译本身是解释者生活经验和语法规则系统的统一，是解释者在与作者的对话中根据语法规则取得的共识。解释者生活其中的那个世界的先验结构，虽对翻译活动具备先入为主之见，但转译是这两者互动的结果，用伽达默尔的话来说就是"视域融合"，它超越了双方的立场。这种互动活动不同于劳动，后者作为一种特定的社会形式，仅仅指向人类固定的保存机制；自我在反思中仅仅将劳动的兴趣作为一种摆脱自然束缚的工具性活动纳入自身认知，它是"从自然中以及从文化同自然的决裂中产生的"。相应地，必须将相互作用区分于技术—工具性活动。

3."意义活动"的兴趣结构

人的"意义活动"不同于技术—工具性活动。按照狄尔泰的观点，对人的理解与自然科学的理解的最大不同在于：我们不能将人视为自然科学上所理解的独立对象，将之还原成为抽象的知识或客观事实。对人的理解，在于将他对生活的内在体验通过心灵整合为一个整体，并通过一个概念表达出

---

① HABERMAS J. Knowledge and Human Interests[M]. Jeremy J. Shapiro，trans. Boston：Beacon Press，1972：40.

来。这种理解模式包括体验、表达和理解三个环节。其中，"心灵生活的联系，作为一种本源上给定的联系，是理解的基础"①。通过被给定的联系，自我的各种生命体验被连接为一个整体，从而形成"自我"的同一性。被给定的联系乃是在历史中形成的各种价值规范、文化传统等。自我的形成，实际上是理解这些社会历史实在对个体的独特意义，并在内在体验中将生命的各个片段通过这些精神实在而获得统一。或者说，是个体对这些独立精神实在的表达，"生活之中的各种价值和意图，都是通过这种他内心之中的、独立的精神世界表现出来的。他的所有活动的目标都是为了产生精神性的事实；这样一来，他就从自然王国之中分离出一个历史王国"②。

哈贝马斯对"意义"的理解与狄尔泰有重大分歧。按照狄尔泰的理解，传统构成自我理解的语境，个体将自身的生活经历和体验通过这些前概念的存在"转译"为意义。③哈贝马斯则认为，狄尔泰的理解隐藏着一种客观主义假设，它实际上将传统规范、价值等的存在对象化、客体化了，看成"博物馆的东西"；个体的理解在严格意义上只是观察的结果，他所感知到的只是没有理解的基本表达。而实际上，当自我基于传统来理解自身的活动时，这一过程既是一种理解也是一种对话。正如伽达默尔所说，理解的目的不是"在倾听别人或阅读文学文本时必须对内容不带任何前见解完全忘记他们自己的观点"④，而是将自身的见解放入与他人整个见解的关系之中；理解是为了介入他人的文本，这种介入本身就有对话的结构；在双方之间进行调解的语言的解释者，不可避免地把自己在两个立场之间的距离体验成一种超越；他在达成一致理解中总是进入调解事情本身，试图达成双方要求与局限的解决。因此，对传统的理解乃是一种"视域融合"，它既非主观的，也非客观

---

① 哈贝马斯. 认识与兴趣 [M]. 郭官义，李黎，译. 上海：学林出版社，1999：139.

② 狄尔泰. 精神科学引论 [M]. 童奇志，王海鸥，译. 北京：中国城市出版社，2002：18.

③ FLEMING M. Emancipation and Illusion：Rationality and Gender in Habermas' Theory of Modernity[M]. State College：Pennsylvania State University Press，2004：38.

④ 严平. 伽达默尔集 [M]. 邓安庆，等译. 上海：上海远东出版社，2003：43，79.

的，而是一种自我阐发、形成世界、彰显个体价值的意义活动。在这种意义活动中，解释者并不能将陈述世界的语言作为中性工具来使用，为了对意义进行阐述，他必须置身于主体间的社会交往网络；社会科学家必须立足于常人所拥有的自觉知识，遵循语言的有效性要求。个体对自我意义的理解，既是对传统的超越，也是自我同一性的重建。它"既包括同一性的不断崩溃，也包括顽强地克服这种同一性的崩溃"，它是一个自我同一性不断发展和更新的过程。[①] 只有这样，才能在个体生活史的不断更新、不断累积，以及对传统解释范围的不断拓展中，维持并重建新的自我同一性。

　　哈贝马斯认为，狄尔泰的失误在于未考察意义理解的主体间维度。自我同一性的形成依赖于两个方面的经验积累：从历史发展的纵向来看，生活史的联系的同一性缺失没有语言交往的维度；从历史发展的横向来看，它表现为语言共同体同个体的关系。自我形成之经验积累来自对主体间的相互经验的理解，它同时也是使自我反思成为可能的交往条件。当历史—解释学仅从生活史联系的同一性来考察自我时，主体间的相互作用的经验累积被理解为"自我同他人的交往在累积性的生活经验的纵向层面的影像"。在这里，在相互作用中，作为解释者也是参加者的参加主体，被自我反思中的观察对象替代而成为一个客体。哈贝马斯认为，这种观点混淆了"理解"与"作出理解"这两个不同过程；前一过程是描述性的，而后一个过程是评价性的；解释者如果想通过描述来把握传统价值或规范的内涵，就必然引入评价尺度。因此，传统实际上并不可能作为一个客观构成而被原封不动地接受并在个体内部被转译，除非我们对参与其中的生活形式作出理性的评估，否则我们不能理解、也不能解释这些概念的意义。而这要求我们从主体间交往的角度区分参与者把什么作为行动的原因；而这又要求对我们和他们采取对话立场，在其中我们评估"他们"把什么作为"好"的原因，并在对话中获得一种"好"

---

① 哈贝马斯. 认识与兴趣 [M]. 郭官义，李黎，译. 上海：学林出版社，1999：148.

的理由作为理性标准。根据这种观点，相互作用的解释学基础扎根于主体间交往的实践结构之中。在哈贝马斯看来，人类生活再生产无可避免地奠基于日常语言交往的可信赖的主体间性上；历史和文化科学的发展，导致主体间理解方式之系统性改进，这种发展来源于实践知识得以组织、传播和应用的领域。

哈贝马斯认为，引导历史诠释科学的一般取向扎根于人类的深层兴趣，它确保和扩展了人类行为相互理解和自我理解的可能性，哈贝马斯称之为实践的兴趣。在哈贝马斯看来，劳动由工具性活动的兴趣引导，而相互交往的理解活动由实践的兴趣引导，两者相互影响，但彼此不能相互还原，各有自身的独立领域。

4."解放的兴趣"及其结构

如果工具性活动、意义的理解都建基于现实社会的建制关系，那么如何才能获得一种普遍意义上的自我理解呢？哈贝马斯从弗洛伊德（Sigmund Freud）关于文明理论的著作中获得启示，进而借助扭曲失真的交往行为来理解发展的过程。弗洛伊德的精神分析理论基于无意识来把握主体的形成。无意识意味着，决定我们存在的力量不能通过定义出现在我们的意识中，我们只有依靠某种确定的缺乏、压制或省略现象，才能成为有意识的代理。这种结构性的缺席、压制被哈贝马斯用于构建普遍交往结构。

第一，弗洛伊德在《文明与缺憾》中考察了人类文明与人性本能的对立关系。在弗洛伊德看来，很多人会相信这一说法：我们称之为文明的东西在很大程度上造成了我们的痛苦，而如果我们放弃文明、返回原始的状态，我们将变得更加幸福。为什么人类会对文明采取充满敌意的态度？实际上，文明不过是意指人类在对自然之防卫及人际关系之调整过程中所累积而造成的结果、制度等的总和。文明包括四个方面的内容：改造自然的活动和成就；对美、清洁和秩序的追求；高层次的精神活动，如宗教等；调节社会人际关系的方式。在弗洛伊德看来，文明的意义在于将人类的生活与动物性生活区分开来，但它并不是确保获得幸福的手段。实际上，决定人类生活目的或人性本能的是快乐原则，这个原则一开始就控制了人的活动，而文明是对本能的限制。[①] 正是这个原因，文明总是对立于人性本能。

第二，既然人类文明压制人的本性，为什么文明仍然能取得发展和进步呢？弗洛伊德提到了幻想的作用。弗洛伊德认为，如果我们仅仅从满足主观愿望的角度来考虑，就会忽视幻想与现实的关系。幻想不仅是主观的愿望，它同时也参与了自我同一性的塑造。比如说，"宗教观念不仅包含愿望满足，而且保护重要的历史记忆；这种由过去与现在同时产生的影响比如为宗教赋予一种真正不可比拟的力量；借助于这种类比，我们能逐渐理解另一种发现，把观念从培育它的土壤去除了并移植到遥远的地方"[②]。按照弗洛伊德的观点，在为现有秩序所强加的拒绝提供公共认可的补偿过程中，这些具有幻想性的精神资产对替代的满足进行塑造并使之合法化，进而推动人类个体以及文明本身的发展。

第三，弗洛伊德超越文化的方法论，被哈贝马斯用于论证自我超越和人的解放。根据弗洛伊德的观点，幻想不是简单的错误，而是源于人类的希望。也就是说，幻想并不是必然无法实现的。诚然，与已确立的社会制度不相容的个体希望无法被实现，但是对作为整体的人类来说，这种现实的边界是动态变化的。这样来看，存在于公共交往层面的作为精神资产的幻想，可以用来批判在原来系统中受到扭曲的交往活动。哈贝马斯认为，"弗洛伊德的论述可以使人们理解制度的形成和幻想的意义，即理解统治与意识形态的被扭曲了的交往活动框架"[③]。借助幻想，受压抑的行动动机从交往中排除了，并指向替代性满足感。这种乌托邦的内容可以从意识形态的、合法性的

① 弗洛伊德. 文明与缺憾 [M]. 傅雅芳，郝冬瑾，译. 合肥：安徽文艺出版社，1997：2.
② 弗洛伊德. 一种幻想的未来：文明及其不满 [M]. 严志军，张沫，译. 石家庄：河北教育出版社，2003：38.
③ 哈贝马斯. 认识与兴趣 [M]. 郭官义，李黎，译. 上海：学林出版社，1999：278.

文化的混合构成中分离出来，并可以"转化为对历史上过了时的统治合法性的批判"。哈贝马斯相信，借助这种方式，我们就能澄清理性解放兴趣之思想，进而重构人类的自我形成过程。弗洛伊德用于治疗分裂主体的无意识理论，被哈贝马斯从"重新给予自我意识"的层面来解释。在这样一种理解中，使批判成为可能的，不是具有特殊经验内容的病理表达，而是通过不受压制的交往关系而建立的规范建制。一种不受压制的交往结构，被内嵌于一个追求解放的主体的自我理解之中。

四、认知人类学的"解放主体"

认知人类学的"解放主体"不是就政治意义而是就理性自主而言的。它基于人与人之间的交往互动、基于社会现实生活回答了为什么一个完全自主的理性主体是可能的。哈贝马斯认为，如果一个"不受压制的主体"是可能的，那么它必定存在某种可以认知的基础；批判那些被称为"客观知识"的理论前提，不仅可以消除各种权力关系的破坏性或压迫性、摆脱现实人类的意义困境，而且批判反思本身将觉悟人类自身对现存状态的理解，从而给我们以积极引导，迈向更完美的未来。

（一）人类主体的一般理解

认知人类学所探讨的不是认识论意义上的抽象主体，而是具有个别意志的人类主体。这一人类主体是扎根于现实生活的一个个的"自我"，它在实践中依靠理性选择不断塑造自身，朝着实现完满人格的方向发展。这一"自我"具有主体间性、理性自主，同时也是形式意义而非实在意义的。

第一，强调人类自我理解的主体间性。哲学自产生以来，一直致力于用理性原则来解释世界、解释人与世界的关系。这种思维范式对人与世界关系的把握，捍卫了一种先验的、客观的普遍有效性。不管是古代本体论的形而上学，还是近代以来的意识反思模式，都采取了一种有关他者的"自我设定"方式。由于反思不能深入这种自我关涉的背后，因此，这两种思维范式的"自我"始终只是自身关涉。在这种自我关系中建立起来的"自我"，其主要矛盾在于个性化的自我与前理论的"自我"之间的对立。康德已经通过理性批判表明：人类理性在没有外在帮助的情况下，无法达到对事物本性的认识。正是因为如此，他才力图对理性自身作出限定，谨防超越界域。但是由于缺乏有效的中介模式，孤独主体的内在对话完全是一种自相矛盾的活动："一部分自我必须是以主体自身处在一种需要帮助的境地的方式同另一部分自我相分离"[①]；孤独主体的自我反思只能保持理解自身的可能，如果要阐明人类的理性能力，我们需要有一个超越这种界限的理性视域。不同于传统思维范式，哈贝马斯借助主体间性范式来探讨人与世界的关系。维特根斯坦的"语言游戏"已经表明，"自我"作为统一体不再是反思的客体对象，而是意义理解的可能性。也就是说，对"我"的理解涉及使理解之为可能的生活形式和话语结构，而不能通过传统意义上的"客观事实"获得。在这个意义上，理性原则不再意味着客观的普遍有效性，而是被置于人类生活的具体形式中加以理解。在哈贝马斯看来，理性并不是精神虚构出来的纯粹思辨的产物，而是具体的，体现于人的认识、言说和行为中。理性化是一个在社会交往活动中才能实现的过程，是一个具体的个体在其生存和生活中不断习得的过程。这在根本上扭转了传统哲学中独白式的自我反思。

第二，强调具有理性自主的个别意志。哈贝马斯认为，完满意义上的理性自主的实现是一个社会化过程，如果我们不能理解行动和合理性是如何嵌入历史性的社会建制和社会实践中的，即如果不能把握它们在历史长河中是如何变迁和发展的，这种理论在根本上就是不完整的。哈贝马斯提出的"理性自主"包括三方面的能力要求[②]：（1）"自我"的塑造和形成乃是通过表现

① 哈贝马斯. 理论与实践 [M]. 郭官义，李黎，译. 北京：社会科学文献出版社，2004：30.
② HONNETH A. Disrespect：The Normative Foundations of Critical Theory[M]. Cambridge：Polity Press，2007：192.

内在体验、通过解蔽而实现的。这是浪漫主义时代的精神遗产，它通过赫尔德的"表现主义"注入洪堡的语言哲学，最终在哈贝马斯的理论中反映出来。在哈贝马斯看来，浪漫主义"表现"范畴中的生产性力量，可以借助德国观念论中的"自发性"活动来理解，这是人类社会化活动的起点。（2）"自我"的形成既有内在部分也有外部质料，是内在性的外化。自我同一性的形成依赖于社会，个体必须在社会中反思他的存在状态、反思生活并将它们勾连为一个整体。这是来自黑格尔承认学说的精神遗产，即任何人都不能脱离其他人来建立他自己的同一性。个体必须能够在自己的社会环境的主体间性关系中确定自己的位置。在这种理解中，一个理性自主的主体面临解中心化，人无法因其自我理解而成就为自身。①（3）自我决定、自我实现的主体还涉及进化问题，这是潜在于卡西尔的"符号动物"之中但未被揭示的问题。个体不仅要从先在的世界中习得个性系统应该遵循的界限，而且要创造性地塑造新的同一性，并塑造他所在的世界。自我在语言中的解蔽、自我的解中心化以及自我与社会的互动和进化，构成了现代自我理解中自主性的三个要求。显然，自主性概念已经远离了古典哲学中那种自我决定、自我实现的自主性内涵。那么，在什么意义上可以说它具备"理性的"规范内涵呢？这涉及理性自主原则中两方面能力的一致性。一方面是人的社会化，即个体被社会的各种规范一体化和同化；另一方面是人的个性化，即自我同一性和主体意识，也就是个性的形成。这两方面带来相反的两种结果：社会化将人完全纳入社会共同体框架，使社会规范成为思维、行为和语言活动不可逾越的前提，对个体形成强制性的制约；而个性化使个体获得了独立人格，成为社会中的独特个体，并使个体具有判断、选择和决定能力，而这反过来赋予个体对于社会的一切展开批判审视的能力。

---

① FREUNDLIEB D, HUDSON W. Critical Theory After Habermas[M]. Leiden : Brill Academic Publishers, 2004 : 35–76.

第三，强调形式而非实质性的"自我同一"。哈贝马斯关注的是个体与他人之间达成相互理解的形式要件，即，我们有意识地抑制自身冲动，将自己的内在意图、行为按照一定的语言规则协调起来，并对其他人也提出这样的要求。这种自我的"透明化"有助于实现自我与他人、社会的协调。同时，个体也保持自己独立思考和判断的能力，对社会采取批判的立场，进而通过自身努力影响社会，使其向好的方面转变，最终达成主体之间的相互理解，使个体与社会形成和谐一致的良性互动。在这样的情况下，我们就可以说主体既是"理性的"，也是自主的。显然，这样一种理性自主原则对社会生活中主体的语言和行为提出了要求，理性自主实际上是基于一种理想的理念才能达成。它要求基于社会化语境中言说主体的相互理解来探讨理性自主的原则并为之辩护，这实际上是哈贝马斯人类学规划的另一任务。《认识与兴趣》出版后的十多年间，哈贝马斯一直为重构这样一种理性化原则而努力，这一工作直到交往行为理论的提出才告一段落。

（二）"解放"主体的认知性内涵

《认识与兴趣》在社会化语境中提出了一种新的主体概念。哈贝马斯认为，人类的自我理解、人的自我实现和解放，是在社会化语境中通过认知批判促成的，具体包括三个方面。

第一，强调在语言中理解人与世界的统一性。哈贝马斯从洪堡那里汲取到言语主体的生产性力量和展现自身的话语结构，将不同主体之间相互渗透、相互理解的对话视角包含进来。话语结构是在社会生活中沉淀出一种自我理解的结构，个体从中理解自身、获得自身的存在价值和意义，并不断丰富自我。对洪堡来说，话语结构和自我理解是一种双向关系。前者并不是一个已经完成的语言框架，而是具有语义学上的阐释潜能；它只有在被用于阐释时才得到实现，并在话语实践中不断更新，面向无限发展。^①哈贝马斯以欧洲人为例来说明这种双向互动关系。他说，要完全理解欧洲人的道德和习俗、人格和个体、自由和解放等概念，就必须理解欧洲人的自我理解的文明结构。然而这种自我理解结构的形成，并不是直接理论努力的成果，而是语言中介和社会活动的产物。这样来看，潜在于对话中的自我理解结构本身又为语言活动所推动。可以这么说，每一代人都必须对这种语义学潜能重新加以阐释，才能保证保存下来的主体间所分享的自我理解不会衰变。在这个层面讲，个体的自我理解并非传统反思模式的客观化对象或"意义传递者"，它必须在语言活动中才能得到阐释和实现。个体的自我理解，一方面涉及从生活世界中产生的自发性的语言活动，它强调自我形成的个性化形式，强调个体可以说不的权利；另一方面又具有公共性或主体间性，个体必须将其内在性在对话中通过话语结构表达出来，才能实现他自身。

第二，强调社会历史的交互性语境。哈贝马斯认为，对自我的理解始终包含了一种对社会总体的先行理解，自我认同是个体内部发展在社会网络中外化的结果。黑格尔在耶拿时期的著述已经表明：人的同一性是人本身进行种种认同活动的结果，任何人都不能脱离开其他人建立自己的同一性，自我只有在相互作用的社会交往网络中才能逐步发展并建立其自我同一性。就自我理解的交互性语境而言，《认识与兴趣》力图通过对诸种理论陈述的阐明，说明人类的自我理解包含着对开放性的和非强制性的沟通的内在需要。但是，这种经验是在现有社会建制和实体化权力下获得的，它包含了对主体间沟通的扭曲和强制。《认识与兴趣》的两难在于：反思主体不能站在对人类历史过程之沉思的立场或科学主义立场，他必须置身于这种发展过程中，并成为他所反映的"显现的意识历史"的结果。但这样一来，对意识形态的批判

---

① HONNETH A，JOAS H. Communicative Action[M]. Jeremy Gaines，Doris L. Jones trans. Cambridge：MIT Press，1991：214–265.

也同时指向自身。《认识与兴趣》正是以这种方式来研究自我解放兴趣中的自我反思。

第三，强调理性的理念意义。哈贝马斯把理性作为生活形式的完美理念来构建生活的意义。一个理性主体的理念，是日常生活主体在意义活动中设定的信念，但只有在一个解放的社会，在不受控制的交往基础上，理性的理念才可以完全实现。因而，"在超越实际情景限度的方面是反现实的；理性的社会—实践理念对构成生活形式的实践，既是内在的，又是超越的"①。我们必须意识到，这个基本预设只有在历史发展的特定阶段才可能变成现实人类以意志和意识创造的理念。但是对哈贝马斯来说，这种预期的目的并不是纯粹乌托邦式的理想，而是人类走向未来的希望和信念所在。

（三）批判的唯物主义视角下的主体

《认识与兴趣》的人类主体不同于马克思的劳动主体，它的理论基石是法兰克福学派的批判的唯物主义。按照哈贝马斯的理解，马克思的劳动综合范畴具有强烈的实践意义，它突破了康德哲学对自然的抽象理解，在认识论意义上"保护了自然界不可动摇的真实性"。但哈贝马斯坚持认为，劳动综合概念无法说明康德哲学中那个本源性的、先验自我的自发性活动，因而"不能建立人和自然的绝对统一"。由此，对人类理解之为可能的探索转向引导劳动的"认识的兴趣"。从这里出发，哈贝马斯逐渐偏离了唯物主义的实践立场，并最终将主体建基在精神性的、"解放的兴趣"之上。

1. 哈贝马斯的重大误判

《认识与兴趣》从工具—技术的兴趣来理解马克思的劳动综合范畴，这是哈贝马斯最大的误判。通过主客对立意义上的对象性活动来把握劳动蕴含的对象化意识，不仅曲解了劳动范畴，也曲解了历史唯物主义对主体哲学的革命性突破。

---

① HABERMAS J. Truth and Justification [M]. Barbara Fultner, trans. Cambridge : MIT Press, 2003 : 86.

第一，自我意识必定是对象性意识。康德在讨论先验自我的自发性活动时就指出，概念没有直观就是空的。对世界的意识总是通过某种客观存在的东西得以充实，成为现实的东西。黑格尔指出，自我意识以对象化为前提，是意识到对象和自身区别的意识；通过这种区别，"它和它的对象的对立被扬弃了，而它和它自身的等同性或统一性被立起来了"①。只有通过对象化意识，哲学的反思才成为可能。马克思与黑格尔的不同在于，他不仅强调意识在思维中的对象化，而且要将这种对象化意识现实地实现出来。《1844年经济学哲学手稿》指出，"人通过自己的外化把自己现实的、对象性的本质力量设定为异己的对象时，这种设定并不是主体；它是对象性的本质力量的主体性，因而这些本质力量的活动也必须是对象性的活动"②。马克思认为，对象性不是黑格尔哲学中那种思辨的对象性，即那种可以为"绝对主体"所扬弃的对象性。对象是主体的客观本质；没有了对象，主体就是没有内容的抽象主体。这一论述表明：马克思所意谓的对象性活动完全不同于笛卡儿哲学的对象性活动。人作为存在物，必定是拥有对象的存在物。不仅如此，他的存在方式也是对象性的活动。在马克思那里，对象性既是认识论意义的，也是本体论意义的。用德国观念论的术语来讲，是认识论主体和本体论主体的统一。从近代哲学的主体性原则来理解马克思的对象性活动，并不中肯。

第二，工具意识的产生取决于对象化活动是否异化为物化支配。马克思是在"人的本质力量的对象化"意义上使用"对象化"这一概念的。这里，"对象化"包括两方面的内涵：一是指对象化意识，即人在意识中将自身存在二重化为生命本身和对生命的意识，"使自己的生命活动本身变成自己意志的和自己意识的对象"③。马克思认为，对象化意识是人与动物的根本区别，是人之为人的前提。世界在意识中的对象化，使改造自然、改造人自身有了

---

① 黑格尔.精神现象学（上）[M].贺麟，王玖兴，译.北京：商务印书馆，2013：117.

② 马克思恩格斯全集（第42卷）[M].北京：人民出版社，1979：167.

③ 马克思恩格斯文集（第1卷）[M].北京：人民出版社，2009：162.

可能。二是指对象化活动，即对象化意识的现实化。马克思指出：人不仅像在意识中那样在精神上使自己二重化，还能通过对象性活动，现实地将自己二重化，"通过这种生产，自然界才表现为他的作品和他的现实"①。通过对象化活动，人在改造自然的同时也不断塑造和完善自身，使之"按照美的规律"不断发展和超越。

第三，马克思借助感性实践，借助"构成这一世界的个人的全部活生生的活动"来理解劳动。《关于费尔巴哈的提纲》指出，"从前的一切唯物主义（包括费尔巴哈的唯物主义）的主要缺点是：对对象、现实、感性，只是从客体的或者直观的形式去理解，而不是把它们当做感性的人的活动，当做实践去理解，不是从主体方面去理解"②。马克思认为，"物"或物质决不能被理解为单纯的客体，它们都是社会历史和人的活动的产物；"物"或物质具有属人的一面，它们是通过感性活动实现的自然界的生成与作为主体的人的生成的综合。用德国观念论的术语来讲，这个感性的、实践的主体既是认识论意义的也是本体论意义的。在历史唯物主义语境下，马克思不是基于主客关系来理解劳动及其产品，而是基于"事物的相互联系"来理解的。《德意志意识形态》指出，"从直接生活的物质生产出发阐述现实的生产过程，把同这种生产方式相联系的、它所产生的交往形式即各个不同阶段上的市民社会理解为整个历史的基础……阐明意识的所有各种不同的理论产物和形式，如宗教、哲学、道德等等，而且追溯它们产生的过程"③。物质生产方式被视为理解一切历史"事物"的基本前提，随着物质活动条件的变化，人们会不断调整生产方式、改变彼此间的社会关系，因而也改变着自身的存在方式。在关于人的问题的基本立场上，马克思和哈贝马斯实际上有相当多的共同之处，他们都深受德国哲学传统思想的影响，都从社会生活视角理解人的生成论本

① 马克思恩格斯选集（第1卷）[M]. 北京：人民出版社，2012：404.
② 马克思恩格斯选集（第1卷）[M]. 北京：人民出版社，2012：133.
③ 马克思恩格斯选集（第1卷）[M]. 北京：人民出版社，2012：57.

质，并都认为它是一个有待完善的过程。从"相互作用"的观点来看，甚至还可以说，他们都采取了一种"关系性"的视角。那么，哈贝马斯为什么会出现重大的"误判"呢？这涉及理论构造的方法论差异。

2. 理论构造的方法论差异

在"解放"的主题下，"劳动"或"相互作用"的差异不是理论旨趣的根本差异，更多应被把握为理论构造的方法论差异。

第一，马克思的"交往"涵摄哈贝马斯意义的"普遍交往"内涵。《德意志意识形态》指出，共产主义是"以生产力的普遍发展和与此相联系的世界交往为前提的"①。显然，人的"全面而自由的发展"包含了哈贝马斯意义的"普遍交往"内涵。那么，这一"普遍交往"是否像哈贝马斯所言，从属于一种工具化的劳动？马克思认为，劳动异化是分工和所有制形式造成的，"我们本身的产物聚合为一统治我们、不受我们控制、使我们的愿望不能实现并使我们的打算落空的物质力量，这是迄今为止历史发展中的主要因素之一"②。摆脱异化的状态"是自由的生命表现，因此是生活的乐趣"③。在《穆勒摘要》中，马克思分析了本质劳动与交往之间的关系，包括："（1）我在我的生产中物化了我的个性和我的个性的特点，因此我既在活动时享受了个人的生命表现，又在对产品的直观中由于认识到我的个性是物质的、可以直观地感知的因而是毫无疑问的权力而感受到个人的乐趣。（2）在你享受或使用我的产品时，我直接享受到的是：既意识到我的劳动满足了人的需要，从而物化了人的本质，又创造了与另一个人的本质的需要相符合的物品。（3）对你来说，我是你与类之间的中介人，你自己意识到和感觉到我是你自己本质的补充，是你自己不可分割的一部分，从而我认识到我自己被你的思想和你的爱所证实。（4）在我个人的生命表现中，我直接创造了你的生命表现，因

---

① 马克思恩格斯文集（第1卷）[M]. 北京：人民出版社，2009：539.

② 马克思恩格斯选集（第1卷）[M]. 北京：人民出版社，2012：165.

③ 马克思恩格斯全集（第42卷）[M]. 北京：人民出版社，1979：38.

而在我个人的活动中，我直接证实和实现了我的真正的本质，即我的人的本质，我的社会的本质。"① 显然，自由王国的交往不是工具性意义的，而是超越劳动的、具有普遍意义的交往。马克思力图通过对资本主义的剖析，揭示现存社会对人的自由的约束，从而为人类解放和无产阶级革命提供思想武器和理论指导。

第二，马克思关于人类解放的论述，运用了从抽象到具体的辩证方法。抽象是理论层面的抽象，是对事物发展的某一方面的认识。具体是思维层面的具体，是对各种抽象的综合把握。《政治经济学批判导言》指出，"具体之所以具体，因为它是许多规定的综合，因而是多样性的统一。因此它在思维中表现为综合的过程，表现为结果，而不是表现为起点"②。从理论视野来看从抽象到具体的辩证方法，它将人的历史性存在呈现为关于"事物的现实运动"，即呈现为关于事物的"表象"和潜在于表象之下的矛盾运动。所谓表象，"就是在理论方法上，主体，即社会，也必须始终作为前提浮现在表象面前"③；所谓矛盾运动，就是个人与异化的社会（生产）总体的对立，"我们本身的产物聚合为一种统治我们、不受我们控制、使我们的愿望不能实现并使我们的打算落空的物质力量"④。通过这样一种方式，马克思阐明了他的唯物史观：一种社会形态、一种生产关系如果要出现和维持，就必须有与之相适应的条件和前提；"现实中的个人，也就是说，这些个人是从事活动的，进行物质生产的，因而是在一定的物质的、不受他们任意支配的界限、前提和条件下活动着的"⑤。而主体为了实现"全面而自由的发展"，就必须改变现存社会制度、改变这个历史前提。正是在这个意义上，马克思指出，对共产主义

① 马克思恩格斯全集（第 42 卷）[M]. 北京：人民出版社，1979：37.
② 马克思恩格斯全集（第 46 卷）[M]. 北京：人民出版社，1980：38.
③ 马克思恩格斯全集（第 46 卷）[M]. 北京：人民出版社，1980：39.
④ 马克思恩格斯文集（第 1 卷）[M]. 北京：人民出版社，2009：537.
⑤ 马克思恩格斯选集（第 1 卷）[M]. 北京：人民出版社，2012：151.

者来说，"全部问题都在于使现存世界革命化，实际地反对并改变现存的事物"①。

第三，哈贝马斯的方法论视域与马克思不同。马克思立足当下的现实，通过对资本主义社会的剖析揭示其必然灭亡的历史规律，从而为人类解放和无产阶级革命提供思想武器和理论指导。哈贝马斯的理论视域是向后看的，以"解放的兴趣"为基点。其认识批判是从一个"透明的自我"取得批判基础后再折返"生活世界"。内嵌于"解放的兴趣"的相互作用，与经验领域具有规范期待的"互动"，是异质性的、两种不同的东西。由此出发，康德的先验自我、黑格尔的绝对知识、实证主义的客观知识，无一例外地受到批判性的质疑。正是从这一点出发，哈贝马斯指责黑格尔混淆了劳动与相互作用。同样地，这也适用于哈贝马斯对马克思劳动范畴的理解。在他看来，劳动之为可能的条件，来自先验的工具性兴趣；劳动中形成的关于生产力的知识，只能从工具—技术性层面表述为一种"关于事态陈述的知识"。在这种理解中，劳动范畴蕴含的以"物的形式"呈现的社会关系，就被拆解为"物的关系"和"人的关系"。对应地，潜在于劳动范畴之下的社会历史辩证运动就退出了考察视域。由此，马克思理论中的交往关系被基于"相互作用"、基于一种异质性的关系来把握。劳动和实践的分离，使哈贝马斯有充分的理由说"类的形成同科技进步这个主体的产生是不一致的"②。显然，理论视域和具体方法的不同，导致哈贝马斯对马克思的劳动理论作出了不中肯的评价。

3. 批判的唯物主义视角下的主体

马克思的劳动范畴被拆解为"物的关系"和"人的关系"，对应地，以"物的关系"呈现的劳动范畴就是知识学意义的，它本身受知识之为可能的先验条件引导，不能反过来为理性反思提供经验。因之，哈贝马斯转而从批判的唯物主义出发来重构交往主体。批判的唯物主义强调对认识的批判，但

---

① 马克思恩格斯选集（第1卷）[M]. 北京：人民出版社，2012：155.

② 哈贝马斯. 认识与兴趣 [M]. 郭官义，李黎，译. 上海：学林出版社，1999：48.

是，作为批判锚点的"认识的兴趣"是精神活动而非实践活动。批判的唯物主义的重构主体是观念意义的，它并不具备现实的可能性。与此不同，马克思提供的社会批判的规范性具有实质性意涵。通过马克思我们可以理解：一个社会是否合理、人的存在是否自由，取决于是促进还是阻碍将人的实践从异化劳动中解放出来。当哈贝马斯把批判的基础安放在一个形式上的普遍观念时，人类存在的实质性意涵就被抽空了。但是，哈贝马斯的工作仍然是有意义的。一个关于人类存在的完满信念，仍然能赋予个体以批判性力量，使个体不断改变、摆脱现实生活中的各种权力关系，迈向一个更加美好的未来。

《认识与兴趣》通过追问"理解何以可能"，将对知识的探讨转移到人类自身解放的"兴趣"，由此为人类理解自身寻求到一个理性基础：一个完全发展的理性概念，能为主体追寻生活意义提供批判性基础。在现实生活中，理想的信念将为生活意义提供"典范"理解，自我在反思中将它把握为一种批判性力量，从而使主体不断摆脱各种实体化权力的压制，最终向完满的生存状态逼近。《认识与兴趣》是哈贝马斯早期的代表性作品，它确立了哈贝马斯关于人类理解的基本理念。在此后多年的学术生涯中，哈贝马斯一直致力于建构一种捍卫这一理念的理论体系。作为哈贝马斯早期在人类学领域探寻的重要成果，《认识与兴趣》中关于人类自我理解的探求，与德国哲学的批判传统、对实证主义的批判以及对社会科学的理解，通过语言符号互动融为一体。"解放"这一主题具有认知性，哈贝马斯潜在的主张是：从日常生活参与者的视角来看，如果我们不能理性评价参与者在"生活形式"中的"意义、理解和解释的概念"，就不能理解他们提出的主张。而对这些概念、意义等的"理性"评价，包含着参与者开放自身、参与不受拘束的非强制沟通的内在需要 [①]；通过这种评价，我们可以追溯到一个关于人类解放的理念。

---

① BERNSTEIN R J. Habermas and Modernity [M]. Cambridge : MIT Press, 1991 : 10.

第三章

**交往重建:
普遍理解何以可能**

人类自我理解的基本逻辑：认知人类学视域下的哈贝马斯

一、认识人类学方案的转换

"解放的兴趣"关于人的自我实现的理解更多是观念上的预期，它不适用于论证理性理想的现实可能性：理性在历史情境中的自我反思，不等同于理性实现自身的普遍可能之反思；个体通过自我反思获得的经验，无法脱离知识和行动的特定联系进行理解；在特定情境中获得的反思经验，不能直接被还原为不受扭曲的普遍交往结构。为此，哈贝马斯需要加以澄清并为他所主张的理性原则作出辩护。普遍语用学关于"普遍理解如何可能"的探讨正是针对这一问题的回答，它是从"解放"向"交往"过渡的重要环节。

（一）对"解放"方案的重新审视

《认识与兴趣》（1968）发表后受到很多质疑，甚至哈贝马斯的一些友人如阿佩尔、麦卡锡等都加入批评行列。[①]哈贝马斯重新审视了认知人类学的初始方案，在《理论与实践》（1971）再版时，他就若干问题进行了总结并提出了改进方向。《认识与兴趣》（1973）指出了"解放"方案中两种不同内涵的反思，将之区分为批判与重建活动，"'反思'这一词汇的传统的，原出于德国唯心主义的使用，掩盖（和混淆了）两个方面"，"即一方面压根儿掩

[①] 关于《认识与兴趣》（1968）的批评：（1）阿佩尔指责哈贝马斯没有对相互理解的"内涵构成"与"有效反思"作出足够的区分，这一点正是后来的普遍语用学的工作。（2）麦卡锡认为，哈贝马斯的批判反思基本上是围绕"事实"展开的，在其背后有一个潜在的"本体论"对象。这一质疑对哈贝马斯后来的交往理论转向意义重大。（3）麦卡锡亦对哈贝马斯关于工具性活动的边界存疑；也就是说，工具性活动的反思如何指向反思活动自身的框架，这一问题尚未得到充分阐释；这一点后来通过道德交往和社会进化理论而得到修正。

盖和混淆了对主体可能具有的认识能力、语言能力和活动能力的条件的反思；另一方面掩盖和混淆了对无意识造成的局限性的反思”，“任何一个既定的主体（或者主体的一个既定的集团，或者一个既定的类主体）在其形成过程中自身都受这些局限性的制约”。① 哈贝马斯认为，批判性反思针对的是特殊的经验对象，它局限在行动和经验系统中，包含了自我形成过程的特殊性。与此不同，重建性的反思在于阐释使言说和行为成为可能的普遍条件，其客观化力量既不是具体领域的兴趣，也不是直接解放的兴趣。它并不依赖具体历史情境，而关注如何使以直觉知识（know-how）的方式给定的直观知识变成明确的知识。那么，这一“直觉知识”是如何可能的？这是重建活动要探讨的问题。

哈贝马斯虽然区分了批判与重建两种反思，却并不准备放弃批判性活动。在他看来，个体如何解释过去生活的实践和行动，不可能独立于他对未来的规划。这些规划，如果是可行的，也不可能独立于它过去的生活和现在的处境。在这样一种理解中，反思活动的两种内涵都无法被舍弃。困难在于：在反思中获得的自我形成史的历史经验，无法被还原到普遍意义上的框架中。哈贝马斯在方法论上的处理是：将交往结构中的理性成分作为一种独立的知识框架单独提出；对应地，把技术—工具的兴趣、实践的兴趣理解为构成社会系统的恒定要素。这一转变意味着两方面的调整：（1）从独白式主体向主体间对话论证的彻底转变。在《认识与兴趣》中，劳动和相互作用虽然内嵌于交往结构，但对它们的理解立足于主体自身，是皮尔士意义上准言说者（quasi-utterer）和准解释者（quasi-interpreter）融合而成的解释性“符号”；与之相反，重建活动强调社会恒素的规范内涵，对理性的理解不再依赖于兴趣概念，而是“依赖于日常语言的规范力量”②。（2）关注重点

---

① 哈贝马斯. 认识与兴趣 [M]. 郭官义，李黎，译. 上海：学林出版社，1999：335.

② BADILLO R P. The Emancipative Theory of Jürgen Habermas and Metaphysics[M]. Washington：Council for Research in Values and Philosophy, 1991：52.

从超越性的反思活动转向普遍理解的结构，"解放的兴趣"被把握为社会生活联系中"一种构成整体的强制性联系"。哈贝马斯认为，这种结构联系既能给类的历史的自我反思客观上成为可能提供条件，也被用于在历史进程中"扮演潜在的解放角色的接受者"。在这样一种理解中，与普遍结构的强制性联系可以为历史情境中的反思活动指明方向，但就自我发展的全局利益（interessenlage）而言，它本身并非可以被废弃的（aufhebung）。[①] 强制性结构的凸显，使"解放的兴趣"下降为次级状态。它在个体的内在体验中被把握为"解放的经验"，指向扭曲的交往形式之消解。方法论上的这两个转变，使得"以语言为中介的规范结构"被推向论证的前台。对德国古典哲学批判反思的依赖，让位于语言学的重建活动。

（二）意义活动作为理解的基础

认知人类学在方法论上的转变，使哈贝马斯转而探讨人类意义活动的语言基础。这一转变可从哲学语境、理论视域和基本信念三个方面来理解。

第一，基于语言来探讨意义活动，与20世纪的哲学话语有关。通过语言来阐释人和世界的关系，是20世纪最重要的哲学转向之一。现代哲学的语境已经不再将形而上学的、先验的或者客观有效性作为哲学论证的基础，在日益增强的反对主体性的声音中，哈贝马斯要重建人类自我理解的哲学基础，就不得不采取一种能为当代语境所容纳的方法。在这种情况下，从语言着手乃是行之有效的方法。语言规定了对世界的言说方式，而这种言说方式以某种世界观结构前理解地规定了人和世界之间的关系。任何一个个体，都必须通过一种"语法的"前理解来体验他们在世界中所遭遇的事物。以语言为中介的主体间互动，取代了笛卡儿式的独白活动和客观的理解。

第二，基于语言来探讨意义活动，与哈贝马斯的理论视域有关。在哈贝马斯的早期研究中，以语言为中介的交往活动已经被作为认识的基础。在与

---

① HABERMAS J. Theorie und Praxis[M]. Frankfurt：Suhramp Verlag，1978：9–10.

实证主义的论战中，哈贝马斯已经认识到：各种科学探索、理论陈述总是站在特定的立场上提出问题，而这些立场应当成为研究的对象。正如他在法兰克福就职演讲（1965）中指出的，"人们对待掌握技术的态度，对待理解生活实践的态度，以及对待摆脱自然束缚的态度，确定了人们的某些特殊观点；只有用这些特殊的观点，我们才能理解现实本身"①。科学分析的可能对象，是事先在我们原本的生活世界的现实中形成的。为了说明各种科学认识模式如何从关于世界的种种特定解释中推导出来，必须借助现实视域的话语来解释生活实践的世界定位。在这一过程中，以语言为中介的交往活动扮演使理解成为可能的基础角色。对人之为人的理解，需要考察以语言为中介的交往活动，"必须重建普遍性的和必要的交往前提，即重建相互谅解为定向的行动的普遍结构和社会化的主体的行为能力"②。

第三，基于语言来探讨意义活动，与哈贝马斯的基本信念有关。哈贝马斯认为，主体间的言语交往活动可以用于建构个体的社会化及其自我同一的普遍原则。自从狄尔泰把人类史表达为一种统一的意图史后，人们越来越认识到人的社会化本性，"对我们来说，社会是我们的世界，我们体会着我们全部存在的力量与社会环境的相互作用"③。哈贝马斯认为，社会规范、道德价值体系和社会秩序等的建构，最终都可以归结为主体间话语的力量。各种功能化的社会结构和价值规范如习俗、文化传统、道德原则等，都可被视为通过话语进行的"意义的授予"（meaning-giving）。正是通过主体间相互理解并达成一致的话语，具有言说和行为能力的主体才能塑造自身，才能在社会中被组织起来。通过分析以语言为中介的话语，可能探求到使自我认同、相互理解得以可能的原因。

---

① 哈贝马斯.作为"意识形态"的技术与科学[M].郭官义，译.上海：学林出版社，1999：130.
② 哈贝马斯.重建历史唯物主义[M].郭官义，译.北京：社会科学文献出版社，2000：124.
③ 狄尔泰.人文科学导论[M].赵稀方，译.北京：华夏出版社，2003：184.

（三）非语言行为的意义理解

基于语言来理解人类行为的意义，一个基本的问题是如何甄别语言行为与非语言行为。这涉及意义的来源问题，也就是说：意义究竟是在语言活动中产生的，还是有它的独立来源？（1）语言哲学对此有很多探讨，比如奥斯汀（John Austin）的"以言表意"和塞尔（John R. Sealre）的"可表达性原则"等，在后面的讨论中会谈到，奥斯汀和塞尔的理论仅是在语言内部作出的区分，并不涉及语言表达本身与意义来源的关系。（2）后期维特根斯坦的"语言游戏"更能切中这一主题。维特根斯坦认为，语言游戏是意义的基本单位，只有互动游戏才能表达一个完整的意思。比如，建筑工人 A 喊"石板"，B 就递给 A 石板，这表达了一个完整的意思。如果没有任何游戏背景，A 喊"石板"，或 B 拿着 A 要的"石板"站在某个地方，都会让人觉得不可思议，因为它们各自都不是一个完整的语言游戏。（3）"语言游戏"表明了这样一种观点：对话于意义而言具有本源性。相反的一种观点认为，意义来自"心灵的活动"，且后者比语言表达更具本源性，比如胡塞尔（Edmund Husserl）就持该立场。由此，区分语言行为与非语言行为就有了必要。哈贝马斯赞同后期维特根斯的观点，认为语言活动具有本源性。在高斯演讲中，他从主观和客观两方面批判了意义理解的非语言学模式。

1. 主观主义的意义模式批判

主观理解的非语言学模式将意义把握为主体的"判断"或认知活动，这一理解模式可追溯到康德对知识之为可能条件的反思，后者提出了关于经验对象的主观构想之概念。基于此，狄尔泰将意义阐释为对生命的内在体验；胡塞尔则将世界作为观念客体，视为意识自身的显现。关于狄尔泰之解释学的意义理解，在《认识与兴趣》的相关讨论中已经给予了说明，这里着重分析胡塞尔的立场及相关批判。

第一，胡塞尔将意义把握为意向性活动的被给予性。他区分了意义的符号和纯粹的信号：信号唤起的是对事态的意识；如果对符号的感知通过心理联想唤起人们对一种并不在场的事件的想法，比如一个图腾符号使人想起某个古老部落，这就是信号在起作用。意义的给予则是语言表达与信号叠加的结果；语言主体相互从外在出发，把对方当作客体加以感知，所以，他们之间的交往只能按照经验内容信号化的模式来加以设想。语言符号在这里仅仅作为行为信号，而主体是在孤独的精神生活中完成这些行为的。在意义被给予的活动中，语言表达的意义仅仅出现在"心灵独白"中，表达过程本身则承担信号的功能。

第二，梅洛－庞蒂反对胡塞尔的先验立场。在梅洛－庞蒂看来，意义的根本特征在于经验性，即必须以一个现实的"我"的存在为前提。[①] 例如，当"我"看见一只兔子时，只有这个特别事物和"我"产生关联，它对于"我"才有意义。梅洛－庞蒂认为，没有所谓"客观世界"，只有一个意义世界。"意义"不是胡塞尔所指的、单个主体的意向活动，而是主体和世界的"共存"关系。所谓"共存"是指：认识论上的主体和世界通过交换形成一个中间领域，世界由此将"不属于纯粹的存在，而是我的体验和他人的体验的相互作用，通过体验和体验相互作用而显现的意义"[②]。在这一视野中，世界也不再意味着客观对象世界，而是在主体体验活动中无限展开的意义世界。主体和世界因而相互蕴含、紧密关联，无法拆解、分立。

第三，梅洛－庞蒂的存在主义现象学为哈贝马斯提供了一条理解意义的主体间通道。哈贝马斯指出：任何经验和意义，只有在主体间领域才是可理解的，"意义的同一性不能在独自面对世界的孤独主体的意图结构中获得理解，它必须能被不同的交往主体所共享"[③]。在哈贝马斯看来，语言表达对意

① CARMAN T, HANSEN M. The Cambridge Companion to Merleau-Ponty[M]. Cambridge : Cambridge University Press, 2006 : 26-49.

② 梅洛－庞蒂 . 知觉现象学 [M]. 姜志辉，译 . 北京：商务印书馆，2001 : 11, 17.

③ HABERMAS J. On the Pragmatics of Social Interaction : Preliminary Studies in the Theory of Communicative Action[M]. Barbara Fultner, trans. Cambridge : MIT Press, 2001 : 43.

义的呈现是基础性的：相对于意向性理论的内在意图而言，外在领域的表达构成一个中间领域；这使不同主体关联起来，同时催生了与言语主体内在意图，以及听者经验之间存在差异的意义领域。哈贝马斯认为，就意义的产生而言，胡塞尔实际上将语言表达视为"无关紧要的"，并将其贬入虚假的地界。这一理解无法解释不同主体的意义结构，因而是不充分的。

第四，哈贝马斯从主体间立场来批判主观主义的意义理论。在他看来，主观主义的意义理论忽视了个体的社会化特征，也忽视了社会实践中的主体间经验。从实践和社会发展的角度来讲，对行动意义进行描述显然是社会再生产及与之密切相关活动的主要内容；主体间的意义理解必须被看成不是对于社会世界、社会科学的记载方法，而是通过"社会成员进行的生存与再生产的人类社会的本体论条件"[1]。一种充分的意义理论无法忽视主体间的相互理解，其他人所作所为的特征，或他们所作所为的意图和理由，正是形成主体间性的因素，交往意图的转换则通过这种主体间性得以实现。从这一立场出发，任何一种回避交往情境、基于主体的某种自明性的意义理论，都被哈贝马斯归入主观模式。

2. 客观主义的意义模式批判

客观主义的意义模式以自然科学的思维范式来看待人类活动的意义，其典型代表是行为主义。它完全忽视人类介入世界的行为活动，当然也无法提供一种主体间的意义理解。客观主义的基本观点及相关批判介绍如下。

第一，客观主义的理解模式完全从观察者立场来考察意义处境。它认为"意义"不是在言语中产生的，而是自然语言或语言学的派生物。对应地，意义可以通过非语言的符号，如姿势或其他符号互动表达出来。比如，摇头表示拒绝或否定。客观主义寻求对意义的客观表达，将意义结构化为物理描述的对象。

---

① HABERMAS J. On the Pragmatics of Social Interaction : Preliminary Studies in the Theory of Communicative Action[M]. Barbara Fultner, trans. Cambridge : MIT Press, 2001 : 16.

　　第二，哈贝马斯强调指出，人类行为的意义不能作为一个独立的观察对象。他通过非语言活动的意义和具有符号意义的行为进行了批判分析：活动是指人作为有机体的身体活动，是物理意义的因果性变化；行为表现为身体的活动，但行为关涉主体与世界的联系，其身体变化具有符号意义。比如，绘画活动是身体和手的运动，而行为是与"绘"相关的动作，如调色、着墨等。哈贝马斯认为，人的行为是在活动中连带完成的。连带完成意味着，行为者的意图是实现某种行为计划，而不是其行为得以实现所依赖的身体活动。就此而言，人类行为的意义不能被理解为一个独立的观察对象，它涉及对处境的描述并具有理解的非独立性。哈贝马斯认为，客观主义模式混淆了意义理解与经验观察的区别。经验的客观性可以通过观察得到明确，而意义理解是一种符号表达。意义不管是体现在行为、制度中还是体现在词语、协作关系中，都只能从内部得到解释。符号先行建构起来的现实构成了一个空间，在一个不具有交往能力的观察者看来，这个空间必定是封闭的、不可理解的。仅仅通过观察无法进入由符号先行建构起来的现实，客观主义的理解模式在方法论上把意义理解与经验观察混为一谈。

　　第三，哈贝马斯认为，非语言表达和语言表达存在一种本源性的语言学分化。语言行为的意义理解"表达了主体间相互的行为期待，后者扎根于相互交往的语境或生活传统"[①]，我们并不是像对待物理对象一样考察活动的意义，而是尝试通过进入行为者试图描述的生活世界中来理解行为的意义。观察所得的经验与被理解的意义之间的差异，在于"可感觉到现实性与某种符号化构成物"这一水平上的差异。前者来自直接的感性经验，而后者必须经过解释者的译解。这一对比差异包括三种不同水平的语言：水平 1，经验行为与其对象间的认识关系，事态或事物在该水平上得到描述。水平 2，在观察性话语中呈现出与现实某一个方面的联系，译解在该水平上呈现为语义

---

① HABERMAS J. On the Pragmatics of Social Interaction：Preliminary Studies in the Theory of Communicative Action[M]. Barbara Fultner，trans. Cambridge：MIT Press，2001：140.

学内容。水平 3，表达意向性行为的关系。在这个意义上，对观察性语句的理解在译解的陈述性内容中被表达。哈贝马斯指出：如果水平 1 的描述需要解析，则在水平 2 的层面进行；如果水平 2 仍需被澄清，就涉及水平 3 的解析。经验观察涉及水平 1，而意义理解属于水平 2 和水平 3。这里，水平 1 的感觉经验是直接的，而水平 2 和水平 3 的意义理解是交往性的经验，必须以符号为中介。①哈贝马斯指出，只有通过以语言符号为中介的交往活动，我们才能进入一个行为主体所体验的世界，才能理解其行动的意义。因此，对意义的理解必须从语言交往着手，即使人们没有意识到这些原则的存在，它们也会作为默会前提而驱使人们按照规则来规范他们的言语行为。

（四）言语行为与阿佩尔的"终极证成"

言语行为的意义从何而来？阿佩尔的先验语用学探讨了意义理解的"终极基础"。在阿佩尔看来，日常语言中都潜藏着施为性悖论（performative contradiction）②。如果一个前提假设在没有施为性悖论的前提下不能在论证中被挑战，又不能在没有形式逻辑的前提下被演绎出来，那么这个条件就属于论证中的先验语用学前提，是人们必须接受的。由此推之，语义学必定存在不可避免的规范前提。那么，这种不可避免的"终极前提假设"意味着什么？阿佩尔认为，在论辩之先天性中包含一种要求，它"不仅要对一切科学论断，而且此外还有对人类的所有不同要求"作出辩护，即"任何参与者都隐含地承认了交往共同体的所有成员的一切可能要求，这些要求能够由理性的论据加以辩护"③。《哲学的改造》提出以"理想交往共同体"作为语言交流的先验前提，这是一种具有伦理学意义的普遍规范。就交流的规则而言，人

---

① BAXTER H. System and life-world in Habermas's communicative action[J]. Theory and Society，1987(16)：39—86. 以符号为中介的意义理解还涉及语义学问题，也就是水平 2 的理解。这将在后面予以讨论。

② 施为性悖论是阿佩尔先验语用学中的一个关键概念。阿佩尔以"我思故我在"为例对此进行说明：言说者通过"我思"的方式提出一种真理性主张"我不存在"，他将不可避免地使用了一种存在假设"我存在"；这里，这两个陈述都指向同一个人。施为性悖论从语言学层面说明了笛卡儿"我思"主体的内在困境。

③ 阿佩尔．哲学的改造 [M]．孙周兴，陆兴华，译．上海：上海译文出版社，1997：314.

与人之间的道德义务必须通过对交流的反常和异他的批判分析来揭示或发掘，而这种交流是在现实的情境中通过"约定使用"其规则来显现的。因而，"约定使用"的允诺制度可以说构成了理想前提的一部分，如果没有对诺言的遵守，人类的相互作用和论证证明最终就是不可能的。在阿佩尔看来，这种标准虽未在现实中充分地起作用，但作为交流具备可能性和可理解性的条件，却被潜在地预设着和"反事实性地预制着"。作为根本基础，超验语用学的基本原则可表述为对交流的超验规则的尊重和服从的普遍要求，这种超验规则是反事实性地预置着的和（长期地）起作用的"理想的或无限制的言语共同体的规范"①。

哈贝马斯认为，阿佩尔混淆了"理解之为可能的对象"与"理解之为可能的情境"之间的区别。语言意义的"理解之为可能"的问题，首要关注的是"理解之为可能的情境"条件，而不是"理解之为可能的对象"条件。在前一种条件下，意义、言语能力和人际关系等都可归入这种概念框架下。而阿佩尔的"理想言语共同体"的意义在于，它重构了康德哲学中的"认识何以可能"，通过交往互动缝合"先验自我意识"中判断的先验结构与判断的经验对象之间的裂隙。通过这种转换，康德哲学中"认识何以可能"的问题被转化为"理解何以可能"。哈贝马斯认为，阿佩尔的这种转换工作并不适用于对语言意义的分析，因为他的关注中心乃是康德那里居于中心位置的"经验对象"的可能条件。"理解之为可能的对象"的条件分析，与"理解之为可能的情境"条件相比，在语言的意义分析中显然是第二位的。先验语用学中对实质性内涵和被假设的普遍一致性的论证，回避了理解语言意义的形式结构。如果阿佩尔是正确的，如果话语的有效性最终以"理想共同体"的实质性价值为基础，那么，这样一种"终极证成"对于意义理解而言，在概念结构上究竟意味着什么？阿佩尔没有回答这一问题。任何一种实质性规范的主

---

① DALLMAYR F R. Twilight of Subjectivity : Contributions to a Post-Individualist Theory of Politics [M]. Amherst : University of Massachusetts Press，1981 : 251.

张都将引出它在什么意义上具备认知内涵的问题，而在本体论世界观和形而上学解释丧失权威的前提下，关于这样主题的论证将指向概念框架本身，即前面提到的"理解之为可能的情境"条件。

即便阿佩尔坚持先验语用学指向"理解之为可能的情境"条件，哈贝马斯也不认同这一"形式"前提。阿佩尔强调的理想化原则具有道德意义，是实质性的规范；而哈贝马斯主张的普遍性原则在道德上持中间立场，它关注的是"理解成为可能"的形式意义。[①] 在哈贝马斯看来，如果存在这样一种普遍原则，它必定是开放性的；在一种语言中存在的普遍性原则，也必定同样适用于另外一种语言。哈贝马斯认为，"理想交往共同体"的有效性论证在结构上把每一个互动环节都归结为理想的言语情境的可能性。然而，话语总是在偶然情境下的话语，话语共同体总是现实的互动共同体而不是被论证的"理想共同体"。在阿佩尔的论证中，有言语和行为能力的主体能够把交往行为推到极限，根据"终极证成"的有效性在互动中进行独白式的对话，却又不丧失自身的认同。这一论证的实质是，社会文化形式在每一个互动环境都产生了一种纯粹交往行为的"先验幻觉"。这种实质性的普遍性规范是不可能成立的，"实质"意义的立场必须转向认知意义的形式立场。哈贝马斯指出，规范前提的"应然"意义不应理解为依赖外在的满意，也不能仅仅表达言说者的偶然意愿，而应理解为根据命令自身通过理性共识内在化为行动的动机或驱动力。那么这种力停留在哪里？在他看来，普遍性原则的关键不在于前提的规范意义，而在于"提供一个机会使主张有效性的人获得一个'给出理由'的论证活动"[②]。哈贝马斯指出，在这种普遍性期待中，理论上必须分离出"人类相互作用的特性"或者语言使用的基本模式，"为了给出相互作

---

① APEL K-O. Towards a Transformation of Philosophy [M]. Glyn Adey，David Fisby，trans. Milwaukee：Marquette University Press，1980：25.

② REHG W. Insight and Solidarity：A Study in the Discourse Ethics of Jürgen Habermas[M]. Oakland：University of California Press，1994：24.

用的普遍性解释，需要从普遍化的社会语境中抽象出来语言使用的形式基础"①。语言之运用符合形式上的普遍有效性，乃是理解之为可能的前提。由此，对意义的理解转向普遍语用学的重建。

二、言语行为的意义理解

通过分析非语言行为的意义理论和先验语用学的"终极基础"，哈贝马斯认识到：意义理解的普遍性基础必定来自话语本身。普遍语用学基于话语论证的普遍规则来探求主体间理解的基础，它是从"解放"之反思向交往之重建的过渡环节，这一探讨从言语行为开始。

（一）言语行为与话语证成

言语行为是"主体间联系的语法形式的最小言说单元"，一个完整的言语行为包含"一个第一人称的语法主体，一个作为发音对象的第二人称，以及在行动上的施为性期待（performative predicate）"②。例如，"我希望你不要那样做"，是一个完整的言语行为；而"太阳从东方升起"或"我是一名教师"之类的表达因缺乏构成要件而不构成言语行为。言语行为的理解模式介绍如下。

第一，行为与言语行为的差异。狭义的行为如简单的非言语活动是一种目的行为。借助行为，行为者进入世界，通过选择和使用恰当的手段实现预定目标。把言语作为一种行为，是就第三人称而言的，即从观察者视角来看，他观察到行为者是通过目的行为实现其目的，还是通过言语活动与他人就某事达成共识。

第二，言语行为的参与者之间存在相互性关系，其施为性态度如赞同或反对、肯定或否定的立场是可交换的。任何言语行为都能从第二人称角度展

---

① REHG W. Insight and Solidarity：A Study in the Discourse Ethics of Jürgen Habermas[M]. Oakland：University of California Press，1994：28.

② HABERMAS J. On the Pragmatics of Social Interaction：Preliminary Studies in the Theory of Communicative Action[M]. Barbara Fultner，trans. Cambridge：MIT Press，2001：61.

开描述。比如，"放下武器"，从目的行为来看是一个命令，但从言语行为看，则要把目的行为放到合作关系中进行考察，参与者可以作出拒绝或赞同的言语，反对者可能会说"你为什么不那样做"。

第三，主体间言语行为构成一个连续的论证过程，就形成了"话语"。话语是意义的有效性证成的过程，其内涵包含：（1）"话语"是一种伴随有效性证成的言语活动。它不同于以语言为中介的日常对话，后者并不具有证成义务。比如，"太阳从东方升起"这个命题虽然是真的，但实际上该命题本身并不伴随任何说明或解释的义务，它只能是日常对话而不能是话语。如果对话者主张"太阳可能从西方升起"并列举金星为例，日常对话就转变为话语，因为后者伴随了对命题成立之理由的证成义务。（2）哈贝马斯区分了三种话语类型，即解释性话语、理论经验话语和实践话语。[①] 解释性话语是就满足自然语言的法则或规范的有效性进行证成，其标准在于是否符合语法规则的逻辑。理论经验话语是对经验主张的阐释，用于解释一个陈述命题的意义。实践话语是对规范有效性的证成，它的目的在于达成普遍有效的理解和共识。当人们讨论问题、表示赞扬或者拒绝时，需要使用实践话语[②]。（3）实践话语的有效性证成类似于后期维特根斯坦的"语言游戏"。也就是说，人们熟知一种"语言游戏"的规则，知道在何种情况下、使用何种表达会收获何种效果。但维特根斯坦并没有澄清游戏规则是如何可能的，而这正是哈贝马斯要做的工作。哈贝马斯认为，实践话语伴随了"对话参与者彼此

---

① 该分类依据论证逻辑，与《交往行为理论》依据内在视角和外在视角进行的有效性分类不同，后者包括理论话语、实践话语、审美批判等。

② "实践话语"涉及哈贝马斯理论体系范畴内涵的转变，说明如下：（1）哈贝马斯在《真理与社会》中讨论有效性论证时提出这个概念，其分类基于有效性论证的双层结构，"实践话语"包含了语言自身逻辑结构和世界的经验结构。（2）在《道德意识与交往行为》中，"实践话语"的内涵通过论证而扩展使用，它旨在解决这样一个问题：在论证中被证实为有效的话语，能否为一个实际的行动提供正当理由？这涉及真理共识和话语伦理的关系问题。（3）在《交往行为理论》中，哈贝马斯关注生活世界的统一性；对应地，"实践话语"这个概念被规范性假设"交往实践"取代。（4）霍尔斯特（Todetlef Holst）指出："实践话语"的内涵转导致了人们误认为哈贝马斯的立场是实践（道德）话语具备内在的理性成分，或应该是理性的。而哈贝马斯的初衷是：如果要达成某种共识，就必须在逻辑结构和世界的经验结构上保持统一；对统一性的探寻将追溯到"理想言说情境"这一规范基础。

的规范性期待以及言说者证实理由的责任"，因而它可能作为一种普遍化的规则能力，以揭示使参与者达成理解的普遍条件。①哈贝马斯之所以这样认为，在于"理由的说服"指向前理论的直觉知识澄清。解释性话语的证成拘泥于语言的逻辑规则，而理论经验性话语的有效性论证拘泥于世界的经验结构。在任何一个有效性证成过程中，话语参与者都将在语言的逻辑规则系统之内组织其关于世界的经验话语。有效性证成是这两种结构的统一，这在人们看来似乎是"自然而然"（unforced force）的。但这样一种解释并没有揭示出潜在的理性力量。"普遍化规则"意在说明论证参与者从何处获得其组织有效性证成的力量，进而根据语法规则或因果系统将论证过程组织起来。

哈贝马斯认为，话语的有效性证成涉及一种普遍的能力，它并非某些个人的特殊能力，而是一种人人都具有的前理论知识。关于这一点，布兰顿（Robert Brandom）的语言哲学阐述得更加清晰。布兰顿将话语过程视为"理由的生产与消费"过程；对话参与者达成理解的过程，同时也是"理由"被接受的过程；理由的解释虽然与表达可能运用的语境和后果相关，但对理由的推理已经先期固定在语言表达式的意义内容之中。也就是说，达成理解的有效性来源在于语言本身，而非经验知识。特定的语言系统本身包含特定的语言规则，这些规则先在地确立了语言表达是否得到正确使用的条件。对布兰顿来说，语言整体构成了言语者熟知的生活世界，言语者的生活以这一整体为背景；他无须掌握任何规则和原则的清晰知识，就知道人们如何进行言说和理解言说。比如，是否学习语法规则，并不影响言说者的言说能力和理解言说的能力。言说者在获取自然语言过程中能获取这种能力，即能将无意识的默会知识（"知道如何去做"）变得清楚明白，并将其转化为主题化的明示知识（"知道是什么"）。布兰顿关于言说者"表达性能力"的阐释，展现出言语能力在普遍性的规则和情境反思之间的黏合可能性。因而，哈贝马斯能将

① HABERMAS J. On the Pragmatics of Social Interaction：Preliminary Studies in the Theory of Communicative Action[M]. Barbara Fultner，trans. Cambridge：MIT Press，2001：102.

之用于理性原则的重建，"布兰顿运用复杂的语言理论这一工具，令人信服地成功描述了这样的实践活动：在其中，有言行能力的主体的理性和自主性被表现出来"①。布兰顿所阐释的"表达性能力"，或者运用语言规则的默会知识，正是哈贝马斯进行哲学还原的对象。普遍语用学的宗旨，在于借助语言自身阐发世界的功能，将这种前理论知识澄清并明晰化为确定的知识。

（二）言语行为的施为性力量

哈贝马斯对语言和言语行为的区分意味着：语言不仅在语义学的语音、句法和语义上具有普遍性特征，而且实际言语的经验的、偶然性条件也可以通过普遍性来予以把握。这种语用理论不同于维特根斯坦的"语言游戏"。后者将语言的意义还原为主体间认可的规则，对交往主体来说，它意味着一个不得不接受的语义学传统。对维特根斯坦来说，这样一种规则"必定融入我的生活"，语言无法穷尽其意义。维特根斯坦没有回答语言的这种运用能力及规则作为传统而"融入生活"究竟意味什么，而这正是普遍语用学的起点。

1. 米德的符号互动理论

米德（George H. Mead）一定程度地澄清了自我理解的默会知识。（1）在米德看来，符号意义是交流双方的互动结果，而不仅仅是维特根斯坦意义上的单纯观念或语言规则。米德指出，规则的运用同时也是一个对"期待"进行考察批判的过程。比如说，言说者 B 对 A 有一个言说活动，参与者 A 根据对规则的理解而判断 B 的期待，并反过来根据 B 的期待判断自身的期待；只有双方就"期待意图"达成一致，A 顺应 B 的言说行为产生社会动作，这种互动才是双方所理解的"意义"。显然，语言表达不仅为语义规则所限定，也与交流双方的互动有关。在交流双方彼此有所期待并根据期待而进行互动

---

① HABERMAS J. Truth and Justification [M]. Barbara Fultner, trans. Cambridge：MIT Press，2003：131. 此处引用布兰顿的观点是为了说明哈贝马斯哲学还原的对象；尽管两者的话语理论存在某些交集，但并不意味着哈贝马斯的普遍语用学来自布兰顿。

的情况下，仅仅依靠"语言游戏"并不能充分揭示语言表达的意义。（2）米德将主体间的符号互动应用于"自我"的形成，并视之为一个社会化过程，"如果个体能够把那些有组织的反应接纳到他自己的本性中，在社会反应中借助符号唤起这些反应，他便具有使心理过程能够进行的心灵，他从他所属的共同体得到了心灵的内部结构"①。在米德看来，"自我"的形成是"客我"和"主我"在符号意义上的融合："客我"代表行动发生的情境，"主我"是对该情境作出的实际反应。比如，在一个社会语境的"客我"中，所有其他人的态度表现在我们自己的姿态中，这代表了我们正在社会合作活动中发挥的作用。我们所做的事、所说的话，便是"主我"，不过它已经将"客我"融合在一起。我们所称的"物理对象"与"社会对象"之间的唯一差异在于这样一个事实：后者作为一种社会情境包括"客我"与"主我"的出现，而它们本质上都是社会因素。

米德的符号互动理论在两个方面与哈贝马斯的探讨有关：（1）米德解释了个体化的"自我"不能摆脱与"他者"的关系的事实。米德表明：在社会实践领域，主体并不是简单的一个孤立的个体或完全只是面对自己的感受经验的那个自我；相反，自我总是存在于由语言交往媒介构成的交往共同体中；自我本质上是一种社会结构，并且构成社会经验。（2）米德将社会化过程视为一个学习和运用语言能力的过程。米德认为，自我关系的基本形式是通过其他互动行为参与者的解释活动才得以形成的，自我的形成并非源自孤立的个体，而是通过与其他人的符号互动而逐渐理解自身、塑造自身。以语言为中介的社会化过程，被米德解释为通过"概括别人态度"——"社会情境"——来学习和规范自身行动的过程。（3）哈贝马斯认为，米德的理论虽然表明了交往活动对个体形成的意义，但米德并没有阐明"客我"和"主我"的融合对一个规范内涵的"自我"或人意味着什么，也没有说明这种符号互

---

① 米德.心灵、自我与社会 [M].赵月瑟，译.上海：上海译文出版社，1992：238.

动是如何发生的。哈贝马斯关注的是：在一场对话中，究竟是什么原因使对话的参与者被"理由"所说服，从而相互理解并达成一致？言语行为理论关注话语中存在的"黏合动力"，在哈贝马斯看来，正是通过这种施为性力量，言语行为才得以顺利实现，日常交往才能正常进行。不论是在高斯讲座（1971）中，还是《普遍语用学》（1976）中，哈贝马斯都将言语行为作为探讨普遍交往结构和话语理解的出发点。[①]

2. 奥斯汀"以言行事"的双重结构

哈贝马斯关于言语行为之施为性力量的探讨，与奥斯汀和塞尔等人的言语行为理论密切相关。这里先讨论奥斯汀的理论。

奥斯汀言语行为理论的核心观点是：言语行为活动得以顺利实施乃是"以言行事"（illocutionary）的力量。（1）奥斯汀将言语行为分为以言表意、以言行事和以言取效三种，分别对应"意义""力量"和"效果"，以此澄清语言中话语的施行性特征。所谓"以言表意"（locutionary）行为，是指言语者表达事态的行为。所谓"以言行事"行为，是指言语者通过言说过程完成一个行为。在奥斯汀看来，以言行事决定了命题的形式，如断言、命令、承诺、坦白等。在常规条件下，命题的表达形式借助的是第一人称现在时所使用的完成行为式的动词。在"以言取效"（perlocutionary）行为中，言语者所追求的是在听众身上产生效果；言语者通过完成一个言语行为对世界中的事物或事态发挥影响。（2）传统关于语言的观点是"以言取效"层面上讲的，它根据意向目的来理解言语行为。所谓意向目的，是指言说者 S 的内在意图或目的先于他表达的符号 X 产生；如果接受者通过表达符号 X 领悟到内在于其中的言说者意图，言语者就达成其意向目的，成功完成一个言语行为。（3）奥斯汀不同意从"以言取效"角度理解语言的意义，而强调言语行

---

① HABERMAS J. On the Pragmatics of Social Interaction : Preliminary Studies in the Theory of Communicative Action[M]. Barbara Fultner, trans. Cambridge : MIT Press, 2001 : 82.

为的目的在于"以言行事"。这两种目的的不同是："以言取效"的目的来自言说者的主观意向，而"以言行事"的目的则由言说内容形成。不同于"以言取效"中仅仅要求表述的合语法规则性，"以言行事"对言说提出了施为性要求：它必须让接受者能够认识到完成言语行为的各种有效前提。

哈贝马斯认为，奥斯汀对言语行为的区分反映了日常语言中存在双重语法结构，即"在任何语句中生成的规则（语法理论）"和"将语句置于言语行动中的规则（语用理论）"这两种不同结构。[①] 前者是主体间共享意义的基础，它通过一个陈述性命题来阐释经验事态或客体对象；后者针对言语行为的施为性目的，通过"以言行事"部分建立主体间关系。这两部分彼此保持独立。比如，在一个陈述命题"我……你抽烟"中，不同的施为性类型，如"我请你抽烟"或"我讨厌你抽烟"等，将建立不同的主体间关系。日常语言中存在的这种双重结构构成了语言应用的基础，任何一个言语行为都可看成由施为性句段和包含命题内容的从句组成：主句在言说中被用于建立言说者和听者之间的关系，命题从句则用于阐述言说对象或事态。施为性主句和命题从句的这种连接关系，构成了日常话语的基本结构。哈贝马斯指出，这两方面的内容可以在后期维特根斯坦的"语言游戏"理论和米德的"符号互动"理论中看到。在"语言游戏"或"角色承担"中，"生活形式"就像自然语言的语法规则一样，作为默会知识承担基础规则的作用；而"角色承担"的"意图期待"则满足施为性要求。哈贝马斯认为，奥斯汀通过"以言行事"正确地说明了语言能力的应用，即不仅包含符合语法规则的话语的运用，还包括"现实关系"的处理。在日常会话中，言说者借助施为性力量，通过言说他们所体验的世界而建立起主体间联系。

"以言行事"的施为性力量来自哪里呢？奥斯汀认为来自"以言表意"的

---

① HABERMAS J. On the Pragmatics of Social Interaction : Preliminary Studies in the Theory of Communicative Action[M]. Barbara Fultner, trans. Cambridge : MIT Press, 2001 : 69.

行为，即言语行为的意义为"带有陈述性内容的语句的意义"。奥斯汀之所以这样认为，是因为同样的陈述性内容用不同类型的言语行为言说，会产生不同的以言行事力量。哈贝马斯认为，奥斯汀在这里混淆了"陈述的意义"和"表达的意义"。这是因为：一方面，"以言行事"的力量在严格意义上属于话语而不属于语句，就呈现力量的内容而言，它是通过言说而被嵌入言说行为中的；另一方面，就言语行为的双重结构来说，内容的陈述性成分是语义学层面的理解，是在观察者态度中获得的对事态或事物的再现。施为性表达的意义是主体间的，其根源能追溯到言说者和听者所处的语言情境。或者说，语言的意义不能单纯通过"以言行事"或"以言取效"来呈现，它既具备施为性特征，又涉及陈述命题的事态或事务。相对于言说者意图的揭示来说，"意义"可被看成在事实和施为性之外的第三个范畴。显然，奥斯汀的言语行为理论不能充分说明意义来源。

3. 塞尔的"可表达性"与"可接受性"

在哈贝马斯看来，塞尔对言语行为的要件分析提供了值得借鉴的解决思路。塞尔提出了日常对话可领会、可接受的"可表达性原则"，指出："言语行为作为交流的基本单元，通过可表达性原则将言语行为的概念、言说者的意味、语句或其他语言学元素的意味，以及听者所理解的东西、组织语言性元素的语法规则联结在一起"[①]。塞尔以"承诺"为例研究了"以言行事"行为的结构，他认为"承诺"是"以言行事"最具代表性的例子。"当言说者 S 对在场的听者 H 言说一个语句 T，S 如果真诚并且完美地对 H 承诺 P 时"，言说行为要满足什么条件？塞尔通过要件分析总结了"以言行事"行为的充分条件和必要条件（见表 3-1）。

---

① SEARLE J. Speech Acts：An Essay in the Philosophy of Language[M]. Cambridge：Cambridge University Press，1969：22.

表 3-1 "承诺"行为的"以言行事"要件

序号	行为要件
1	具备语言交际的一般输入和输出条件（如语言能力和理解能力）
2	言说者 S 在说话中表达了命题 P
3	表达 P 时，S 同时表达了将来的行动 A
4	听者 H 希望 S 做 A 而不是不做 A，同时 S 相信 H 希望 S 做 A 而不是不做 A
5	在正常情况下，S 和 A 都不清楚 S 将做 A
6	S 打算做 A
7	S 的意向是他说出言说 T 便有义务做 A
8	S 的意向是，使 H 通过对 S 言说的意义理解认识到，S 的言说与 S 做 A 的义务的联系
9	以上 8 个条件得到完全满足时，并且 S 和 H 所说的语言的意义的规则使话语说出来既是正确的，又是真诚的

资料来源：SEARLE J. Speech Acts：An Essay in the Philosophy of Language[M]. Cambridge：Cambridge University Press，1969：22.

塞尔根据"承诺"行为的条件分析了使言语行为得以顺利实施、"以言行事"力量得以体现的语用学规则 Pr（见表 3-2）。

表 3-2 "以言行事"行为满足施为性条件的语用学规则

序号	规则名称	规则内容	关联性
规则 1	陈述条件规则	话语 T 预示了言说者 S 将来的行动 A	要件 2、3
规则 2	预备性规则	听者 H 希望 S 做 A 而不是不做 A，同时 S 相信 H 希望 S 做 A 而不是不做 A	要件 4
规则 3		在正常情况下，S 和 A 都不清楚 S 将做 A	要件 5
规则 4	真诚性规则	S 打算做 A	要件 6
规则 5	本质性规则	S 承担做 A 的义务	要件 7

资料来源：SEARLE J. Speech Acts：An Essay in the Philosophy of Language[M]. Cambridge：Cambridge University Press，1969：62-63.

塞尔指出：要使言语行为得以实施，必须满足四种不同的普遍规则，即陈述条件规则、预备性规则、真诚性规则和本质性规则，它们分别对应行为要件中的第 2 条和第 3 条、第 4 条和第 5 条、第 6 条以及第 7 条（见表 3-1）。其中，（1）陈述条件规则决定了，在言语行为中，依赖于事态或事物的经验陈述的语言学表达如何才能是可接受的，即 S 的陈述必须清晰地描述经验事态或事物。（2）预备性规则决定了言说行为得以实施的基本条件。即，只有"听者 H 希望 S 做 A 而不是不做 A，同时 S 相信 H 希望 S 做 A 而不是不做 A"，并且"在正常情况下，S 和 A 都不清楚 S 将做 A"时，S 的承诺才有意义。如果该条件不满足，那么这样的对话就没有意义。（3）真诚性规则决定了施为性行为的严肃性，即 S 打算做 A 并准备履行这一义务。（4）本质性规则表明了言说行为的主体间关系，即 S 基于承诺承担做 A 的义务。不同规则的应用次序是：只有在满足规则 1 的条件下，规则 2—5 才能被应用；规则 5 只有在规则 2、3 被满足的条件下才能应用。以上四条规则是塞尔分析言语行为的重要依据，他认为这是日常语言交际得以顺利实施所应遵循的基本规则。

哈贝马斯着重分析了塞尔"可接受性原则"潜在的意义结构。（1）对塞尔来说，语言的意义在于意向状态和言语行动的关联。也就是说，在每一个"以言行事"行动的陈述中，言说者都表达了特定的意向状态。不同类型的言语行为由此被理解为，它们与原初在心灵中表现出来的事态的现实前提关联的不同方式。其实质是：一方面，言说者对事态的意向早于事态的语言表现；另一方面，事态的不同施为性表现以及言语者的陈述立场，通过以言行事加以确定。（2）但就一场对话而言，听者可能拒绝也可能接受。究竟是什么导致了这种接受或拒绝呢？塞尔通过言语行为的"可接受性原则"解释这一现象。他认为，施为性行为之所以被实现，源自话语双方内在的一致性。该一致性是一种前理论的意向，通过建制性或规范性约束而表现出来，它决定了可接受性的范围。根据这一意向，即使一个不满足话语参与者意向表征的事件在其意向中发生了，它也被认为是"以正确的方式"发生。（3）哈贝马斯认为，塞尔的意向主义理论充分说明了"以言行事"力量的来源。也就是说，言语行为本身内嵌了一种有效性结构，言说者借助语言说出一句话，其目的就是"让不同言说主体之间相互承认"。对言语行为的意义理解，不能基于主体的独白式理解或脱离言说语境来把握，而应从有效性要求以及兑现这些要求的潜在理由之间的实际关系出发来考察。不过这样一来，塞尔所主张的"可接受性"原则就需要在主体间基础上予以重构。

三、普遍语用学的"普遍预设"

普遍语用学是哈贝马斯 20 世纪 70 年代的重要作品，它标志着认知人类学重建方案的初步形成。按照库克的观点，普遍语用学是"交往行为的理论基础"。在认知人类学的视域下，普遍语用学是从"解放"向"交往"的重要过渡。之所以说是过渡性的，是因为它只探讨"普遍理解"的规范基础，而不涉及基础的证成，而这两方面都是"交往"方案的主题化内容。

（一）言语行为的有效性预设

哈贝马斯基于"以言行事"的施为性力量，提出了言说活动的有效性预设。塞尔将言语行为的"可接受性"归结为前理论的意向性。这种集体意向性是语言活动的"深层结构"，它表征着一个掌握了自然语言规则系统的理想言说者的能力，对言说主体表现为一种无意识知识。言说者和听者都必须掌握这一知识，否则既无法理解言语行为的字面意义，也无法运用语言表达。哈贝马斯认为，这只是"语言游戏"中使用默会知识的一方面，它并未触及另一方面，即掌握这种语言游戏的"语法"能力的个性化过程。显然，哈贝马斯对"以言行事"的理解不同于塞尔。塞尔关注对默会知识的理解，是建制性问题；而哈贝马斯关注的是默会知识如何塑造了不同个性化的主体，是非建制性问题。

哈贝马斯基于非建制性的探索，提出了话语基础的"普遍预设"。在建制性的场合，关注重点在于言语行为中"什么是可接受的"；在非建制性的场合，关注中心转变为"以言行事"行为"怎样被接受"。言说者在实现其言语行为的过程中用以影响听者的以言行事力量，只有在有效性得到相互认可的基础上才能被理解。由此，塞尔的"真诚性规则"不再作为前提条件，而成为必须被证明的东西。哈贝马斯认为，这一点是非建制性约束中"以言行事"之施为性力量的真正体现。在他看来，言语行为中以言行事的力量不在于言说者的意图，也不在于语言所描述的事态或事物，而在于参与者双方在"有效性"的"相互认可"上达成了"共识"。也就是说，"以言行事"的力量来自"以言说阐释言说的意义"，它自身拥有合理性基础，而非任何建制性约束或权力作用的结果：每一个言说都预设了一种事实上的理解共识，即以语言进行交往、消除歧见并达成理解。这就是普遍语用学中的"言语行为的普遍预设"，它是日常生活中交往行为得以发生的初始条件：任何一种言语行为都预设了交往达成理解的普遍共识，我们从那里出发才能开始一场对话。日常交往行为的背景预设包括共识预设和理解—取向的交往预设。共识预设表明了言说者和听者对有效性相互认可的信心和信任，它拥有使交往主体之间采取合作行动的力量。有效性要求具有某种认识特征并可以被检验，因而言说者能够以言行事地影响听者，反之亦然。理解—取向的预设针对的是有效性要求：共识预设本身包含了对有效性要求依赖论证的相互认可，而不同的人际关系中有不同的有效性要求，因之，在不同的言语行为中，言说者"承诺"的内容乃由诉诸同样的、主题化被强调的、普遍的有效性要求的不同方式所决定。参与言语行为的言说者通常将他想要继续的主体间关系之明确意识，与一种主题得到强调的有效性主张联系起来。

在高斯讲座（1971）中，哈贝马斯列举了记述型、规范型和表现型等三种有效性类型的言语行为：（1）记述型言语行为强调的是真实性主张这个主题。它包含这一要求：如果有必要，言语者需要确定其陈述时正确的经验之源。言说者正是通过这种有效性的"担保"获得了自己的陈述为真实的确定性。如果陈述的真实性本身受到质疑或没有消除某些怀疑，则交往将持续下去，真实性要求将被主题化并成为理论探讨的对象。（2）规范型言语行为强调的是正当性或正确性这个主题。通过规范型言语行为，我们在"是什么"和"应当"之间作出了区分。规范型言语行为包含这一要求：如果有必要，将指出赋予说话者确信其话语是正当的规范情境。如果陈述的正当性本身受到质疑或没有消除某些怀疑，则交往将持续下去，正当性要求将被主题化并成为实践探讨的对象。（3）表现型言语行为强调的是真诚性。通过表现型言语行为，并结合意向性动词，我们在"真实"的自我和所显现的表现之间作出了区分。哈贝马斯认为，一个完成式的交往行为应该是记述型、规范型和表现型的言语行为的统一。在现实的交往活动中，尽管这些有效性要求并非同时被强调，但是语言内在的理解指向要求所有有效性要求都投入运作。不同有效性要求在交往活动中被主题化：真实性、正确性、真诚性，分别关联记述型、规范型、表现型等不同的言语行为。

基于有效性分析，哈贝马斯将语言理解为内在关联的三个世界的中介。在每一个成功的交往行为中，交往参与者都同时在话语中与三个世界联系：从言说主体作为观察者的第三者态度出发，存在的事态或事物的总体性被把握为"外部世界"；从言说主体作为参与者的第二人称立场出发，以规范化人际关系为合法性的总体性，被把握为"社会世界"；从言说主体作为第一者的内在体验出发，意向经验的总体性被把握为"内部世界"。在哈贝马斯看来，这个被预设的有效性系统，是日常交往之为可能的前提，也是具有言说和行为能力的主体认识客观世界、表达主观世界、建立合法的人际关系的立足点。

（二）交往行为与策略行为

哈贝马斯区分了两种语言交互行为：以成功为导向的行为和以理解为导向的行为。以成功为导向的行为是一种目的（策略）行为，行为者借助手段、方法实现某种特定目的，或进入一个理想的状态。目的行为的核心要旨，乃是行为者能在不同行为的可能性间作出决定。目的行为的合理性可以通过第三方评价得出，它一方面培养起对实际存在的事态的意见并通过感知表现出来，另一方面则形成一定的意图，以便通过意志把理想的事态付诸实现。目的行为在这两方面都有所呈现，而是否"合理的"则通过真实性或现实性来评价。即：他对世界的认知是否真实；他对事物采取的行为是否实现其意图。显然，目的行为的前提是一个客观世界，其他附加的目的行为与基本的目的行为概念类似。不同在于，它们涉及的世界概念不是客观世界，而是行为者的主观内在世界或社会世界。

交往行为致力于达成相互间的理解，它不能还原为目的论的行动。理解的达成不能通过强加事实或操纵互动而进行，也不能归因于外部压力的存在。交往行为中说服效果的产生能从言语行为的立场分析。自我的言说行为只有在得到对方肯定的立场时才能认为是成功的，然而，在原则上对有效性的主张仍然是可批判的。这包括两方面的内容：（1）言说行动和言说情境。交往行为的参与者能共享某一情境的解释，就此达成共识。一个情境代表生活世界的一个片段，是被分隔的特定的主题。这些主题因为利益有关目标关联于行动者而产生。行动情境同时也是言说情境，在其中言说者轮流发表意见，分别扮演言说者、受者和旁观者的交往角色。（2）基于背景支持（生活世界）而进行的可循环的论辩。一方面，发起者提供一个可讨论的情境或片段，这个片段是他能加以解释的，或者是周围传统的产物，或者是基于他所属群体的约束，或者是他置身其中的有成长的社会化的过程。另一方面，言说者从论辩背景中获得支持，这个背景不仅形成了彼此间的语境理解，还为参与者提供了论辩资源。交往参与者之间共享的背景，为其提供了具有直观前理解的语境和资源，同时也为他们在交流的过程中，为满足达成协议要求的行动提供资源支持。在正常的交往互动中，由于互动主体将他人看成一个交往主体，所以假设了他知道在做什么以及为什么这么做，有自己的信念并且追求某种目标。虽然这种假设是虚拟的，但交往行为的规范内涵对解决分歧具有结构性意义，它对现实活动中正常的人类关系具有重要的参照性。

（三）普遍语用学的规范基础

基于有效性预设及行为类型区分，哈贝马斯提出了普遍语用学的规范基础。每一个言语行为内在的义务都可以在两种水平上得以完美实现。一方面，是在话语的关联域中直接实现。这种实现或者通过诉诸某种经验根据，或者表征一个相应的规范性关联域，或者证实那本来对自己不言而喻的东西。另一方面，是在对话或随之而来的有效性论证等行为中间接实现。或者诉诸理论对话，或者诉诸实践对话，或者连接一连串的证实自己真诚性的行动。这几点合起来说就是，任何一个交往行为，参与者都事先假定：（1）他们必须将彼此视为可解释的。这就是说，他们必须假设参与者已克服儿童式的自我中心主义、能区分语言的主体间性、外部自然的客观性、内部自然的主观性以及社会的规范性。（2）他们必须彼此认为对方准备达成相互理解。他们必须相互假设对方基于如下四个有效性要求中的任何一个共识将采取行动，包括：言说者必须选择一个可领会的表达，以便说者和听者能够相互理解；言说者必须提供真实陈述的意图，以便听者能够分享其知识；必须真诚地表达他的意向，以便听者能相信说者的话语；言说者必须选择一种本身是正确的话语，以便听者能够接受，从而使言说者和听者能在以公认的规范为背景的话语中达到认同。

可理解性、真实性、真诚性和规范性，构成了交往行为的"理想言说情境"。这是交往行为的规范内涵，也是日常交往活动得以顺利实施和实现的有效条件。任何处于交往活动中的人施行任何言语行为，必须假设他们能就理解达成一致，必须假设相互认可的有效性要求可以被验证或得到兑现。参与者必须基于这一规范性期待才能进入话语情境。一旦这种共识感发生动摇，而日常交往又要继续进行，就只能通过主体间的有效性批判和检验来推动。在这种批判和检验中，参与者可以就有效性提出疑问或者回答质疑，表示肯定或者否定，加以重新解释或消除误解。如果努力失败，交往行为就无法得到理解。结果是：交往要么中断，要么转向其他策略形式，如欺骗、操纵等。

按照哈贝马斯的观点，日常交往沟通表面上似乎是依靠语法命题才得以完成的，但实际上，语言只有在语用学的层面才具有意义。言语者为了使他的言语行为得到理解，在运用语言命题达成沟通时，必须和他的表达一起提出真实性、正确性和真诚性三种有效性要求，这些要求在言说中表达的世界分别是客观世界、社会世界和主观内在世界。任何一个言语表达，都可以分解为实际进行的言语活动和它的理想型活动，后者为前者提供了"以言行事"的施为性力量。比如说，谎言之所以能达到欺骗的效果，是因为它建立在谎言承受者和说谎者之间对真实语言的效果期待上。正是由于对效果的期待，才有了真实和谎言之分。在这种情况下，正常交往的结构被扭曲，言语行为的参与者之间不再是相互认可的主体间关系，而转向工具或其他目的关系。哈贝马斯指出：不管在言语中什么被强调，语法性句子都是通过这一模型嵌入与现实的关系之中；在一个可接受的言语行为那里，外在自然、社会和内在自然诸多层面总是一起浮现出来，并通过这一模型得到反思。由此，我们理解了言语为什么会被认为是"合理的"，也能追寻到普遍理解之为可能的规范基础。

四、作为前反思基础的"生活世界"

普遍语用学之非建制性探索的实质，是将言语行为从话语背景中拆解出来，探讨后者为什么会被接受、会被认为是"合理的"。但实际上，背景在现实的交往活动中并非被拆解，而是作为一个统一体呈现出来的。这个在互动交往中呈现出来的统一体、这个被预设的共识背景是什么呢？哈贝马斯认为，这就是我们置身其中的"生活世界"。生活世界在直观中是我们的文化总体，包括文化传统、价值解释模式和表达方式等。它是我们借以叙说生活、表达存在之意义的背景，是为了使一切行动话语充满意义而设定的最广袤无垠的网络，它以一种前在场的方式构成了言语行为主体的生活、行动背景，个体的生活史和生活形式的视野都经由它产生。生活世界的行动者无法对之采取一种"超现世"的态度。正如人们总以语言为中介而在生活世界中达成理解一样，当他们这样做的时候，他们总是利用了一种文化传统。即使他们超越某种已存状况的视野，也不会进入空虚之地；因为他们同时会发现另外一个领域，这个领域是现实化的领域，且仍然是文化自我理解的预先解释的领域。生活世界不能简单理解为主观世界、客观世界和社会世界的"总体"，它实际上不能被预设，只能作为背景信念而出现。普遍语用学强调生活世界的前反思性，即它不仅作为"默会知识"存在，也会成为反思的基础。当话语论证从生活世界抽取资源进行有效性论证时，一致性知识会复返生活世界。通过这种方式，生活世界在各种批判性信念中维持它自身存在的"当然"。交往行为的参与者只要进入生活世界，就再也不能脱离这种视野。

（一）胡塞尔所理解的"生活世界"

哈贝马斯的"生活世界"概念是对胡塞尔"生活世界"概念的发展，他把胡塞尔晚期所讨论的前范畴领域的"生活世界"，理解为使交往行为得以启动的基础语境。

胡塞尔在《欧洲科学危机和超验现象学》中引入了生活世界概念。所谓欧洲科学危机，是指在科学主义思维模式被视为理解世界的最可靠范式的同时，生活世界也随之成为数学的、物理的世界。欧洲科学危机实际上是欧洲人的生活危机，是理解世界的危机、意义的危机。胡塞尔指出，始自伽利略（Galileo Galilei）的自然科学模式是人类活动主题化和理念化的产物，纯粹理念的东西和构成方面的这种理论态度与主题化导致纯粹几何学，后来产生了应用几何学——它是由理念东西和借助理念东西在理念上实行的构成指导的实用测量技术。主题化知识可供选择的对象来自偶然性语境的生活世界。但是，科学忘记了它的起源和基础，忘记了它是在人的生活世界基础之上历史性地发展起来的方法的产物。近代科学的发展以遗忘生活世界为代价，最终导致了欧洲科学危机。胡塞尔对科学危机的批判，不是要彻底放弃科学研究的客观性要求，而是要对之作出更为恰当的理解。

（二）"生活世界"的前反思性

哈贝马斯在这一点上赞同胡塞尔"生活世界"的思想：构成认识基础的最原初的知识是由个人的能力、直觉自身和在社会实践中习得的背景信念组成的，这一切都体现在"生活世界"之中。但哈贝马斯同时认为，将"生活世界"仅仅作为主观体验的非主题知识并不彻底——这种主观体验可能在交往对话中崩溃，因而它必须同时也是一种背景知识和前反思知识。

第一，作为背景的生活世界，对于其成员而言具备前反思的可靠性。由语言所储存的文化内涵和传统，对个体而言构成了确凿无疑的信念。我们不假思索地加以运用，赋予这种背景知识以绝对确定性。日常交往实践中所言说的大部分内容之所以被认为是没有问题的，所依靠的正是生活世界的明确性。生活世界的这种前反思知识无法预设，一种语言存储了一种文化的所有不言而喻的内涵，一种语言的语义资源在其解释、价值和表达形式中，必然反映出储存在它之内的文化内涵的总体。

第二，生活世界并非一般意义上的非主题化知识，它是日常交往行为中作为语用学和语义学前提的背景知识。一般来说，非主题化知识包括与视界和情境相关的知识。就前一方面来看，熟悉的环境构成言语情境的中心。参与者可以假定，他们从已经协调好的视角出发，可以对言语情境的日常部分以及不断向外扩展的环境作出一致的解释。比如两个人在冬季闲聊天气时，甲提及海南在冬天气候不错，乙如果知道甲刚从三亚回来，或者具备相应的地理知识，就不会表示疑问。在这个互动交往活动中，视界知识通过陈述内容表现出来并要求得到接受。就后一方面而言，它同样在对话中起到稳定有效性的重要作用。言语者可以在共同的语言、文化或经验视野内将这种语境知识固定下来。但是，不管是何种非主题知识，都很容易被破坏并被质疑。比如，老师在下课铃响后仍然兴致勃勃地探讨生活的意义，听者的注意力会集中到被破坏的语用学前提上，这样，语言表层中的非主题知识就牵连出生活世界的非主题知识。后者是人们在生活中一直坚守并确信无疑的，它是表层非主题知识的基础。

第三，生活世界的背景作为一种深层的非主题化知识，具有绝对性、总体化力量以及整体性三个特征。（1）生活世界作为背景具有绝对的明确性。在直观上，生活世界的背景被视为可信的、透明的，但它并不能被预先论断，我们运用这种知识并对之深信不疑。根据哈贝马斯的观点，"生活世界"不是真正的"知识"，而是知识的存储库，因而它不是认识批判的对象并具有不可穿透性。它与可能出现的问题之间缺少一种内在联系：在被交往行为主题化的场合，一旦卷入成问题的可能，它就不再成为生活世界的背景；而背景知识之为背景知识并具备可信的、透明的样态，依旧存在。（2）前反思的生活世界被表述为事态的总体时，就是通俗意义上的"世界"。在这种表述中，生活世界形成一种世界观意义的总体化结构。这就是，我们拥有一个共同的生活世界。在这里，生活世界获得了它的文化内涵，文化生活世界成为理解"世界"总体意义的来源。正如哈贝马斯所说，把文化称为知识储存，当交往参与者就世界上的某种事物达成理解时，他们就按照知识储存来加以解释。但是，生活世界通过文化在世界观上得到表述，这并不意味着它依附于特定的历史和文化，恰恰表明它是超历史和文化的。这是因为：一方面，文化世界观虽然对同一个文化共体的成员具备总体性，即他们可无限扩展其生活世界的空间，但他们永远走不出这个空间。另一方面，语言、由语言构成的世界观以及生活方式具有特殊性，尽管它们可以被修正，但世界观仍然只是生活世界的一个组成部分。借用维特根斯坦的话来说，世界观永远只是一幅关于世界的画像，从某种感觉上看它可能包罗万象，但从另一种意义看并非如此。（3）生活世界的整体性是其在再生产过程中作为象征性结构体现出来的特点。生活世界既在绝对化的意义上呈现为背景信念，也作为一种世界观结构而被表述为总体性，这两者之间构成了潜在的对立：作为绝对明确性的生活世界，不同于被表述的文化生活世界。这是由于，生活世界的明确性并非反思意义，而是发生在前反思的理解中。如果将之作为确切的知性对象，它的明确性立即就会消失。在这种情况下，如何表述"世界"总体性就成为问题。一方面，不同参与者对语境的明确性存在差异；另一方面，在任何解释过程中都没有哪个参与者能垄断解释权。由于作为沟通过程之基础的文化前理解的背景知识不存在异议，不同参与者之间的理解差异需要通过可批判检验的有效性予以修正。对于互动双方来说，解释的任务在于：在自己的语境解释中，在修正的基础上用"世界"（社会文化生活世界）对"我们的生活世界"背景下的"他者的"生活世界和"自我的生活世界"加以确定，从而使不同的语境解释达成一致。因此，就新语境所展开的交往对话，将明确生活世界的表现内容。

正如胡塞尔将科学的起源追溯到生活世界一样，哈贝马斯对人的理念的探讨、对人之为人的规范基础的探寻，最终也回到生活世界本身。不同于胡塞尔的主观内省，哈贝马斯在交往网络中打开了生活世界的巨幅图景。在语言中，生活世界作为一个整体，随时空发展而指向一个可以被期待、被叙述的未来，人类自身存在从中获得稳定的可理解性和规范内涵。这里，哈贝马斯关注的不是"生活世界"是什么的问题，而是说，尽管社会不断变迁，文化传统不断更新以及个体自我持续发展，但它们最终仍在生活世界的图景之中维持了整体的统一。生活世界作为人类生活的背景，具有不可穿透的稳定性，它能吸纳和抵抗各种异议风险。生活世界再生产得以可能的普遍结构，可以作为人类理解自身的可靠基础。

哈贝马斯的基本立场是：人类的未来不是可以被预先决定的，但是日常生活的持续必须通过交往才能进行。人不是想要彼此交往，而是必须交往。交往行为通常发生在一种共同的语言之中，发生在传统的基础和日常实践之中，发生在一个被言说的"世界"，即一种交往的主体之间拥有共同生活形式和规范化的语境中。概而论之，发生在主体间相互渗透、相互交织的生活世界之中。通过语言交往，我们可以探求人类存在与活动中某些本质性的东西，并由此获得人类理解自身的理性根基。从言语行为内嵌的普遍结构出发，我们可以认识生活世界的一体化力量；主体将为了共同的合理信念而确立其客观世界的同一性建立起生活语境的主体间性；这种交往理性概念的内涵最终可以还原为论证话语在不受强制的前提下达成共识这样一种核心经验。哈贝马斯认为，人类独立自主和一个完满主体的内涵，只有在交往活动中才获得普遍性意义。如果我们想弄明白我们是谁、我们要成为什么人等，这种自我理解便会以一种主体间的关系联系在一起。这个"自我"理解指向一种不被扭曲的交往关系，它内嵌在语言的交往结构中，它是一种未被摧毁的、不可预知的生活所必须具备的条件的理论性表述。哈贝马斯承认，交往行为和生活世界带有乌托邦的性质，但他同时指出这一理念的实践意义：现实虽然充满缺陷，但应相信现实同时也包含了克服这些缺陷的内在倾向；我们必须肯定启蒙理性的历史成就，相信社会进步的逻辑；许多曾经被认为是乌托邦的东西，通过人们的努力，或迟或早是会实现的，这已经被历史证实。

第四章

人类理解之基础：
真理、实践与道德

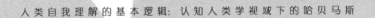

人类自我理解的基本逻辑：认知人类学视域下的哈贝马斯

　　普遍语用学提出的理想交往形式是一种论证性话语，它不同于日常交往行为，而代表了在日常交往中起作用的理念。这一反事实前提受到很多质疑。维尔默指出：虽然人们在交往活动中总是预设规范性立场，但策略性的运用不等同于现实的生活形式；指向最终共识的完美交往观念，不仅在经验上不可能，而且在概念上也是无意义的。道格拉斯（Peter Douglas）认为哈贝马斯的论证存在一种"无法避免的循环"：命题语言的语法结构与作为"普遍交往结构"是不同层次的东西，如果以"普遍共识"为基础来推动对话，合法性检验将无限延迟命题语言自身对世界的解释，而这将反过来推迟共识达成并最终将其取消。在库克看来，这些争议或异议来自真理的"客观性要求"与人类理解的"语境主义"之间的张力，即"知识的客观性"和"人类自我理解的多元性和复合性"之间的矛盾。换言之，普遍语用学只解决了语境中"普遍理解如何可能"的问题，但没有说明普遍理解之为可能的客观基础。针对这些质疑，哈贝马斯指出：任何话语论证都必须以规范性为前提，后者担保了真理性主张的正确性。把真理性主张在生活实践中加以扩展运用，将构成生活关系中具有认知意义的、普遍主义的视角。将这一论证外推到实践领域，同样会引发在道德—实践领域由"更好的理由"保证的共识。由此，将获得具有普遍意义的"自我"概念。这样一种普遍交往意义上的现实形式，可通过道德意识的进化模式得到说明。这三个方面即真理共识、话语伦理、交往和社会进化理论，构成哈贝马斯人的理念和理想生活形式的理论性表述。人类自我理解的普遍结构在真理、实践和道德领域的话语证成，意味着认知人类学规划方案的正式完成。

一、真理话语之证成

真理话语之证成旨在解决"共识假设"的合法性问题。这里先回顾一下普遍语用学的规划过程，以找出哈贝马斯所面临的问题。在《认识与兴趣》（1973）中，哈贝马斯意识到"批判的反思"与"合理重构"的区别，由此走上通过普遍语用学来重建理解基础的道路。但实际上，普遍语用学仅提出了共识之为可能的普遍条件，并没有深入探讨达成共识的过程。争议在于：传统的真理符合论将真理视为客观实在，而"交往共识"仅是事实上的一致性，这两者之间存在张力。哈贝马斯的论证思路是：将康德"认识之为可能"的"先验条件"，拆分为"可能先验对象的构成"和"有效性主张的论证确认"这两个问题。由此，任何真理性主张的论证，都存在着关于具体语境的建制性的论证与关于建制性对象的普遍有效性这两种不同的论证。前一方面是对话层次的，后一方面关联交往行为的"理想言说情境"。由此，真理性论断与交往行为被桥接起来，真理之证成需要论证二者在结构上的关联性。

（一）真理陈述的"客观性"

在《理论与实践》（1971）再版前言中，哈贝马斯提出了关于真理之陈述的基本立场：在语言的运用中，言语者具备"一种内在于言语行动提供理由的义务"，即需要"担保"陈述是真实的。如果陈述本身受到质疑或没有消除怀疑，真实性要求将成为理论探讨的对象。这意味着：言语行为的有效性包含了真理之陈述与陈述的有效性论证。逐一分析如下。

1. 真理之陈述的意义

传统真理观秉持符合论，根据它，真理被定义为"陈述内容与实在事物的符合"。符合论真理观预设了实在世界和语言世界的对应关系。从逻辑上看，这两者的相符必须有一个超越二者的绝对者立场，但事实上并不存在这样一种判断立场，因此真理符合论就失去了客观性标准。哈贝马斯认为，"真理符合论"的有效性无法被证明，因而存在严重缺陷。

哈贝马斯强调真理的陈述性。他认为：所谓真实，不过是一个断言判断的性质，命题 P 是真的意味着 P 被证成，这并不意味着命题 P 能从结论上归结为一个原理，而仅仅提出了一种有效性主张。根据这样一种定义，真理的陈述并不同于被陈述的对象世界。所谓真实，不过是语言交往中的有效性要求；所谓真理，不过是这一要求的实现。对应地，真理应被界定为话语主体通过语言交往而达成的共识，真理的检验尺度并非客观性，而是主体间共识。

哈贝马斯区分了主体性的实在论立场与主体间的现象学立场。实在论立场不仅预设了主体与客体、话语与实在之间的对应关系，而且要求主体间的绝对同一。与此不同，现象学立场将本体论前提纳入论证范畴，通过话语之间的有效性来论证"实在"。哈贝马斯认为，人们对于世界与实在的认识和言说永远是个体性的，存在巨大差异，因而需要一种主体间可检验的、完全一致的判断前提。对交往共同体的成员而言，客观世界构成同一性的前途究竟有哪些，这是一个需要被论证的话题。诚然，世界之所以具有客观性，是因为生活于其中的人们具有同一个"世界"的理念，但这种抽象的"世界"概念只是主体间达成共识的一个必要条件。生活世界的明确性只在作为可接受的背景时才存在，一旦交往主体对生活世界的背景知识提出质问，主体之间就必须对这些前提加以解释，以明确生活世界在何种意义上是可以接受的。

2. 真理之陈述的客观内涵

哈贝马斯将真理性论断分拆为真理的经验陈述与陈述的有效性两个论证。康德关于"经验对象之为可能"的"先验性阐述"，不再是真理陈述的充分条件，因为在这种分拆中，作为"最高原则"的"先天综合统一"已经被拆

169

解为有效性主张，成了需要论证的主题。

第一，这种拆解区分了实在论和现象学的两种"客观性"。真理陈述的"客观性"是现象学意义的，它被把握为语用学内的一种经验表达，是在肯定态度中得到表达的经验。现象学的客观性理解有两个阶段：在第一阶段，只有当我们通过行为建立起一种人际关系时，我们才能懂得（理解）言说者表达的是何种肯定。在第二阶段，只有把我们理解到的东西，即经验本身，作为肯定的内容时，经验才被客观化。这就是说，现象学的客观性涉及语用学的经验先验性与交往的经验先验性："可观察到的物体"是工具活动的对象，而"可理解的人"是"以语言为媒介的相互作用的参加者"。真理性论断涉及两个对象领域，即工具活动的对象领域和以语言为中介的相互作用的领域。

第二，两种客观性指涉对象不同，表述方式也不同。在第一种情况下，必须辨别物与事件；在第二种情况下，则需要辨别所表达的言论。康德意义上"对象构成的先验可能"的表述方式是：我们借助名称或符号辨别对象，根据已经取得的经验说出关于这些对象的某种情况。哈贝马斯反对关于经验对象的这种描述，因为这些描述需要借助一个得到认可的框架体系才能被客观化。这种认知性的框架，在波普尔那里被表述为"科学共同体"的"共见"；在皮尔士那里则被表述为"信念"。诚然，我们在具体的时空中把握事物，但与此同时我们也把这种把握带入人际关系之中。我们作为对话者，在主体间的层面分享共有的经验，为了真正对事物作出分辨，我们必须把个人的感知经验与特定的言语行为结合起来。

第三，哈贝马斯认为，真理性命题是通过断言而与陈述相关联的一种有效性主张。我们主张断言陈述是正确的，因此需要澄清隐含在断言命题中的真理的意义。出于这样的目的，要探讨的不仅是陈述为真的条件，而且包括在主张陈述为真的过程中为之辩护的条件。虽然这两个问题很明显地紧密关联在一起，但是它们确实不同。存在这一可能：我不能提供一条陈述为真的合理论据，我所主张的陈述却可能是真的。在这种情况下，我作出了一个无法兑现的主张，我无法表明这个主张值得认可。在这个意义上，我的主张是未被证明的、没有根基的且未被担保的。因此，真理性论断不仅意味着命题陈述"P是真的"，而且同时意味着"S主张P是可辩护的"——蕴含了主体间认可的相互关系。

哈贝马斯认为，"真理之陈述的有效性"并没有改变真理的"客观性"内涵。它与符合论的"客观性"之不同在于：科学提出的客观性要求，依据的是那种在建制上有保障的基本的经验和决断的有效性；而以有效性作为论证的先验框架，使我们有可能用对话来检验假说的有效性要求和论证性的知识的积累。这就是真理的逻辑，即"经验的先验性"在"论证的先验性"框架中获得理由和担保，由此我们仍然可以说一个真理性论断是客观的。

（二）图尔敏模式与论证形式的重构

哈贝马斯将真理性论断拆分为真理之陈述及陈述的有效性论证，这就产生了一个矛盾：这两种不同论证有不同的论证规则，却同属一个论证过程：经验陈述的论证在语义学内依靠逻辑规则完成，而陈述有效性的论证通过主体间的相互批判检验。明显地，逻辑上的正确并不一定具备真实的有效性。但在实际论证中，这两者同属一个论证过程，并且任何一个方面都不能违背逻辑规则。那么，如何证实真理性论断乃是基于"最好的理由"而达成的共识？

哈贝马斯从图尔敏（Stephen Toulmin）论证模式中获得重要启示。图尔敏论证模式很好地说明了，话语在放弃形式逻辑后该如何建立自身逻辑，以使变化本身具有规范性。图尔敏的论证结构的要素包括：资料（data）或起支持作用的根据（ground）、主张（claim）、正当性（warrant），以及对正当

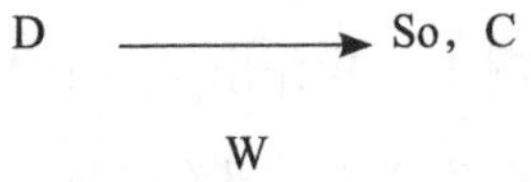

D ————————→ So, C

          W

图 4-1　图尔敏论证模式

性进行辩护（需要时）的支持性资料（backing）。在这种论证结构中，整个论证模式是在 W（正当性）的推动下从 D（证据或根据）向 C（主张）的移动（见图 4-1）。

图尔敏论证模式的意义是：论证的有效性不是依靠逻辑规则即不是直接从语言表达的语义内容来获得的，而是通过"论证"、通过说话者的认知立场来表明的。论据是一些支持材料或在特定领域中起作用的根据，依靠论据的帮助，主体间可以对提出的有效性要求加以认可并把意见转换为知识。图尔敏论证模式提出了不同于形式逻辑的有效性结构：一个论据是由成问题的表达所组成的，表达本身包含有效性要求。这里的有效性并非如传统的逻辑演绎，而是基于"理由"来进行论证的；使有效性得以成立的理由通过规则而获得，这些规则建立在不同种类的自明性基础上。比如，天下雨所以地上有水，这从形式逻辑的演绎来看是有效的；但是如果说天下雨了所以身上有水，该论证需要得到"没有带伞"这一理由支持才能主张有效性。图尔敏论

图 4-2　图尔敏论证模式中"合理性的普遍依据"

证模式揭示了这一关系：如果没有使数据 D 到结论 C 成为可能的证明依据或正当性理由 W，论证即便符合形式逻辑的规则也没有确定的意义；如果 D 能从 B 中得出，那么一个论证就在模态上具有必然的有效性。图尔敏论证模式的"合理性的普遍依据"见图 4-2。

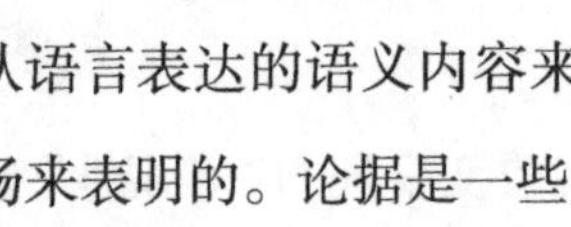

图尔敏论证模式的缺陷在于：在这种论证模式中，与 B 相比，W 没有提供任何信息上的帮助；或者说，图尔敏没有对论证本身的有效性提出要求。论辩推理的正当理由由 B 提供，后者的局限性在于，只有在穷尽所有相关的信息后论证才是真的或有效的。图尔敏的解决方式是将有效性限制在不同领域，他列举了五个有代表性的"论证场域"——法律、道德、管理、科学和

艺术批评，并尝试从机制化的角度来把握合理性论证在不同场域的分化。比如在法律诉讼中，司法论证的力量只能来自这门法律的功能目的以及具体的判定情境。在科学领域也是如此，科学论证的力量不是由它的语义结构决定的，只有把科学论证置于它提出问题的语境，所针对的问题以及对于科学更大事业的贡献的考虑中，我们才能对其论辩的力量做出判断。同样地，在社会其他领域都可以如此推论。显然，图尔敏把有效性论证置于广泛的合理化的经验科学层面。在他看来，如果我们不能理解这些本身就具合理意味的科学，我们也就不能对一种关于它们断言的有效性的正确与否的主张作出判断。图尔敏认为，真理性论断和推理以人类的科学事业为背景，人类的整个科学事业使得真理性论断和推理成为人类事业的组成部分。因此，真理性论证存在于任何合理化的科学事业中，它本身是一种"合理化的事业"。

哈贝马斯认为，图尔敏只是指出了真理性论辩必然具备有效性根据或正当性规范 W，但如何正确地应用它来解决有效性问题，图尔敏并没有提供解释。在话语论证中，我们对从 B 到 W 的转换需要作出辩护，而图尔敏仅把 B 看成依附于 W 的一种证明。这说明，图尔敏没有把依赖于行为语境的常规要求和普遍有效性要求区分清楚。在失去 B 的有效性支撑后，图尔敏论证的 W 通过归纳进行，遵循一种"合理行为"的标准。哈贝马斯指出："合理行为"需要提供一定的批判标准，以便作出一种"合理的比较"。但是，图尔敏无法获得这个标准，因而不得不通过人类集体理性活动过程而获得。显然，这种有效性论证是经验意义的，它将共体的尺度视为客观标准。因此，图尔敏论证模式的有效性准则是不可接受的。它的意义在于：非形式逻辑的论证方法能从形式上将逻辑规则与话语论证结合为一。

（三）真理共识的有效性及其前提

哈贝马斯比较了图尔敏模式与亚里士多德的形式逻辑的对应关系，为从 B 到 W 的转换提供辩护。在亚里士多德那里，论证被分为修辞学、雄辩术和逻辑学三个部分。修辞学探讨的是作为过程的论证，它反对压制和不公平，并且带有理想色彩的言语情境结构。雄辩术探讨论证的实用程序，追求更好的论据。逻辑学则研究论证的结果，它决定不同论据之构成及其相互关系的结构。在亚里士多德那里，论证的这三个层面表现出来的结构各不相同，如果论证仅仅通过一个层面，将无法揭示出论证言语的内在理念。哈贝马斯指出：一个有效的论证，必须在论证过程中使表达获得广泛的赞同；在论证程序层面表现为对假设的有效性主张进行论辩并达成合理共识，在论证结果上则用论据对有效性要求加以证明或兑现。图尔敏模式仅仅关注论证的一般形式，而没有在论证程序和论证过程等层面展开。在这种论证模式中，论证的有效性并没有论证参与者的内在视角，因而图尔敏无法从形式语用学的角度说明参与论战的"合理动机"。图尔敏没有理解，对应于形式逻辑的"必然性"的"合理动机"——这种被视为"自然而然"的更好的论证——从论证参与者的内在视角而言究竟意味着什么。①哈贝马斯将图尔敏的论证结构置入交往互动的话语结构，通过"理性共识"来说明使论证成立的"更好的理由"。由此，论证言语被作为论证程序：沟通过程被规定为正反两方的协作分工形式，从而使得参与者把成问题的有效性要求摆出来；参与者提出假设，其他参与各方根据理由来检验主张是否合理，论证就是要根据内在特质生成令人信服的论证，从而使有效性要求得以兑现。

第一，哈贝马斯认为，真理性论断得到辩护的条件是经过所有其他人的评估。但问题在于，在什么意义上可以说辩护具备普遍意义，并因而是"理性的"呢？哈贝马斯认为，这里存在着受制于经验语用学的具体语境与形式语用学的普遍有效性的区别。图尔敏的"合理化的事业"已经表明了经验语用学的限制，它只能将论辩限制在经验科学领域而无法获得普遍性意义。但

---

① HABERMAS J. On the Pragmatics of Social Interaction : Preliminary Studies in the Theory of Communicative Action[M]. Barbara Fultner, trans. Cambridge : MIT Press, 2001 : 95.

图尔敏模式也说明了这一事实：真理的客观性是通过一个不断完善的过程获得的，因而，为了在论证中达到这样的目的，需要将理论推论的形式激进化，即它应逐步地具有更完善的性质。这要求论证性话语具备批判性的自由，不仅包括提供、评价多样性论证和接受的自由，而且有质疑并且修正一种原来接受的概念框架的自由。在这种情况下，康德意义上"认识之为可能"的先验框架就获得了新的意义。① 合理性的规则系统不涉及有效性要求在生活实践中的认识，也不涉及在论证这些有效性要求时积累起来的诸种科学力量。相反，推论规则系统本身"具备一种从对话中产生的推动力"，它将"合理的认识"指向"纯粹"的"合理性"，并通过反思批判将认识、诸种科学理论以及科学史关联在一起，由此推动认识不断发展。这一过程通过后面所述的三个层次完成。

第二，理论推论以这样一种方式完善自身并获得普遍意义：首先从表现出有问题的论断走向反思的一种论断，即加入一个推论，这个推论是理论的推论，它对有问题的推论作出理论解释，并在选定的语言体系内给出一个论证；然后是原理的推论，它寻找对选定的语言体系进行修正的方法，以及寻找作为替代的语言体系的评价的方法；最后是认识的批判，即对基础性的话语进行系统修正的反思，并通过重构走向更高阶段的认识规范概念。哈贝马斯强调，需要这样一种认识批判的理由是：科学理论和科学史理论的系统关联，一直处于一种相互作用的张力之中。借助这种推论所特有的循环，我们能打破理论推论的界限，并通过合理重建表明：什么应是认识上有效的东西。

第三，要满足这样一种批判性的推论，显然必须具备一个理想的话语条件。所谓理想的话语条件，是指论证的结果完全通过交往结构本身获得，论证性话语不会因外在偶然的条件的影响而受到扭曲。就其意义而言，只有命

---

① 刘钢. 真理的话语理论基础：从达米特、布兰顿到哈贝马斯 [M]. 北京：人民出版社，2015：466–467.

题的真实性、道德行为规范的正确性以及符号表达的可理解性或全面性，才是普遍有效性要求，才能接受话语的检验。由此，普遍语用学的"理想言说情境"被引入，这里，"理想的"话语环境是"不受约束的交往形式"，所谓"不受约束"是指言说主体通过对话提出其有效性主张并达成相互理解。这要求："（1）每一个有言说和行动能力的主体都被允许参加对话。（2）每个人都被允许提出任何断言；每个人被允许引入任何断言进入对话；每个人被允许表达他的欲求，需求和态度。（3）根据规则一和二确定的权利，没有言说者通过内部或外部约束被组织规则。"① 规则一定义了潜在的参与者，规则二保证所有人有机会参与论证和阐述他的论题，规则三则使参与者能参与到平等对话中。在哈贝马斯看来，"理想言说情境"作为真理论断的先验条件具备构造性意义。也就是说，任何一种"理性共识"的真理性或客观性，只有在与"理想言说情境"发生结构性联系时才有意义。哈贝马斯认为，"理想言说情境"不仅是存在于思想中的理想，也不仅是对不完美的现实的批判性标准，它更是使我们的真理论证有意义的预设。康德曾经说过，理性即自主，人类自主乃是理性意志的产物。如果我们同意这一观点，那么唯一可以允许的力量就是特别的未受强制的、更好的论证的力量，而这正是朝向"理想言说情境"的动机所提供的。表面上看，"理想言说情境"更像一种乌托邦的幻象，然而，这是任何一个共识都无法避免的假设，它"既是一种被期待的基础也是一种操作性基础"，只要我们进入对话，具有达成关于真理性主张的合理同意的意图，"形式化的理想情境担保我们进入对话并达成共识，它先于言说者存在而不是被创造出来的"②。实际的言语条件即使不能达到也很难说是理想的言说情境，然而这并没有使这种理想不合理，现实中或多或

---

① HABERMAS J. Moral Consciousness and Communicative Action[M]. Christian Lenhardt， Shierry Weber Nicholsen， trans. Cambridge : Polity Press， 1990 : 89.

② HABERMAS J. On the Pragmatics of Social Interaction : Preliminary Studies in the Theory of Communicative Action[M]. Barbara Fultner， trans. Cambridge : MIT Press， 2001 : 102–103.

少充分接近的理想，可以作为衡量每一个实际所达成的共识的批判性标准。"理想言说情境"不是一个使言说成为可能的构成性条件，而是预制了生活的理想形式。这样来看，普遍语用学包含了一种实践假设，它是社会批判和现实行动的出发点。

二、实践话语的普遍形式

真理共识包含这一实践假设：那些美好的生活方式，或者那些被认为是理想的社会存在状态，本身蕴含了普遍化原则。即是说，它们内置了对所有人都一致适用的约束性规范，这些约束性规范对每个人来说都是"合理的"，我们从中获得生活的意义和理解自身的基础。问题在于：一种被视为"合理的"生活形式是如何可能的呢？对这一问题的探讨要求将真理之证成外推到道德—实践领域。通过这种拓展，我们将获得一种理解生活实践的具有认知意义的、普遍主义的视角，从而确立我们对理想生活形式的信心。

（一）"合理理由"的普遍信念

我们对美好生活的渴求，或者对社会合作规范的呼吁，这种道德直觉认识包含了对结果的期许——"应该"如此。但是，"应该"究竟意味着什么呢？哈贝马斯指出，这包含了人类本性中自主行动的一种普遍性理念。他引用黑格尔的话说，"如果一个人采纳这种规范作为道德原则，那么在逻辑上它也承认，这个规范应该对每个人都适用。在任何情况下，接受一个规范都意味着接受一种约束。这样一种结果是一种普遍意义上的"[①]。但是，普遍语用学中关于实践领域自我负责、自主行动的理想，冲突于关于"应然"意义的不同理解。各种不同的自主立场、观点，从正、反两个方面对立于"应然"并造成应用困境。

从正的方面看，如果"应然"的正当性和真理一样，可以被描述为一种

---

① GUNNARSSO L. Making Moral Sense : Beyond Habermas and Gauthier [M]. Cambridge : Cambridge University Press, 2000 : 45.

话语兑现的有效性主张，那么由此可以认为，正当性规范必须能够建立在某种类似于真理陈述的基础之上。在哲学传统中，康德主义的道德义务论正是从这一点发展起来的。他认为道德规范的意义在于陈述了一种"绝对的"或内在的价值概念，这个概念构成了人的尊严并赋予人一种自在的目的。绝对义务论表达的乃是超越一切经验的理性世界的状况，它依据理性意志自身本己的确定性，这种确定性排斥一切经验的、偶然性的意志，后者在实践对话中以有效性主张的形式出现。

从反的一方面看，如果否认各种规范、道德价值的认知性，极易进入一种相对意义的语境主义，即主张道德规范的合理性观念仅仅是一种与文化和传统有关的、关于自身存在意义的设想。麦金太尔（Alasdair MacIntyre）就捍卫这样一种观点，在他看来，"每一种传统都有其自身关于正义和合理性的探究样式"，那些被普遍适用的合理性观念，"在一些情形中为肯定性的例证，在另一些情形中可能恰好是否定性例证"。[①]语境主义的这种观点将冲击关于理想生活的普遍性原则，因为在该观点看来，如果一种价值观念被认为具有普遍有效的真理性，但又不是在特定传统中自发形成，那么这种合理性观念就只能被视为一种异己之物。

哈贝马斯的立场是这样的：（1）实践问题容许在一个扩展的范围内运用"真理"这个术语。也就是说，实践话语的有效性仍然可以如同真理话语那样，通过主体间的有效性论证来兑现；或者说，道德—实践问题同样可以借助于"更好的理由"的论证来解决，依旧可以被视作基于共识而获得"正当性"担保、基于"合理意志"的表达而被"合理驱动的"。（2）不同的地方在于，实践话语表达的"合理性"是"应然"意义的，其目的是协调不同行为者的行为。这里，"约束性"（verbindlichkeit）不是强制性，而是建立在主体间相互承认的、"应该如此"的基础上。蕴含于这些实践话语的有效性，以信

---

① 麦金太尔. 谁之正义？何种合理性 [M]. 万俊人，等译. 北京：当代中国出版社，1996：13–14.

念的方式为不同行为者共享并作出彼此之间"应该如此"的期待。如果行为者没有遵守该信念的约束，并不导致该信念的失效，其他行为者仍会坚持其有效性，并将它们作为"理由"重组批判立场和论证。因而，实践话语在论证中以理由的方式表现出其"正当性"力量。（3）话语实践的道德论不同于传统道德哲学的视角。一般来看，道德哲学都有一种认识论定位，它们总是预设了某种尚未被揭示的道德真理，对道德问题的讨论将使我们导向这一基础。哈贝马斯的道德论证是实践定位的，它关注的是：为什么我们的实践目的，比如某个实用的目的、对某种生活方式或价值的确信等，会有一种道德的意谓，即为什么它对所有人来说都是"合理的"。哈贝马斯尝试基于主体间的普遍共识来论证"有意义的生活"的理由。在他看来，实践活动的有效性主张包含自我行动的正当性和主体间行动的合理性两种不同内涵，这两种相互联系的有效性要求在实践理性中统一为"有意义的生活"的观念。在前一层面，它通过规范性内涵引导和约束行为者的意志；在后一层面，它对主体间的冲突加以调节。因之，"有意义的生活"交织了个体的自我理解及主体间视野，道德—实践生活的"合理理由"蕴含了丰富的主体间视野。[①]

（二）普遍性信念的统一及分化

哈贝马斯把对实践合理性问题的探讨，追溯到古代本体论和宗教—神学的道德世界观。在他看来，在前现代的历史中，实践问题的有效性基础既非纯粹道德意义的，也非伦理意义的，而是包含这两种视角，它们通过形而上学或宗教—神学的超越性力量而获得统一。具体来说：

在古代本体论中，对人的理解关联于一种目的论的世界图景。通过它，人们能够先于表达地"理解"什么是重要的、有价值的或值得做的。生命实现自身的活动，因而既符合世界整体的理性秩序，又合乎个人内在目的和价值。亚里士多德以"善"来解释生活的意义，这里，对善的"理解"不是技

[①] KELLY E. Habermas on moral justification[J]. Social Theory and Practice，2000，26（2）：223–249.

艺知识或对这种技艺知识的应用，它指向的是一种道德判断能力或实践智慧。它所要求的不是洞见永恒理性的真理，而毋宁是在具体处境中的一种抉择、一种特别的人生体验。一个被视为"正当的"行动，必须通过将行动者的自我实现与其他人一起融入共同体的生活理念中才能获得理解。在实践处境中，通过"正当的"决断所显现出来的东西，既有从习俗和教化中将大家联系在一起的共同体理念、价值和规范所要求的东西，也有深入道德意识与选择的具体逻辑中的自我关联的东西。在实践活动中的具体处境，不是作为理论规律性的一个实例而被规定；人的存在并非植根于理念中。正如亚里士多德说的，可教的并不是道德，你决不能把那个坏人变成一个好人。这里，关键的东西在于，这种普遍性是"以一种主导伦理的规范效用为前提并在这种主导伦理的反思中形成的，它才是亚里士多德要为之进行辩护的真正对象"①。正如泰勒指出的，这些伦理思考对生命活动有导向作用，"表达这些差别，就是表明那些行为和感觉的道德意义，这些行为和感觉在直观中引导各种道德价值行为，或表现为值得赞赏的"②。在这样一种阐释中，个体生命的存在经由与共同体整体的关联而获得正当性，善既是自我规范的，也是伦理关联的。

中世纪的神学世界观立足于救世主的善良和公正。哈贝马斯认为，其道德实践活动的有效性包含伦理意义的和道德意义的两个层面。就伦理意义这个层面来说，每一个信徒都朝向主的良善而团结为"我们"，信徒们在实践活动中的合理性具备伦理上的联系；从道德意义这个层面来说，每个信徒之间彼此平等相待、相互尊重，并且他们认为这是正义的。总之，神学世界观中道德实践活动的有效性表现为团结和正义，在其中，伦理的和道德的两个不同层面并不是分离的。

---

① 严平. 伽达默尔集 [M]. 邓安庆，等译. 上海：上海远东出版社，2003：260–279.
② 泰勒. 自我的根源：现代认同的形成 [M]. 韩震，等译. 南京：译林出版社，2001：116.

随着神学世界观的解体和世界观的多元化，现代社会再也无法产生出那种超越性的一体化力量，实践话语的三大传统即亚里士多德传统、康德义务论和经验主义的道德哲学，无法通过使用单一的有效性准则给出"合理的理由"，实践理性只有在交往互动的话语网络中才能获得合理性基础。

（三）"正当性"与"合理性"的冲突

随着古代本体论和神学世界观的解体，实践话语的统一性被分化为实用的、伦理的、道德的三个方向，它们在实践话语论证中分别表现出不同的有效性主张。哈贝马斯认为，这些不同的有效性主张要么从合理性、要么从正当性来论证，因而造成了实践话语的有效性张力。实践话语内在地要求一种普遍性的话语论证。

1. 实用主义传统的话语张力

经验主义将实践理性工具化，这使得道德生活的合理性表现为满足行为期待的实用理由。在此语境下，"实用的"或行为者偏好构成了合理理由。

第一，按照哈贝马斯的观点，两大古典经验主义理论虽然都从"实用的"视角给出道德的合理内涵，但它们在具体进路上表现不同，一个注重共同体利益，另一个注重个体利益。苏格兰的传统注重团结，以共同体情感来解释道德义务，认为道德的源起在于维护共同体利益。这样一种道德理论的困境在于，它无法解释，为了团结陌生人而淡化相互熟悉的人之间的忠诚，这样做为何是合理的。在这种情况下，共同体原则与道德原则的另一个侧面，即正义原则发生冲突。契约论的传统关注个体利益，它聚焦于解释道德规范中的正义原则。契约论认为，只有那些希望或必须相互合作的人，才有资格进入社会契约的过程。但这种理论无法解决"搭便车"这样一个公共难题："搭便车"的人要想作出共同的实践，就必须满足契约论的合作前提；然而一旦时机成熟，他同样可以为了利益而违背公共规范。契约论无法解释为什么这是不符合道德的，这种理论并不能为道德义务提供证明。

　　第二，经验主义的理论缺陷导致了一种普遍主义的解释，后者尝试弥补"合理性"与"正当性"之间的裂隙。吉巴德（Allan Gibband）基于一种直觉来理解道德规范。在他看来，诸如羞辱和罪责这样的道德情操，在人类进化过程中是作为协调机制发展起来的，规则的规范性对于集体成员是合理的，他们具有这样一种情操，即拒绝违背规范的行为。哈贝马斯认为，吉巴德只是在主观状态下把遵守道德规范当作自己的义务，并真诚地表达出来。在这种理解中，对规范话语的相互信任取代了相互认知的一致性，而实际上，道德判断和道德立场立足于内在规范，而后才表现在情感和语言中。哈贝马斯指出，吉巴德的道德理论模式仅仅是在直觉层面相信"规范话语"的主导力量，他并没有意识到，为什么偏偏是那些从功能的角度看具有客观"生存价值"的规范才是最好的并得到个体承认。也就是说，吉巴德的直觉理论不能回答，为什么从客观研究角度得到的结果，恰恰与话语参与者从他们自己的角度所信赖的合理结构是一致的。对这样一种规范话语的重构必然牵涉从观察者到参与者的视角转换，而对这种意义的规范的重构必然牵涉普遍意义的交往共识。

　　第三，图根特哈特重建道德力量的出发点是伦理共同体概念。从共同体的视角看，一个人如果遵守了道德法则，也就意味着他具备"良知"，表现出了道德情操，或有理由就道德判断作出讨论。但在哈贝马斯看来，图根特哈特并没有表明，一个道德共同体的成员认为自己知道"善""恶"在范畴意义上究竟意味着什么。现在探讨的问题是一种道德行为何以成为道德的，而不是像图根特哈特那样，基于一个共同体的价值来论证什么是道德的。哈贝马斯认为，图根特哈特所探讨的并不是使道德之为可能的前道德论证问题，而是在伦理共同体的经验语境中讨论道德价值取向问题。这两者的区别在于：伦理的理由要求从共同体生活形式出发检查生活实践的价值，而道德理由具有绝对性，一种"尊重法则"的道德生活方式在生活实践中可能冲突于伦理生活的实际价值。这样来看，图根特哈特的伦理论证并不能说明一种道德法则的普遍意义。哈贝马斯认为，吉巴德和图根特哈特都意识到"好的生活"的普遍性，但没有进行论证，而仅仅将它们把握为一种道德直觉。

2. 亚里士多德传统的话语张力

亚里士多德传统强调合理性的伦理价值，认为"正当的"理由等同于"合理的"伦理意识。麦金太尔反对将"我应该做什么"的道德—实践归于工具性视野①，提出了一种情境合理性概念。在麦金太尔看来，不同文化拥有自己的善的生活观念，进而拥有了自己的合理性观念，而且，我们只能承认这种完全不可比的合理性观念在价值观上非对称的世界。按照这一观点，生活在任何共同体中的任何个体，在反思中都会将自身生活方式、共同的经验把握为伦理知识。

第一，哈贝马斯认为，麦金太尔混淆了伦理的"合理性"视角和道德的"正当性"视角。从伦理角度评价的是以价值为取向的自我理解，而从道德角度评价的是义务、规范和律令。伦理视角是第一人称复数视角的"我们"，我们从伦理角度阐明的是成功生活或没有出现失误的生活中的技术性问题，这些问题是在集体生活语境或个体生活历史中出现的；道德视角是从第一人称单数提出的"正当性"问题，如我应当如何生活，等等。在后一种视角中，实践思考表现为解释学意义上的自我反思，它是自我认同与伦理视域的互动融合。一方面，反思带有强烈的价值取向，"我"对生活的反思或规划在伦理意识所构成的视域内活动。另一方面，"我"对生活实践的自我理解表现为一种有意识生活方式的观念，表现为对自我欺骗或强迫性和异化性生活方式的批判，在此过程中，生活设计的本真性和表现式的言语行为的真诚性要求，可以被看成更高层次上的有效性要求。

---

① HABERMAS J. Moral Consciousness and Communicative Action[M]. Christian Lenhardt，Shierry Weber Nicholsen，trans. Cambridge：Polity Press，1990：45.

第二，"情境合理性"观点的缺陷在于：仅仅依靠伦理知识，无法给出个体生活期许中那些被视为"合理的"东西的理由。一方面，个人所理解的"合理的生活"的观念会发生变化，而这种变化不能被完全视为伦理和传统进化的结果；另一方面，仅仅依靠第一人称的认知权威性，我们也无法掌握这种知识。"我"所理解的"合理的生活"，并不能通过纯粹的主观世界而获得解释，它是对社会生活中的内在价值进行反思的结果。正是在对社会生活的反思中，"我"理解到"我"的偏好和目的，并将之作为自身的诉求。

第三，所谓"合理的"生活方式，乃是伦理视角和道德视角互动的结果。一方面，个体总是在共同的伦理生活中，在与他人的联系中形成对伦理自我的理解，进而形成一种共同的、有意识的生活方式；另一方面，我们如何生活，多少决定于我们如何看待我们自己，这种评价性认识得益于社会化的交往个体所具有的知识。个体在什么意义上将某种生活方式视为"合理的"，与他对共同拥有的生活方式的认识无法分离开来。"什么是有意义的生活"既不能单纯依靠伦理立场，也不能完全依靠自我的评价性选择获得。哈贝马斯由此指出，必须依靠一种普遍主义的视角才能解决这一困境。一方面，"什么是有意义的生活"来自个体的自我理解、自我评价和自我选择；另一方面，这种生活方式的选择又与伦理生活密不可分。在这种情况下，个体对生活的选择与素有的已成习俗的具体德行之间存在裂隙。因而，既要与自我交织于其中的那些生活关联保持距离，又要将之作为自我维系自身合理性的基础。哈贝马斯的策略是，通过抑制普遍扩大的对话获得这种主体间的"合理性"。在这样一种对话中，只有使那些利益相关的所有当事人参与，使所有当事人就他们的共同利益得以表达规范的建议，才能赢得经过论证的赞同。只有在这种情况下，被论证的规范才能使下述两者同时发挥效力：既能洞察存在于所有人的共同利益之中的那种事物，也能通过这种洞察，在反思中将所有人的意志不加压抑地收纳于自身。就此意义而言，一种"合理的生活"

必定在普遍意义上并同时也是为个体"自我"所理解、所接受的。它的合理性并非外在于对话过程，而是在对话过程中经过有效性批判而自主选择的结果。伦理生活不能告诉我们，我是谁或我想成为谁，但它可以指导我们如何合理地理解我们自己，并鼓励人们自觉地过自己想过的生活。当一个人想要"让生活有意义"时，对生活的最后觉知的责任必须属于个体自身，我们只有在一种普遍性的视角下，才能理解"有意义的生活"①。

3. 康德主义传统的话语张力

哈贝马斯对康德主义传统的批判不同于对另外两个传统的批判。一个重要的原因是，话语伦理的普遍主义视角与康德哲学的绝对命令密切相关。哈贝马斯需要从中发掘出主体间视角，这包括两方面内容：（1）通过对"合理的"理由的论证加入主体间视角；（2）通过"正当性"论证将经验成分抽离，以保持主体间的话语形式。

康德曾经指出：自由即自律，只有那些受理性约束的意志才是自由的。在此，意志的自我约束具有了自我立法的形式，意志和理性完全渗透到一起。所以，任何一种被视为"正当性"的行动意志，都要遵循纯粹理性的实践规律，在实践中接受理性意志的约束。在这一视角中，"合理的生活"经由"正当性"给出。康德的这一举措，实际上排除了在具体生活实践中"合理的"对待生活的可能性，因为现实生活并不纯粹，总是包含各种偶然性的感性经验成分。由此，道德理想与现实生活、应然世界与实然世界隔绝开来。

哈贝马斯认为，康德只强调了"正当性"而并未给出"合理的"理由。问题在于，为什么在康德看来是"合理的"而在哈贝马斯看来却并非如此呢？这涉及对"合理的"理由如何给出、如何进行实践话语论证的问题。在有关德国观念论的讨论中已经提到，康德在阐述理性于实践中活动的"理由"时，

---

① HABERMAS J. Truth and Justification [M]. Barbara Fultner, trans. Cambridge : MIT Press, 2003 : 289.

使用的是知性逻辑，也就是排他性的形式逻辑。后者排斥一切异质性的因素，这正是康德实践理性排斥一切感性因素的根由所在。哈贝马斯尽管在实践领域也主张真理性，但他对真理之有效性的论证使用的是话语论证。实践话语必须借助生活经验、自明性规则等才能给出"理由"。此外，还有一个更重要的原因在于对自主性内涵的理解不同。在康德的意义上，自主意志按照知性规律运作，是一种抽象的理性意志；哈贝马斯所主张的自主意志是普遍意志与个体自主的结合，是在对话中反思所有相关方，进而将其纳入自身的普遍意志。康德意义上的理性的纯粹意志，对哈贝马斯而言意味着对意志的强制。因之，哈贝马斯有充分的理由主张：康德意义上的"正当性"不足以给出"合理的"理由。这样，话语伦理的主体间视角就进入了康德哲学语境。也就是说，如果康德要获得"合理的"理由，他必须采取一种对话视角。但康德哲学的"正当性"的理由可以用来反对在对话过程中被主张的伦理理由和实用理由。因为从正当性这一视角来看，这些被主张的理由只具有相对意义而不具备普遍有效性。这样一来，实用的理由、伦理的理由以及附属于情境的东西被从道德视角中抽离。相应地，康德主义的绝对命令就被替换为基于对话原则的伦理视角，"绝对命令"因而获得了一种话语伦理的解释。康德传统的道德义务保留了普遍性而抽离了理性的绝对命令，取而代之的是一种话语原则。根据这个原则 D，只有那些得到话语实践参与者认可的规范才可能具有有效性。

三、"合理理由"之话语伦理

关于"如何生活才有意义"的道德争论，隐藏了关于"合理理由"的不同主张。哈贝马斯认为，发生这一冲突的原因在于没有从普遍性意义上把握"正当性"与"合理性"。由此，对道德—实践话语的讨论转向话语伦理的普遍结构。

（一）正当性：从真理陈述到道德陈述

对"合理理由"的澄清从"正当性"切入，后者涉及与真实性的关系。第一，传统的观点是事实与价值两分，关于事实的陈述命题不能推演出价值判断，这一观点自休谟以来已经被普遍接受。如果遵循这样一种理解，任何一个关于价值命题的有效性就会出现问题。因为价值本身是观念性的，我们无法在与客体或事实的关系中来理解某个价值的"真"或"假"，也无法就此进行有效性论证。事实上，道德怀疑论者主要依靠的也是这样的论点，在他们看来，规范命题没有对或错，因为诸如道德对象或道德事实这样的东西并不存在。

第二，关于真理符合论的讨论已经提到，这样的"客观性"论证隐藏了一个超越性的判断者，它如同"绝对旁观者"一般侧立于世界图像之旁，叙说世界和在世界中的事物。然而，事实上并不存在这样的"绝对判断者"主体，因而也就不存在"客观的"事实。形式语义学已经指出：必须把事态和实际存在的对象物区别开来。客体对象只能在思维的表述中才能被实现，我们不能认为客体在知觉中被认识。例如，"我感到一个球是红的"，但是要确定是否真的有一个红色的球存在，就只能把知觉判断还原为判断性的语句并置于可能的事态中确定。也就是说，我们不能由感知经验来获得客观知识，知识只能通过语义分析来获得。

第三，维特根斯坦正确地指出：一个语句意义的真理性并不能仅仅从语法形式分析出来。如果形式语义学要真正摆脱二元论的语言实在观，它就必须把意义和有效性分开，并把有效性视为判断一个句子意义真值的不可缺少的标准。维特根斯坦强调，一个断言性句子的意义的确定，在某种程度上就是对其可理解性（可接受性）的确定，其意义只有被转化为经验命题中可确定的假设，这个句子的意义才是真正被理解的意义。这就像意识哲学中感知的二元论一样，我们事实上无法从对立的两个要素中获得正确的认识。经过语言哲学的改造，我们再也不能如传统哲学那样，将道德与真理、规范与事实对立起来。

　　话语理论的"合理理由"概念来自语用学的意义理论。具体如下：第一，在后期维特根斯坦改造形式语义学时，皮尔士关于科学真理的语用学模式为此也作出了贡献。在皮尔士看来，论断性语句的真理性只能在语用学的认识模式中才能被确定。因此，真理性论断并不存在于意义的表述中，而是存在于解释者能提供的合理的根据中。皮尔士改变了对真理之客观性的讨论方式。第二，在皮尔士这里，真理是在一个具有实践向度的合理性辩论中确定的。如果真理是一种普遍的可确定物，那么，真理首先应被当作一种与事实相反的，在理想交往共同体中被确定（解释）的东西来理解的。真理无疑只是一种在有关信息上最终可以"兑换"的断言，它独立于任何个体陈述。皮尔士的意义在于，他提出了一种关于真理的"论证"概念。在这种理解中，真理的客观性内涵来自有效性论证。这一主张深化了语言哲学关于意义和有效性的区分。有效性的获得依赖于论证中给出的合理理由。由此一来，关于真理的讨论完全放弃了此前关于命题与客体关系的讨论，而转向关注论证过程的合理理由。在这种情况下，事实与价值、应然与实然的界限已经非常模糊。第三，哈贝马斯认为，皮尔士关于真理的论证概念为认知性的真值概念铺平了道路。所谓认知性的真值概念，就是通过探讨"何以为是"来把握真值概念。真值概念不再如同客观事实那样是静态意义的，而是通过论证有效性来兑现其真值。在这种语境中，真值概念的"合理可接受性"与"理想有效性"存在差异，并在论证游戏中朝其理想有效性不断推进。在论证视角范围内，这种差异可以看成"在我们论据中的论证"与"在任何一种语境中的论证"之间的差异。这种差异见表4-1。

表 4-1　道德陈述与真理陈述的有效性主张对比

陈述类型	命题内容	命题类型
道德陈述	A. 在给定条件下，一个人应该撒谎可能是正确的行动，因为	C. h 是正当的
	A1. 在给定条件下，撒谎是正确的或在道德上是好的	
真理陈述	B. 桌子是黄色的	D. p 是真的
标记：h 代表 A，p 代表 B；而 C 和 D 的分析并不是解释体系在 C、D 中的有效性		

资料来源：HABERMAS J. Moral Consciousness and Communicative Action[M]. Christian Lenhardt, Shierry Weber Nicholsen, trans. Cambridge：Polity Press，1990：53.

在表 4-1 中，如果要澄清 p 和 h 如何能被论证，将引出考虑 A 和 B 的有效性的"最好的"理由。这里，真理命题和道德命题的意义差异可以通过把论证过程略微加以理想化来消除。也就是，无论是真理命题还是道德命题，都意味着这一情形：我主张 p 并且承担其有效性论证。显然，在这种有效性论证中，真理命题和道德命题都可以就这一论证形式主张其有效性。哈贝马斯由此指出，道德规范的正当性和断言命题的真实性，都可以通过论证程序而在话语中兑现。它们的区别在于：一个涉及社会世界，另一个涉及客观世界。

（二）与"正当性"相关的理想化预设

当哈贝马斯主张将道德命题和断言命题的有效性限制于不同领域时，潜在于他的论题中的是这样一种观点：同断言命题的实践假设一样，道德正当性也预设了一个理想化要求。皮尔士曾经提出，真理首先被当作一种与事实相反的，在理想交往共同体中被确定的东西来理解。按照这样的观点，真理本身的有效性只是一种在有关信息上可以得到"兑换"的断言。同样地，道德本身的正当性也是在有效性论证中得到兑现的。它们的不同仅仅在于：真理兑现的是真实性要求，而道德命题兑现的是规范正确性要求。如果说断言命题的真实性在于论证理由的"合理接受"，那么道德规范的正当性同样如此。那么，在社会世界中呈现的规范有效性在什么意义上可被视为能"合理接受"的？按照哈贝马斯的看法，语言的理解不仅依赖于语义规则的知识，更主要依赖交往的资质，即依赖那种对儿童才采取第三者视域的实践能力。这意味着，"自我理解"等一切自我关联的意识都是在交往情景中被激活的，即自我意识是在交往行动中通过与他者的意义共识构建才首先产生的。这样一来，交互行为使主体完全变成了一个交往的主体，主体也因此变得不再是一个主体。但如果这样，道德命令将会失去它接受的对象。因为，道德原则并不能仅仅依赖于对它所作的话语的证明，它还需要基本的那种接受的可能性的证明。换言之，它依赖于主体的实践意志，没有主体的实践意志，任何主体的个体性要求便没有意义；而实践意志的形成又有赖于自我意识的完善化。但自我意识并不代表一种可以在命题陈述中得以清楚表述的事态。① 这样一来，自我理解的有效性基础就全部被动摇了。那么，我们从何处获得自我理解的道德基础？

这里的关键在于：任何道德的"应然"都存在一个内在的动机或驱动力。它既不能依赖外在的威胁或满意，也不能仅仅只表达言说者的偶然意愿。在日常生活中，我们会经常遇到这样的事情。比如说，问及对方为什么要那样做，对方会给出一些解释，双方最终达成理解。从这个实例可以看出：人们能注意到可以导致回应的说服的"力量"，这种回应将导致一个涉及给出理由的辩解。事实上，如果没有给出理由，更多表明被提问者缺乏合理的义务。这意味着：内在的动机或驱动力提出了一个"给出理由"的论证活动，它主张自我的有效性。根据形式语用学的分析，这些"有效性"主张与真理性论证相关。道德论证的不同在于，为了给出相互作用的普遍性解释，需要从社会语境中抽象出它的基础。根据哈贝马斯的观点，有效性主张的正当化力量潜藏于特定的话语行动中，话语论证可以化解不同主张的张力。

---

① FREUNDLIEB D, HUDSON W. Critical Theory After Habermas[M]. Leiden : Brill Academic Publishers, 2004 : 259-280.

话语论证如何体现正当性? 虽然作为行动背景的伦理德行、道德原则已经丧失, 但是实践话语仍然将这些冲突视为道德冲突, 并认为可以通过论证来解决这些冲突。在这里, 道德视角被作为一种论证过程的结构和程序, 用以创造和激发生活当中的正确规范。通过它, 我们获得了生活有意义的基础。这里, 话语原则所描述的是在现实条件下将理想有效性付诸实行的可能途径。哈贝马斯的意指是, 如果参与者并不用暴力或者妥协来解决他们之间的冲突, 那么通过沟通来解决他们的冲突将是一种可能的途径。正是在这一意义上, 道德正当性预设了一个理想化的论证要求。它的证成不同于真理性论断的证成 (理论话语), 其有效性差异见表 4-2。

表 4-2 理论话语与实践话语的有效性差异

	理论话语	实践话语
命题类型	断言	评价
有效性要求 C	真理性 / 真实性	正当性 / 适当性
论证过程 A	解释	证成
支持根据 G	原因	理由
合理的理由 W	经验	价值规范或原则
支持材料 B	观察、调查等	解释种种需要 (价值、结果等)

(三) 道德证成: 话语原则、普遍化原则及外展推论

道德 "正当性" 的证成, 包括话语原则 D、普遍化原则 U 及外展推论。[①] 话语原则和普遍化原则是话语伦理的核心和基础。

1. 话语原则

哈贝马斯主张: 理性沟通的目的在于协调行动者的行动。然而, 它以一个特定的方式发生。交往行为发生在 "当行动者准备通过内部方式协调他们

---

① 这一观点涉及话语伦理学原则中 U 和 D 的关系: (1) 在哈贝马斯最初的观点中, 话语原则 D 是从普遍化原则 U 推导出的。也就是说, 普遍化原则 U 包含了话语原则 D。但在讨论话语伦理时, 原则 D 越来越重要。(2) 麦克马洪 (Christopher McMahon) 认为, 普遍化原则 U 本身内设的是一种道德视角而非话语原则 D, 它并不能导出论证程序和话语共识, 而后者正是哈贝马斯所要获得的东西。这被认为是话语原则 D 日趋受到重视的原因。(3) 克利 (Erin Kelly) 在讨论话语伦理学的普遍化原则时, 将哈贝马斯的 "正当性" 证成分为 6 个步骤并根据 D 导出 U 原则。这里对普遍化原则 U 的证成, 参考了克利的观点。

的行动计划，承诺只在同意的情况下追求自己的目标……排除使用武力或制裁带来协议和和谐的行动计划"①。根据这一立场，话语实践成为公正判断道德问题的唯一资源。正是这样一种观念概括了话语原则 D：在实践话语中，主张有效性要求的规范必须通过话语论证形式获得；主张有效性的规范必须得到参与到话语论证的所有当事人的赞同，这里的"赞同"，是在话语前提下得到的，意味着一种用认知理由建立起来的共识。

2. 普遍化原则

普遍化原则是对话语原则 D 的证成。话语原则 D 说明的是一个有效性规范应满足的条件。不过，话语原则 D 在操作过程中缺乏论证原则，后者告诉我们如何论证道德规范。普遍化原则 U 表明的是："一个规范的有效性前提在于，普遍遵守这个规范，对于每个人的利益格局和价值取向可能造成的后果或负面影响，必须被所有人共同自愿接受下来。"②U 原则作为论证规则，发挥着"架桥"作用，即建立话语论证的普遍规范。这包括两方面的内容：一是具有普遍性的规范存在，二是达到普遍性规范的对话规则。前一方面称为"内容前提"，即寻求一个普遍性的规范，它必须超越个人的特殊偏好，同时又能解决各自的利益冲突。这里的困难在于对"利益相关方"的处理。假设存在普遍性规范 N，它为受影响的 A 和 B 所接受，而且确认对大家平等的好；但是如果存在一个 C，那么 N 是否适用于 C 以及以何种方式适用？如果我们相信，对 A 和 B 同等适用的规范 N，必然也适用于 C，那么这个规范就具备普遍有效性。因此，"内容前提"预设了一种主体间性，在这个结构下，个人的行为规范不是独白式的自我认定，而是使对话双方甚至可以预期加入的第三者也能接受。因此，对话的参考点不能以可预见的自己的利益来考量，而应该是"每一个人"都可以平等接受。只有在这样的意义

---

① KELLY E. Habermas on Moral Justification[J]. Social Theory and Practice，2000，26（2）：223-249.

② HABERMAS J. Moral Consciousness and Communicative Action [M]. Christian Lenhardt, Shierry Weber Nicholsen, trans. Cambridge : Polity Press，1990：197.

上，对话才能超越个别性并形成具有普遍性的推论。但是这样一来，仅仅普遍性规范的预设不足以保证，而必须辅以第二个前提，即话语规则。哈贝马斯采用了亚力克西（Robert Alexy）的论证规则 ①（见表4–3）：（1）话语规则1是"公共性"规则，强调所有具备演说能力的主体都可以进入对话和论辩中。这个要求可以回溯到皮尔士"科学共同体"的概念。"公共性"规则强调的是言说主体的资质：一个解决方法被其他理性的人拒绝接受，在相同情况下，我们不能主张它具备合理的说服力。（2）话语规则2是"平等参与权"规则，强调每个人能平等地表达自己的意见，也就是说参与者有同等的机会表达自己的理由和意见。（3）话语规则3是"无强制性"规则，强调除了更好的论证外，不受内在或外在力量的威胁而妥协。因此，它能确保共识的产生来自更好的理由表达，而不是权力行使或妥协的结果。

表4–3 亚力克西的论证规则

序号	规则内容	名称
1	每一个有言说和行动能力的主体都被允许参加对话	公共性
2	a. 每个人都被允许提出任何断言	平等参与权
	b. 每个人都被允许引入任何断言进入对话	
	c. 每个人都被允许表达他的欲求，需求和态度	
3	根据1和2规定的权利，没有言说者通过内部或外部约束被组织	无强制性

3. 外展推论

哈贝马斯认为，借助于普遍化原则 U 和话语原则 D，我们能在不违反道德直觉的前提下，说明道德规范的实用性。由此，论证实践将揭示具备普遍有效性的规范，比如平等、自由等。我们可以假定，话语实践适用于所有

---

① HABERMAS J. Moral Consciousness and Communicative Action[M]. Christian Lenhardt，Shierry Weber Nicholsen，trans. Cambridge：Polity Press，1990：89. 普遍化原则 U 在实践话语的证成与话语伦理的证成不同。（1）后一证成强调话语伦理如何成为可能，因而证成指向普遍化原则 U 本身，即按照亚里士多德的逻辑演绎中的论辩程序、论辩过程、论辩规则逐步加以扩充。（2）此处的论证视角是实践话语的普遍有效性，须将普遍化原则 U 施以外展推论。在这两种论证中，普遍化原则 U 处于不同的论证环节。

文化和社会情境，"每个诉诸论证性言谈的必然而普遍的前提，并知道何为辩护行动规范的人，必定隐含着接受普遍化原则的有效性"；参与者必须承认这个事实——"在我们论证中，先验语用学的证成使我们意识到这些条件的应用范围，没人可以选择逃避；这意味着这些条件对我们来说是无可避免的"。① 因而，话语共识可以作为道德规范的先验前提，任何道德原则都必定能从这种前提的内蕴获得。由此，它能达到实质性的先验语用学所欲达到的目标。不过，它的形式规则并不适用于各种实质性法律和道德原则，而仅仅是作为一种论证规则中立地对待这些实质性规则的能力。

（四）普遍交往结构的实践内涵

1. 一种"合理的"道德意识

虽然普遍性原则 U 是形式语用学的，我们却可以从中获得"应该如此"的道德视角，从而确立起一种普遍化的交往结构。第一，以语言为中介的话语实践是始终如一的，因而是普遍的有效性要求。在现代生活中，人们赖以处理各种矛盾冲突、维护生活秩序的规范的约束力，正是源自这种普遍有效性。因为，如果不想关于有争议的有效性要求的讨论失去认知意义，那么论辩的参与者就必须采取一种结构平等的普遍主义。每个人必然无可避免地进入一种对话语境，确保所有相关方的参与和所有人的利益受到同等的关注。冲突的各方要学会：在共同建构的世界中彼此接纳，以一致的评判标准来判断有争议的行动，并将通过合理对话寻求共识视为解决冲突的、"适当的"和"可接受的"方式。哈贝马斯认为，这种不可避免的、反现实的论证实践的前提条件，绝非单纯的虚构，它对于论证参与者实际上是有效的；严肃参与论证的人，实际上就接受了这些前提条件。

第二，普遍化原则同时提出了一种具有"应然"意义的道德结构。具有

---

① HABERMAS J. Moral Consciousness and Communicative Action[M]. Christian Lenhardt，Shierry Weber Nicholsen，trans. Cambridge：Polity Press，1990：130.

语言和行动能力的主体，对其以语言为中介的主体间相互作用设定了一种"应该如此"的理想化方式，即在合作的相处中，主体必须假定对方是合理的。尽管在特定语境中可能发现这个假定是不合理的，但如果我们想进入交往行为，我们就必须假定参与者具备相应的言语和行为能力；对其言行不能负责的人，就会引发没有责任能力的怀疑。（1）责任能力的语用假设来自康德的自由理念。康德将自由普遍地确定为行动中按照原则约束意志的能力，也就是按照规则来指导行为的能力。自由意志遵循普遍有效的法则，这些法则是从理智的道德视角出发给出的；任意的自由虽然是自由意志的前提，但是它在实现目标方面从属于后者。（2）话语理论将一个更宽泛的"合理的理由"引入责任能力的讨论。按照有效性要求来指导行为，不仅要求命题真理的认知理由，还要求伦理决定的本真性伦理和自我表达的真诚性等。它不仅是实践理性的事情，而且是一般行动中的一种能力。（3）根据康德的观点，自由是实践理性的理念中，我们唯一可以先天认识到其具有实现可能性的概念，因此，该理念对每种理性存在都具有立法的效力。它通过目的王国的理想得以具体化，而所有理性存在在社群法则之下都受制于该王国。理性彼此不仅作为手段，而且是目的本身。在这一王国里，每个公民要普遍立法，同时受制于这些法律。一方面，这个理念具备义务的决定意义；另一方面，它具有一种确定的先验意义。我们可以先天地知道，这种实践理性理念的实现是可能的。（4）交往行动的"合理性"理念不是康德意义的道德义务。毋宁说，这种理念给予我们这样的确信，即自主行为是可能的。在交往行为中我们默认，所有参与者是有责任能力的行动者，交往行为主体在有效性要求方面采取合理驱动的态度，这属于自我的理解。从经验视角来看，交往行为的责任能力和康德的自由理念一样，是一个反事实的假定。但是对行为主体自身而言，这些知识在完成行动的过程中失去了其反事实的特征。因为，关于这一事实的知识，并不会妨碍其受动者将一个社会中被承认为有效的规范理解为一个具有完全约束力的规范，并遵循之。

第三，普遍化的"合理性要求"及"应该如此"的道德意识，促成了个体自主能力和责任能力的发展，最终指向普遍性的交往结构。在交往行动中，参与者以理解为导向的行动无法获得一种观察者视角的"合理的自我"。他们在主体间共有的生活世界背景中，获得了彼此的交往经验。他们通过立法中的信息交流和异议讨论来学习，并从矛盾的表述中得出结论。对一个不透明行动的不理解，或者交往的瓦解，是反思形式的交往经验。哈贝马斯认为，我们可以将道德的学习过程设想为理智世界的扩展和社会世界的相互重构，冲突的各方要学会以一致的评判标准来判断有争议的行动，并有共识地解决这些冲突。自我认同正是在社会互动中不断被塑造，这种发展朝着不断增长的自主和责任迈进。其充分发展的结果，对个体而言是一种"合理的"道德意识，对社会互动而言是一种普遍化的交往结构。

2. 对康德实践理念的解先验化

哈贝马斯认为，话语理论所主张的普遍化原则，可以视为对康德实践理念的解先验化处理。康德和哈贝马斯都主张"应然"规范的认知性，都关注"我们如何能拥有道德"这一问题。但是，对康德形式主义的经典批判并不适应于话语模式。其中最主要的修正，是从康德的孤独的、反思的道德意识的指涉框架，转移到对话中主体共同体的指涉框架中来。话语理论是对康德道德框架的解先验化处理。①

第一，道德概念的普遍性内涵不同。康德使用了一种狭隘的道德概念。古典时代哲学家使用"美好生活"的观点所处理的问题，在康德那里演变为仅仅处理行为的正当性问题。对康德来说，道德现象是规范有效性的行动。康德哲学中的自主意志代表了一种交往道德关系中的特殊抽离，并将之理解

---

① HABERMAS J. Morality, society and ethics: An interview with Torben Hviid Nielsen [J]. Acta Sociologica, 1990, 33（2）: 93–114.

为一种共时性的反思。不同于康德，哈贝马斯并不将道德原则的普遍有效性理解为一种反思。话语伦理学要证明的是，任何打算严肃地参与一场论辩的个体，都潜在地接受一个规范性的主张，而这是普遍语用学前提所承担的。哈贝马斯认为，建基于相互理解的语言之上的社会相互作用对于个体化的人来说是必然的。通过这一中介，主体间共享的世界才得以维持。主体越是独立的个体，就越是紧密地相互缠绕在一起。除非通过语言的人际关系外在化自身，否则个体就不能形成自我认同。道德规范通过社会化过程适配于人类的脆弱性，它既以平等的人类尊严为前提，强调个体的神圣不可侵犯，又必须保护主体赖以生存的主体间关系网络。这两个方面构成了任何一种道德原则的内涵。在哈贝马斯看来，只有遵循这一道德原则，才能规划出某种实质性的社会生活。[①]

第二，独白式的先验反思与主体间的准先验论辩不同。康德的道德原则预设了孤独主体的行动结构，即每个主体的行动从一开始就必然地与所有可能的其他主体的道德行动一致。而话语伦理学是一个"去主体化"的过程，它并不预设人的某种普遍性，而是通过话语活动寻求共识，将康德哲学中单个理性主体的自我抉择，转变为主体间的论辩和话语共识的获得。普遍交往的前提假设并不附加任何行动义务，而是构成实践的一个可期待前提。话语伦理学尝试说明"道德问题"能作为一种"普遍化规则"而被理性地决定。在这种"起源"的假设中，"当我们企图证实一种道德行动或者潜在的规范时，我们不仅要证实这样一种理性论证的命题，而且同时要说明我们直觉上究竟求助于什么"[②]。这种差异显示了康德道德哲学和话语伦理学的又一差异，即义务与利益的差异。

第三，"为道德而道德"的纯粹义务与"考量所有人的利益"的不同。康

---

① KELLY E. Habermas on moral justification [J]. Social Theory and Practice，2000，26（2）：223–249.

② HABERMAS J. Justification and Application：Remarks on Discourse Ethics[M]. Ciaran Cronin，trans. Cambridge：MIT Press，1994：32.

德认为，道德原则的普遍性在于它完全由合理的意志决定或者由纯粹理性决定，这种自我抉择并非来自"符合义务"，而是"出于义务"。一个出于义务的道德行为的价值不在于由此达成的目标，而在于行为据以决定的道德自律原则，因而它必须是"为道德而道德"的行为，必然独立于经验的、偶然的特殊倾向。与此相反，话语原则的主体间论辩旨在达成一种可普遍化利益的共识。在这一框架中，个人的渴求、需求、欲求和兴趣不必被排除在外，反而正是话语共识所要寻求解决的。哈贝马斯认为，康德保留了一种柏拉图理念论的残余，即把一种完美的自主性理念视为从经验动机中的解放；而话语伦理放弃了这种理念论的概念，借助于只有在社会中才能获得的期待，使自主性不再是通过义务受到压制的意愿，而恰恰是为了自己的利益而进行的论辩。

3. 对"形式主义"之指责的回应

话语伦理学和康德道德哲学存在多方面相似性。就道德的"应然"立场而言，这两者都是解本体论的、认知主义的、形式主义和普遍主义的，因而都可归入形式主义的伦理学。事实上，有研究者将话语伦理学视为康德道德形而上学在后现代语境下的重构。[①] 对应地，对康德道德哲学之"形式主义"的指责也波及话语伦理学。这一指责关涉话语实践"合理化"力量的问题。由此，哈贝马斯有必要作出回应。

第一，关于道德原则的形式主义的回应。黑格尔曾经指出，康德哲学的道德原则仅仅是形式的，它通过同义反复来假设逻辑的或语义的东西，这种"形式的根据"不具有实在性。哈贝马斯认为，问题不在于道德原则究竟是形式的还是实质的，而在于从何处可以获得这种规范。他指出，道德判断的任务不在于创造规范，而在于寻找处理道德冲突的有效途径。因而，任何程

---

① HABERMAS J. Morality, society and ethics: An interview with Torben Hviid Nielsen [J]. Acta Sociologica, 1990, 33（2）: 93–114.

序性的伦理学必定区分论证结构与道德判断的实际内容，通过论证程序对规范进行评估，道德判断则表达具体历史语境中"美好生活"的概念。哈贝马斯认为，黑格尔的"精神"概念实际上不能在直观中投射为某种具体形式的生活，因而黑格尔同样必须赞同一种语境定义的道德原则。同样地，人们需要论证这些道德原则的正当性，而这必将导致一种普遍化的兴趣。没有人会认为，"这些原则代表了我们法律系统的实质性道德，它们是正当的，并与现代伦理生活不相干"①，因而，一种道德原则之为道德原则，必定内蕴了普遍性形式。

　　第二，关于道德判断的抽象普遍性的回应。维尔默提出了话语伦理学中证成与规范应用的关系问题。（1）在他看来，如果我们理解了"我应该做什么"的基本道德原则，那么立即就有一个具体的问题产生，即如何应用 U 原则仍然是不清楚的。也就是说，通过诉求相应的道德命令，我们能在特定情形下加以应用。这一点正是康德忽略的问题，纯粹理性意志在实践中严格进行自我约束而并不考虑偶然的经验活动。也正因为如此，康德道德哲学才被称为"严格主义的"或独断的。对康德道德原则的质疑也可加之于话语伦理学。被质疑的地方是，话语伦理学的普遍化原则无法在特定情形中决定"什么是正确的行为方式"。哈贝马斯认为，这样一种质疑将话语伦理学的普遍化原则误解为逻辑论证，而实际上，普遍化原则属于证实性论证。也就是说，"在特定情形下做正确的事"不能被理解为单一的证成行为，而是要经历一个两阶段的论证过程，包括证成和随之而来的规范应用问题。（2）哈贝马斯借用君特的"适当性"概念反驳维尔默的观点。君特认为，一个"有效的"规范命令与针对不同情形的规范应用的"适当性"并不等同。君特以这样的方式规划这种双重性：一个规范是"有效的"和"合适的"，表现为它对

---

① HABERMAS J. Moral Consciousness and Communicative Action [M].Christian Lenhardt, Shierry Weber Nicholsen, trans. Cambridge : Polity Press, 1990 : 204.

每个利益相关者而言都是"可接受的"；但是，普遍化原则如何在特定情境中应用，需要具体作出判断。这就是说，实践理性不再能直接用来指导具体的道德实践；那种依附于实践理性的判断力乃是古典实践哲学所构想出来的，它不适用于今天的道德实践解释。普遍化道德原则的具体应用，必须通过具体的情境作出判断。哈贝马斯区分了"规范的有效性证成"与"应用的有效性证成"。前者独立于特定情境的应用，要求所有人都遵循规则；在"应用的有效性证成"中，关注点在于规范能否以及如何在被给定的情境中被遵守，需要被决定的不是规范的有效性，而是其关联于特定情境的适当性。要避免这样的误解，就要将话语伦理的证成理解为仅仅是实质性规范的有效性。在话语伦理学中，对道德规范的有效性证成采用的是一种普遍化的证明方式。该证明方式不是基于纯粹事实的经验证明方法，也不同于语义学基于行为的一般规则的证明，它完全依赖一种实践论辩的方法，也就是普遍化原则所提出的：每一个有效性规范都必须满足下述条件——旨在保护每一个人的利益而制定的普遍尊重的后果和副作用，都能让所有相关人员理解。（3）哈贝马斯认为，区分规范有效性证成和应用有效性证成，虽然在现象学上显示为一种可错性机制，但我们不能将道德规范的有效性视为可错性的认识过程。也就是说，有关行为的正当性或合理性的观点变化多样，在一种情况下，我们可以认为某种行为是公正的，而在另一种情况下，我们就不能这么认为。但我们并不能由此得出结论，伦理道德的解释是可错的。事实情况是，虽然我们不知道某个断言命题在未来是否有效，但是各种知识的可错性认识，累积形成了一个不断学习和道德知识增长的过程；道德规范的有效性在于其普遍化原则，而不是可错性认识。

第三，关于康德分裂应然与实然、义务与经验的回应。哈贝马斯认为，这一指责同样不适用于话语伦理学。（1）在康德那里，之所以出现这种分裂，原因在于理性按照其自身意志在道德实践中约束主观本性，这种绝对化的"自主"内涵导致了"是如此"和"应如此"的对立。而在话语伦理学中，自主性是主体间的，它解释个体自由的实现依赖于全体自由的实现。利益的普遍化是实践论辩的关键，合理共识意味着参与各方对规范的同意。具体来说，依赖于对情境的历史描述。也就是说，那些受到所提议的规范影响的人，应该基于自身立场寻找合理的同意；论证过程排除了所有人和每个人立法的可能性。（2）理性自主经由特殊性情境是否排斥道德规范的普遍性意义？合理共识的标准保留了康德目的论原则所明确表达的限制，即人类不仅应该被看成一种目的，而且不应该被看成一种手段。哈贝马斯认为，目的论原则没有详细说明独立的目的本身，因而需要根据他们在对话中以交往的方式所共享的能力，详细说明那种受到影响的目的。他们不应该仅仅划定每一个个体可以追求他的自私倾向而相互和谐的领域，毋宁说，这些规范将某些积极的目的加入共同的利益中。（3）话语共识的普遍性原则是否具备主观性色彩？人们可能会说，所有的需要和利益都无可避免地具有主观性，因此任何共识最多不过是一种偶然的妥协。哈贝马斯反驳说，不仅存在特殊的利益，而且存在共同的或者"普遍化的"利益；检验何种利益能够以交往的方式进行分享或不能进行分享，正是实践论辩的功能。如果共识是基于充分的条件和后果的知识，以及参与者对真实利益的真诚感知，那么这就是一种合理驱动的意识。（4）如果共识背后的驱动力量是对共同需求和利益的非欺骗性的认可，那么拒绝这样一种共识是合理的还是不合理的呢？哈贝马斯认为，这样的思想忽视或者没有看到这样的事实，即在社会文化层面，内在自然是整合到交往的主体间结构中的。当感觉、需求和情绪这样的精神过程被整合到语言主体间结构时，它们就从内在情形转换成意向内容。以这种方式表达的主张虽然是主观的，但是"它们同样可以借助于一种客观性主张而出现。经验对象的知觉总是以客观的方式进行表达，也就是以断言的方式进行表达。欲求可以以客观的方式表达，在这种情况中，他们主张表达一种为行动规范所证明了的普遍化的利益"①。也就是说，各种主观满意是通过评价标准进行辩护的，断言性判断、规范性判断、评价性判断全部表达了一种客观的"经验内容"。虽然利益和价值仅仅是主观的／特殊的或者私人满意的，但是它们同样可以被普遍化为共享的欲求和共同的满意。

总体上看，话语伦理学的普遍化原则可以视为康德道德律令的修正，它和绝对命令一样都被视为"最高原则"。对康德和哈贝马斯来说，道德规范都具有超越特殊社会世界的历史和文化边界的"普遍性"内涵。正如康德所说，虽然它并非现存，但通过我们的所作所为可以实现。它也应当被实现，而且按照自由的实践理念可以实现。在这个意义上，话语实践理论充满了关于未来社会的乌托邦色彩。自由总是关涉自然因果律的，我"越能深刻地认识自然因果律，也就越有可能以正确的和有意义的方式干预自然，同时也能更正确地理解自由和自主性活动的可能性条件是什么"②。从这个意义上讲，自由和自然的因果律并非如康德认为的那样是相互对立的，相反，它们实际上互为前提。如果是这样，那么我们就应该修正通达这一理想的实现途径。这一点正是哈贝马斯关于普遍交往理论所要达到的目标。在哈贝马斯看来，理想交往条件下的话语共识并非一种乌托邦的理念，它作为对未被摧毁的、不可预知的生活所必须具备条件的理论性表述，对于社会文化生活形式的维持与整合具有根本的意义。作为个体，我们虽然每时每刻都试图支配别人或公开地以某种策略对待别人，但事实上并不是任何人在任何时候都这样做。因为那样一来，传统继承或社会化之类的概念也会完全失效。就此而言，话语伦理并不是无视现实而炮制出来的理想，相反，它所依据的是内在于我们话语实践的规范性内涵，没有这些规范我们就会寸步难行。因之，话语实践

① HABERMAS J. Moral Consciousness and Communicative Action[M]. Christian Lenhardt, Shierry Weber Nicholsen, trans. Cambridge：Polity Press，1990：65.

② PIPPIN R B. Hegel on Ethics and Politics[M]. Nicholas Walker, trans. Cambridge：Cambridge University Press, 2004：49–80.

仍然具有"合理化"的力量，通过它，我们知道如何能获得一种"有意义的生活"。

四、道德意识与交往进化

"道德意识与交往进化"是对"普遍交往之为可能"的经验说明。哈贝马斯想说明的是，普遍交往不仅是理论上假设和被论证的东西，它在经验上也可以通过道德意识的进化而被实证。以下通过科尔伯格的道德阶段说、斯特劳森的道德直观、塞尔曼的社会视野，以及皮亚杰的认知发生学进行说明。

（一）自我资质与互动结构

科尔伯格（Lawrence Kohlberg）的理论对哈贝马斯有两方面意义。一方面，道德意识发展的诸阶段可以理解为一个"社会化"过程；另一方面，"社会主体"的确立过程，被哈贝马斯理解为互动结构从不充分到充分的发展过程。

科尔伯格将道德意识发展分为前习惯水平、习惯水平和后习惯水平三个阶段。后习惯水平的特点是个体接受伦理规则的指导，在那里，一切个人遵照自己承认的原则与价值观做道德判断和完成道德实践。哈贝马斯认为，在后习惯水平上，社会规范已经失去了其准自然的有效性，人们通过哲学反思来确定规范的有效性，而不是依赖经验性—心理学的道德沉思。哈贝马斯聚焦后习惯水平中心理学上的道德实在，为寻求普遍化的道德结构提供证据。

科尔伯格区分了 3 种发展水平共 6 个阶段，这些阶段被视为个体在处理道德冲突中可逆性、普遍性和相互性逐步接近公正结构的过程（见表 4-4）。

表 4-4　科尔伯格关于道德意识诸阶段的定义

前习惯水平Ⅰ	儿童能对文化规则及好与坏、对与错之类的标准作出响应；对标准的理解，或是依据行为的物质和享乐性结果，或是根据发布者所拥有的物质力量	
	阶段1	惩罚与服从的倾向：以避免惩罚与对力量的无条件服从为导向，依据自身是非标准，而非遵从道德规约
	阶段2	工具主义倾向：人类整体被视为类似市场关系，公平互惠等被从物质实用主义角度理解，而无忠诚、感激与正义可言
习惯水平Ⅱ	维护个体、家庭、群体、国家的期望；积极维护、支持社会规则并为之辩护，个人与群体同一化	
	阶段3	好儿童倾向：行为常根据意向性来判断；一个人因心地美好而获得赞许
	阶段4	法律和秩序倾向：正确的行为由恪尽职守、尊重权威并为维护既定社会秩序而付出行动所构成
后习惯水平Ⅲ	明确出现界定道德价值原则的努力；认同提出原则的群体或个人，且道德价值原则具有有效性与适用性	
	阶段5	社会契约主义倾向：强调个人价值以及相应的程序规则；在法律领域之外，自由协定与契约是构成义务的约束性要素
	阶段6	普遍伦理原则倾向：正确行为的原则是关乎正义、人类权利的交互性与平等性以及人的尊严等普遍化原则

资料来源：哈贝马斯．交往与社会进化[M]．张博树，译．重庆：重庆出版社，1989：80-81.（引用时有修改）

　　科尔伯格将不同阶段的过渡称为学习的过程。对成长中的儿童或青少年而言，道德发展意味着学会如何进行道德抉择，意味着认知结构的重构和分化。年轻人将道德发展看成一个学习过程，在高级阶段他能解释以前的道德判断是对的还是错的。这种认知性的结构能力既不能为环境所解释，也不能被解释为自然过程，而应被看待为创造性的再组织过程。科尔伯格的实证描述不是哈贝马斯关注的主题，后者聚焦于这一问题：道德意识的发展逻辑对普遍交往而言意味着什么？哈贝马斯认为，自我的形成意味着超越传统，这是一个符号化的语言能力趋向普遍性发展的过程，包含两个方面。即一方面是自我认同的发展，"先参加不完整的相互作用，继而参加完整的相互作用，最终参加到交往中来，完成从交往行为到话语论辩的转变"[①]；另一方面是互动结构发展，在其中道德意识经历不同的结构转变。按照这种发展——逻辑的假设，科尔伯格的道德意识发展阶段可作如下调整（见表4-5）。

表4-5　科尔伯格道德意识诸阶段的互动结构解析

水平	相互性要求	道德意识阶段	善与正义生活观念	制裁	有效性领域
I	不充分的	1. 惩罚与服从的倾向	通过服从获得最大限度的愉悦	惩罚	自然社会环境（未分化）
	充分的	2. 工具主义倾向	通过等价交换获得愉悦		
II	不充分的	3. 好儿童倾向	基于人际关系相互性的道德判断	羞耻	具体涉及者
		4. 法律和秩序倾向	基于社会惯常规范的具体道德判断		政治共同体成员
III	充分的	5. 社会契约主义倾向	通过社会契约实现的相互利益协调	内疚	一般法律联合体
		6. 普遍伦理原则倾向	道德自由		一般私人个体

资料来源：哈贝马斯. 交往与社会进化 [M]. 张博树，译. 重庆：重庆出版社，1989：87.（引用时有修改）

科尔伯格理论中道德意识发展的诸阶段，被转译为自我认同和普遍化结构的不同发展阶段。在哈贝马斯看来，道德意识诸阶段是通过将相互性需求置放于主体间互动结构而推导出来的。

（二）社会化过程及其进化

科尔柏格的理论表明，道德意识的形成有赖于自我互动能力的发展。这是如何可能的呢？必须有一种更深层的能力来说明。哈贝马斯通过斯特劳森的道德直观、塞尔曼的行动视野，以及皮亚杰的认知发生学进行说明。

[①]　哈贝马斯. 交往与社会进化 [M]. 张博树，译. 重庆：重庆出版社，1989：84.

1. 道德意识的社会化视野

斯特劳森（Peter Strawson）的"道德直观"揭示了道德意识的社会化视野。斯特劳森分析了直观体验中的"道德反应"。（1）当被认为道德上存在不体面时，我们会感到羞辱，即便在肉体上并没有被伤害。他将这种反应称为"怨恨"，"怨恨"是对一件不体面的事情的反应。与"怨恨"相对的是"失调"：当行动侵犯另一个人的完整性时，行为人可能会提供理由。只要受侵犯的一方接受这种理由，他就可能不如之前那样紧张，其内在的憎恨也会转化为"失调的"相互关系。（2）为了区分"怨恨"与"失调"，斯特劳森列举了两种情况。一种情况是使冒犯行动看起来更加明晰，以至于它不能被视为一种错误。比如说，"他的本意并不是那样"。另一种情况是，错误行动是疯子或者醉酒的人所做，这将行动的结果与一个没有行动资格的行动主体联系起来。（3）斯特劳森认为，在上述两种情况中，我们都假设了一个理解道德出发点的前提。也就是说，道德反应只能在相互作用的人际关系间才能发生，即"我—你"的立场；当采取一种客观立场时，道德反应将会消失[1]。哈贝马斯认为，斯特劳森的分析说明了道德理解中的视角转换，道德现象只能以一种相互作用的参与性态度得到阐释，而道德反应是基于第三者的视角获得的。在道德意识的发展过程中，行为者必须超越互动结构，在社会化过程中习得那些"客观的"的判断规范和命令。这样一种"客观的"立场是如何可能的呢？

2. 道德意识的社会化过程

哈贝马斯借助塞尔曼（Robert Selman）的行动视野说来阐释这一视点转换过程。塞尔曼为了探讨儿童在成长过程中究竟形成了何种能力，将前习惯水平的道德意识划分为三种不同层次。（1）在第一个层次，儿童把"我—你

---

① HABERMAS J. Moral Consciousness and Communicative Action [M]. Christian Lenhardt, Shierry Weber Nicholsen, trans. Cambridge：Polity Press，1990：48.

关系"或"言者—听者关系"视为相互的关系。当过渡到第二个层次时，儿童便进入"相互作用本身"，即进入行动和相互之间的行动。当进入第三个层次时，儿童便能采取"观者视野"，从旁观者的角度看待自己与他人的相互作用关系。哈贝马斯认为，主体同"社会世界"的关系，是由此形成和建造起来的。主体通过"观者视野"意识到种种相互性形态与类型，从这里获得社会知识储备，并据此来适应和改变不同结构与阶段的相互作用关系。（2）进一步，行为主体循着这一线索从前习惯水平过渡到习惯水平和后习惯水平。在习惯水平，出现并确定了以达到理解为目标的行为惯性。它不是单纯由权威支配，也不是以利害或策略性行为支配，而是以规范为引导的行为，进而构成规范体系。这种关系导致向后习惯水平转换。（3）如果我们将个人同社会规范的关系反译回科尔伯格的道德意识诸阶段，就会看到互动结构从不充分向充分发展的逻辑（见表4–6）。

表4–6　交往行为的一般结构

认知性前提	相互作用水平	行为水平	行为动机	行为者
前操作性思维	不完整的相互作用	具体行为和行为的具体结果	一般化了的愉快或痛苦	自然同一性
具体操作思维	完整的相互作用	角色规范系统	文化化了的需要	角色同一性
规范操作思维	交往行为与论辩	原则	需要的竞争性转译	自我同一性

资料来源：哈贝马斯．交往与社会进化[M]．张博树，译．重庆：重庆出版社，1989：87.

3. 互动结构的规范意义

塞尔曼的互动结构是就主观内在而言的。这样一种主观认知如何转换为社会意义的规范结构？这可以从皮亚杰的认知发生学中获得启示。

皮亚杰考察的是这样一个问题：在儿童的认知发展过程中，生物学意义上的、自然社会未分化的认知结构，在观察者看来如何发展为社会意义上的规范结构？这可以分为四个阶段。（1）婴儿时期，儿童对主体和客体之间并没有很清晰的主观性区分。（2）在认知发展的第二个阶段，儿童区分了自我和环境，学会感知环境中的固定对象，但无法感知、理解和评价独立于其自身之外的情景。（3）具有决定性意义的是第三个阶段：儿童一方面区分了对事物的感知和操作，另一方面在可理解的主体及表达之间作出了区分。儿童学会根据外部自然和社会来划定其主体性。这个阶段，互动发展导致了普遍化行为期待的互补性关系。（4）在人生发展的第四个阶段也就是青春期，认识论的个体和实践主体融合在社会规范体系中。一旦青年人质疑传统规范的有效性，他们就将现存规范仅仅理解为一种传统并在一定程度上有所突破，一个认知意义上的独特的个体由此形成。但是，皮亚杰的阶段划分仅仅是认知意义上的，没有考虑到互动关系，也没有考虑到实践自我的道德意识。因此，需要将互动结构、个体认同与道德意识融合为一，以确保实践的自我在整个自我的认识论结构中的道德同一性。在此基础上，哈贝马斯提出了道德意识的发展及其普遍交往结构。

（三）道德意识的发展与普遍交往

综合科尔伯格等人的观点，哈贝马斯重建了道德意识、互动结构、自我认同之间的关系。

一方面，道德意识的发展意味着自我认同的形成过程，其经历了儿童时期的自然认同、角色认同和自我认同等三个阶段。在自然认同阶段，个体是自我中心主义的。在角色认同阶段，个体从观察者视角进入互动领域。不仅获得角色行为（好孩子、好学生等）的互动能力，也获得严格意义上的策略行为的能力。这一行动结构中同样包含了认知结构，即他必须从观察者的中立视角出发，理解规范的互动含义。在自我认同阶段，互动资质已经发展到可能的理性自主的高度，角色行为的共识取向在反思的层面上被保留下来。在这一阶段，交往行为和论辩性对话成为行动取向，行动动机则转向普遍化解释的需要。互动结构与角色行为的对应关系见表4-7。

表 4-7　互动结构与角色行为的对应关系

互动层面	行为水平	行为动机	行为者
1	具体行为和行为的具体结果	普遍化的愉快或痛苦	自然认同
2	角色和规范	文化解释的需要	角色认同
3	普遍性原则	普遍化的痛苦或快乐（效用） 普遍化的义务 普遍化的需要解释	自我同一性

资料来源：麦卡锡.哈贝马斯的批判理论 [M].王江涛，译.上海：华东师范大学出版社，2010：430.

另一方面，道德意识的发展过程也是互动结构不断发展的过程。哈贝马斯认为，当交往各方发展到以论辩性对话为行动取向、行动动机完全转向普遍化解释的需要这一阶段时，交往各方就会通过话语论证共同寻求真理，对现有规范进行有效性批判与维持。他们通过论证给出理由，使对方信服。从互动结构看，这一阶段正是作为实践理念的"无强制的交往阶段"，也是科尔伯格的道德意识发展阶段所缺乏的阶段。由此，科尔伯格道德意识发展的 6 个阶段被调整为 7 个阶段，增加的第 7 个阶段即言语的普遍伦理阶段，这是哈贝马斯所致力构建的"理想言说情境"的现实状态。哈贝马斯的观点是：主体之间的以语言为中介的不充分性的相互性关系，以人际关系中彻底的相互性结构为前提。这里，"相互性并不是一个规范，而是被固定在可能相互作用的一般结构中的东西；交互性观点严格说来，是属于言说和行为主体的相互作用知识"[①]。从这种彻底的相互性结构中，个人意志获得了"应然"意义的道德意识。在哈贝马斯看来，语言自身存在的这种相互性结构表明了人的社会化本质，而人的社会化昭示着一个稳定、自主的自我的形成和发展。但是，人的社会化不仅仅意味着对社会规范的认可或遵循，更是在现实社会生活中将其内在的东西外化出来并在交往结构中充分体现。只有在这样的基础上，才能建立起稳定的自我同一性。

① 哈贝马斯.交往与社会进化 [M].张博树，译.重庆：重庆出版社，1989：91.

哈贝马斯认为，一种道德视角的形成可以促使参与者超越特殊的生活形式，以一种普遍化的原则来观照世界。道德关注的是人与人之间冲突的规则，以及超越个体自身生命目的的需要。个人无法从独白式的沉思中给出其存在价值与合理性，而必须置身于语言的交互性结构中，置身于实践对话的对称性结构中，才能获得"合理的"理由。只有对个体的生活历史及其特殊的生活形式采取一种完全开放的态度，普遍主义所倡导的对所有人的同等的尊重与拥有人之面貌的所有人的团结，才能得到证实。在这个意义上可以说：语言内嵌的交互性结构昭示了人之为人的本质。

五、来自历史唯物主义的沉思

就人类本性的一般理解而言，哈贝马斯和马克思有诸多相同或相似之处：都承继了德国哲学的批判传统；都致力于突破主体哲学的二元论框架。哈贝马斯和马克思都从人与世界的关系出发来探寻人的问题，不同在于：马克思从实践的观点来理解人与世界的统一性，进而发展出一种推动社会变革和实现人的全面发展的革命理论。哈贝马斯强调"批判活动"的认知性意义，继而构造出一种具有形式普遍性的理解结构。随着主观性吞噬客观性，实践的力量被限制于精神领域，人类解放的理想被风化为缺乏实质内容的形式观念。

（一）认识和实践的关系

马克思以实践的观点来理解人与世界的统一性。《关于费尔巴哈的提纲》指出："从前的一切唯物主义（包括费尔巴哈的唯物主义）的主要缺点是：对对象、现实、感性，只是从客体的或者直观的形式去理解，而不是把它们当做感性的人的活动，当做实践去理解，不是从主体方面去理解。"[①] 所谓实践的观点，就是基于"对象、现实、感性"的活动去理解，从"构成这一世

---

① 马克思恩格斯选集（第 1 卷）[M]. 北京：人民出版社，2012：133.

界的个人的全部活生生的活动"来理解人。一方面，人的实践活动具备受动性，它遵循历史发展的客观规律。物质状况、历史条件、文化传统不同，具体实践内容也不同。另一方面，人的实践活动具备能动性、目的性。马克思指出，"动物只是按照它所属的那个种的尺度和需要来构造，而人却懂得按照任何一个种的尺度来进行生产，并且懂得处处都把固有的尺度运用于对象；因此，人也按照美的规律来构造"①。人之为人，在于按"固有的尺度"、按照"需要""美的规律"进行生产，把人的生命活动变成实现自身本质的对象性活动。人的存在，是"理想性"和"历史性"的统一。人的"目的"即"理想性"不断规范人的实践活动，推动历史朝着实现人自己的目的、实现人的本质而不断前进。正是在这个意义上，人通过实践创造自己。

哈贝马斯也承继了德国哲学的批判传统，不同于马克思的是，他以批判为武器。其批判首先指向认识批判，针对近代以来主客二分的主体，哈贝马斯力图解决认识过程本身的问题。哈贝马斯认为认识和实践是不可分离的活动。在他看来，实践是认识的基础，认识为实践提供理论上的引导。它们是同一个活动中两个相互关联的因素，而不是两个相互独立的因素。这一立场是符合历史唯物主义的。使哈贝马斯偏离唯物主义立场的，是他对认识过程的先验化处理。哈贝马斯认为，认识批判首先应该解决认识的前提，也就是认识之为可能的条件；只有这个问题解决了，才能解释整个认识的意义。他认为"先验条件"是使认识可能的先验生活形式，既包括"劳动过程"和将生产过程所产生的"一种普遍的东西"凝聚于其中的"生产力"，也包括借符号的相互作用而进行交往活动"生活关系"。②他强调认识依赖于社会生活实践，但却把社会实践先验化，看作前认识的，这实际上是把社会实践看成同认识彼此先验分裂的东西，这一点不符合历史唯物主义的立场。实践观的核心是

---

① 马克思恩格斯选集（第1卷）[M]. 北京：人民出版社，2012：57.
② 哈贝马斯. 认识与兴趣 [M]. 郭官义，李黎，译. 上海：学林出版社，1999：240.

"从物质实践出发来解释观念的东西"①，当马克思把感性的直观或感性当成实践的、人类感性活动来理解时，认识与实践活动是二而一的东西，认识的先验条件因之不能成立。

认知人类学的初始方案借用了康德的"理性的兴趣"概念来处理认识问题。哈贝马斯将认识批判集中于先验框架或"认识的兴趣"，这使其愈加偏离唯物主义的实践出发点。因为，兴趣绝不仅仅是理性的兴趣，它更多的是经验的兴趣。马克思说：不是意识决定生活，而是生活决定意识，对人的问题的理解，必须以现实生活为前提，"它的前提是人，但不是处在某种虚幻的离群索居和固定不变状态中的人，而是处在现实的、可以通过经验观察到的、在一定条件下进行的发展过程中的人"②。具体就认识来说，感性活动与理性活动并不能分开。诚然，兴趣对认识确有引导作用，但兴趣是精神活动，而实践是物质活动。若把兴趣作为认识的基础，主观性必然吞噬客观性。"解放"是一种历史活动，不是思想活动。对人的问题的理解，必须立足于现实的实践，否则就会导致把"理论活动"看成真正的人的活动。

（二）如何理解人的主体性

马克思基于社会关系来理解人的主体性。（1）个人是社会的存在物，认识与实践的主体不仅是参与生产的单个的社会人，而且和社会生产总过程不可分离。"自然界的人的本质只有对社会的人说来才是存在的"，"社会是人同自然界的完成了的本质的统一"。③（2）人的社会本质是通过物质生产实践实现的。通过物质生产，人将自己的本质外化为现实的存在，从而不断充实自己的本质。"通过这种生产，自然界才表现为他的作品和他的现实。"④物质生产实践是人生成自身的活动，是具有本体论意义的活动。（3）物质生

---

① 马克思恩格斯全集（第3卷）[M]. 北京：人民出版社，1960：43.
② 马克思恩格斯选集（第1卷）[M]. 北京：人民出版社，2012：525.
③ 马克思恩格斯全集（第42卷）[M]. 北京：人民出版社，1979：122.
④ 马克思恩格斯选集（第1卷）[M]. 北京：人民出版社，2012：57.

产方式提供了把握人类历史的一般视角，人的"历史"不是观念的历史、"自我意识"的历史，而是物质生产的历史。在资本主义生产方式下，物质生产关系颠倒为一种以"物的形式"呈现的社会关系，它反过来支配和控制个人。生产方式的异化蕴含着资本主义的自我否定，它既是先前扬弃的结果，也是扬弃自身的开端。正是在这个意义上，马克思指出，对共产主义者来说，"全部问题都在于使现存世界革命化，实际地反对并改变事物的现状"①。唯物史观关于人类社会发展的一般规律，归根到底表现为阶级斗争和人的革命性实践。

哈贝马斯同样基于实践、社会关系来理解主体性。一方面，哈贝马斯对"实践"的理解不同于马克思。实际上，他在学术生涯的不同时期对"实践"概念有不同理解。在《理论与实践》（1963）中，哈贝马斯从亚里士多德意义上来定位"实践"，即包含了某种本质目的，将劳动定位于实践活动。在《认识与兴趣》（1968）中，劳动作为工具活动与以语言为中介的相互理解的活动得以正式区分，后者被认为是实践意义的活动。随着认知人类学方案的转换，一个新的社会再生产的类主体，即交往主体被引入，哈贝马斯认为这个"一个不受压制的主体"是完整发展意义的实践主体。另一方面，关于实践内涵的所有变化都是围绕"自我"的形成，都是就主体在认识中所起的作用而说的。哈贝马斯认为，生产活动和据以实现生产活动的"以语言为中介的相互作用"是不同的。前一方面，自然科学实际上是处于劳动体系的先验条件下的，缺乏反思的意义；只有后一个方面才具有反思维度——它属于人的科学范畴。但这一区分是不中肯的。从历史唯物主义视角看，物质生产实践和在物质生产中形成的交往关系有紧密联系，任何物质生产都必定是在特定交往关系下的物质生产。马克思指出："手推磨产生的是封建主的社会，

---

① 马克思恩格斯选集（第1卷）[M]. 北京：人民出版社，2012：155.

蒸汽磨产生的是工业资本家的社会。"① 把物质生产实践与它的交往关系隔离，就脱离了现实基础而只能从抽象意义上来理解主体。而由于这一抽象，人与人之间真实的社会联系就被分割开来。由此，从"普遍交往的结构"来言说人类主体的本性，必定带有强烈的准形而上学特性。正如凯尔纳指出的：我们赞同某些普遍的价值观点，但是这些观点是暂时的、被建构的，它们是历史的而非哲学的产物，不能将之视为人类的本质特性。

（三）"解放"和批判的差异

人的解放是欧洲启蒙运动的主题，也是马克思一生研究的理论主题。马克思倡导的"解放"是社会解放，《黑格尔法哲学批判导言》指出："对宗教的批判最后归结为人是人的最高本质这样一个学说，从而也归结为这样的绝对命令：必须推翻使人成为被侮辱、被奴役、被遗弃和被蔑视的东西的一切关系。"② 马克思毕生的真正使命，就是以这种或那种方式参加推翻资本主义社会及其所建立的国家设施的事业，参加现代无产阶级的解放事业。以往的历史理论只考察历史活动的思想动机，把人类社会的历史看成某种观念活动的结果。马克思在研究资本主义社会矛盾的过程中，发现了社会存在决定社会意识、经济基础决定上层建筑这一历史唯物主义的基本原理。唯物史观的确立，找到了用人们的社会存在说明他们的社会意识的道路，把过去被唯心史观颠倒了的事实重新颠倒过来。在这之前，社会主义被当作"现实应当与之相适应的理想"；在这以后，社会主义被看成"消灭现存状况的现实的运动"。恩格斯指出，由于唯物史观的确立，"社会主义现在已经不再被看做某个天才头脑的偶然发现，而被看做两个历史地产生的阶级即无产阶级和资产阶级之间斗争的必然产物。它的任务不再是构想出一个尽可能完善的社会体系，而是研究必然产生这两个阶级及其相互斗争的那种历史的经济的过程；并在

---

① 马克思恩格斯选集（第1卷）[M]. 北京：人民出版社，2012：222.
② 马克思恩格斯文集（第1卷）[M]. 北京：人民出版社，2009：11.

由此造成的经济状况中找出解决冲突的手段"①。

资本主义发展带来了如何正确运用马克思主义的问题。《什么是正统的马克思主义》指出：唯物辩证法是马克思主义的革命方法，"而对辩证方法来说，中心问题是改变现实"②。针对资本主义生产方式对无产阶级的"物化"、异化，卢卡奇（György Lukács）提出了"物化"批判这一概念："物化"意识阻碍了对社会整体性的把握和实践改造，无产阶级意识的觉醒在于能否将社会形态的结构作为整体来把握。霍克海默和阿多诺将"物化"批判进一步具体到工具理性批判。批判的社会理论认为，哲学的真正社会功能在于批判现存的东西，这种批判不仅意味着对现存学说的理论上的变革，还包括分析现存社会以推动社会的变革。在法兰克福学派那里，社会的批判实际上已经缩减为意识形态批判，而哈贝马斯进一步将意识形态批判缩减为工具理性批判。哈贝马斯认为，工具理性是一种被权力系统扭曲的交往形式，成为统治媒介的、服务于对有组织权力关系的合理化的一种话语。借助交往合理性的概念，我们可以恢复被权力系统扭曲的交往形式，重建生活世界的合理化秩序。将交往合理性的概念运用于现实生活时，话语理论所致力的是如何完善现存社会制度，而不是根本意义上的社会变革。伊格尔顿（Terry Eagleton）指出：哈贝马斯实际上从一种"内在的"话语模式来把握工具理性的意识形态问题，它极大地淡化了马克思主义传统的革命内涵。"解放"主体被话语理论抽干了实质性内容，而缩减为准形而上学意义的话语主体。马克思说得对，"意识的一切形式和产物不是可以用精神的批判来消灭的……历史的动力以及宗教、哲学和任何其他理论的动力是革命，而不是批判"③。

---

① 马克思恩格斯文集（第3卷）[M]. 北京：人民出版社，2009：545.
② 卢卡奇. 历史与阶级意识 [M]. 杜章智，任立，燕宏远，译. 北京：商务印书馆，1996：50.
③ 马克思恩格斯全集（第3卷）[M]. 北京：人民出版社，1960：43.

第五章

展望：
一种合理化的生活形式

人 类 自 我 理 解 的 基 本 逻 辑 ： 认 知 人 类 学 视 域 下 的 哈 贝 马 斯

很多伟大的哲学传统对人类生活的理解，总是以一个理想世界为导向，个体从中获得生活的典范意义和实现自身的实践力量。哈贝马斯将人类的自我理解建基于普遍交往的理想结构，通过它，人类生活被关联于一个完美的未来，我们也由之获得一种"应然"的道德视角和合理生活的意义。这样一种关于人类生活的理念，通过批判和超越提供了一种未来生活的现实可能性，并因此赋予人们希望。哈贝马斯说，他对"希望"兴趣索然，仅仅把"理论与实践统一"看成自身哲学的唯一目标。如果人类生活是有意义的，如果对意义的探索与某种理想前景相关联，那么对它的追溯必然导向一个普遍意义的交往共识。这一共识虽然是理论上的推论，却是人类自我理解的唯一基础。借助这一理念，人类主体可以展望一种合理化的生活形式。普遍交往的理念在三个方面进行理想化整合：第一，它提供理解生活世界的普遍结构，既能保持生活世界参与者达成理解和一致，又能推动生活世界向更完美的状态发展。第二，整合社会各种规范和秩序之间的不协调，从而确保人类生活于一个于他而言有意义的世界。第三，提供一种文化反思信念，使日益复杂的交往活动之再生产成为可能。这也是本章讨论的三个内容。

一、生活世界的合理化机制

在生活世界中，不同主体按照自身理解而采取的行动，可能损害生活世界的统一性（如工具理性对生活秩序的损害）。在这种情况下，主体可能希望改变生活世界的结构，构建一种更加合理、更加有意义的生活。这就是生活世界的合理化意蕴，它涉及生活世界再生产和合理化机制问题。哈贝马斯以普遍交往为基础来阐释生活世界的合理化。

（一）世界观的合理化结构

哈贝马斯通过世界观的合理化结构来探讨生活世界的合理化。关于生活世界之"合理的"理解，潜在了对世界的某种规划。为了对"合理性"作出肯定或否定的理解，行为者必须在主观体验中预设对生活世界的理解，然后再将之运用于认识目的。显然，行为者不能将自身视为一个孤立的个体而理解生活世界，他必须借助文化传统、价值与信念，从与他人共存的合作性视野来理解生活世界。此外，个体也基于现实的伦理道德秩序、法律规范等来理解生活世界，并根据这些规范和秩序确立合理的行为导向。这就出现了两种合理性导向——文化的合理性、社会的合理性。前一种以合作为导向，后一种以目的为导向，它们各自从属于文化整合与社会整合。

哈贝马斯关注的是：在"合作取向"和"目的取向"发生冲突的情况下，我们如何获得一种更"高"层级的判断准则？也就是说，依据一种什么样的意识结构，我们能认为判断尺度 A 比尺度 B 更加"合理"。哈贝马斯以社会人类学家普里查德（Edward Evans-Pritchard）的研究为例进行说明：后者在研究土著部落时发现，现代科学关于下雨的解释对土著人来说并不是"合理的"。现代人认为下雨仅仅是气象原因，而土著人将之归为与上帝、神灵相关的问题。一个现代人或许会认为，他对下雨的看法具有科学的内容，因之土著人的理解是"不科学的"。然而土著人也可以根据同样的逻辑说，他们的观点更接近神的启示，因而是更"合理的"。这两者都只是接受了他们所在社会普遍接受的观点，这种文化遗产的接受方法对于现代人和原始人来说并无二致。在这种情况下，仅仅依据实质性规范无法作出取舍，而必须依靠意识结构才能作出判断。这种具备"终极性"意味的世界结构，在哲学传统中通常以本体论形式出现，然而形而上学解体之后，哲学已经不再可能取得这种"终极性"意义。当我们需要一种总体性把握时，哲学只能重建形式上的统一性。哈贝马斯分析比较了原始神话和现代社会的世界观结构后指出：这两者都有一个"合理的"世界概念，不同在于，后者是直观、具体的总体性，前者是反思意义的形式总体性。

第一，神话思维的合理化力量来自其文化系统的有效性。哈贝马斯指出，神话世界观的"世界"是一个统一的整体，并没有现代意义上的对象世界的区分，如主观世界、客观世界和社会世界等。然而，这并不意味着神话世界观没有"合理化"诉求。在原始神话的世界观结构中，"合理化"的力量来自神话所记载的详细的集体知识以及宗教仪式的各种具体规定。这种"合理化"的特点是：社会成员对世界的把握是在直接感受中体验到的统一性，它在直观层面具备丰富多样性，但缺乏反思性的视角。

第二，与神话世界观相比，现代社会的世界观结构表现出高度的分化。在神话思维中维持统一的世界结构，分化为社会、文化和个性三个系统，它们各自遵循不同的合理化逻辑。对应地，交往行为的有效性也分化为真实性、真诚性和正确性等不同标准。哈贝马斯指出，评价现代社会的世界观的合理性，首先面临如何把握生活世界的问题，现代生活事实上已经无法从一个实质概念予以直观，而只能在反思中进行形式的把握。因此，追求合理化的行为者必须放弃从内容上预先对语言与现实、交往媒介与交往内容之间的关系作出判断。也就是说，合理性只是形式上的合理性，世界观的内容必须同世界秩序本身分离开来。

第三，哈贝马斯通过开放性机制来判断生活世界的合理性。在他看来，生活世界的"合理化"要求社会具备开放性机制。按照这一要求，现代社会的世界观比神话思维的世界观更具"合理性"。神话世界观的结构是封闭的，对生活经验的积累仅限于在社会劳动领域积累起来并扩展；相反，现代社会的世界观对经验知识进行了分化和进化，这种反思性学习是开放性的。由此可以说，现代人的世界观比神话世界观更为合理。但如果承认这一点，我们也就同时区分出了交往合理性和目的合理性，因为形式上所把握的世界总体性，是基于普遍交往结构而被把握的统一性。由此可以说，生活世界的合理化将朝着文化合理化领域不断发展，而个体所理解的"合理的"生活，正是在交往结构中通过文化而呈现出来的。

（二）生活世界的再生产

哈贝马斯考察了生活世界的三个构成要素即文化、社会和个性之间的关系。这三个要素在交往互动中具备某种"客观性"内涵。（1）生活世界作为知识存储库，既为日常交往提供背景支持，又能在交往论辩中通过主题化而呈现出来。就前一方面而言，"生活世界"提供交往所需背景、信念和各种价值，在这种意义上它作为言说活动的基础，具备无可置疑的可靠性和明确性。就后一方面而言，主题化的背景知识必须经过解释才能被接受和认可。（2）文化认同和社会认同有不同的解释机制。文化认同的解释机制是：文化理解不是一个将自身附属于传统的"附加"过程，而是文化知识接受审视和批判的过程。社会认同的解释机制以群体形式进行，"交往参与者通过这些合法的秩序，把他们的成员调节为社会集团，并从而巩固联合"①，形成对作为"合法的秩序"的社会认同。文化理解过程中所汲取的知识，被用于这一批判性反思过程。（3）在文化认同和社会认同的过程中，个体同时扮演两种角色：他既是传统的产物，又是负责任的行动者；他既从属于所在的文化传统，也属于他所在的社会群体。自我同一性的形成必须经历一个文化化和社会化的过程。

生活世界的合理化可通过文化、社会和个性三者间的互动来说明。（1）文化上的交往互动一方面能促进现存社会秩序的合法化，另一方面能促

---

① 哈贝马斯. 论功能主义理性批判 [M]. 洪佩郁，蔺青，译. 重庆：重庆出版社，1994：190.

成个体在社会化活动中普遍化的行动能力。（2）如果社会互动方面的合作化要求得到满足，合法秩序中的文化价值内核将成为能抵制以理解为导向的行动的持续的测试的规范。（3）如果个性结构建构了正常的自我认同，它们将能够应对生活世界中出现的各种状况。一方面，这是文化认同的解释性成就；另一方面，这保有了符合社会规范的行动动机。生活世界的三种要素及其在再生产中的结构互动，构成了相互联系的复杂的意义语境。

　　生活世界的不同要素各自履行不同的功能，且都和生活世界的总体性保持联系。从语言学的角度可以说，生活世界是由三种共同发生而且紧密联系的要素构成的符号意义的统一性结构。（1）个性结构是为符号所结构的意义同一性。正如米德指出的，"当我们提到人性的时候，我们在本质上指的是某种社会性的东西"，作为可成为它自身的对象的自我，本质上是一种社会结构并且产生于社会经验这种拆解。[①]"主体"的形成是一个符号化、社会化的过程，其结果在于获得符号普遍化的能力（资质），在于成为社会意义上具有言说和行为能力的"自我"。有机体一旦被社会意义关系和文化意义关系所渗透，它就会落入符号化的描述，个人与文化及社会之间通过语法关系保持着紧密的内在联系。（2）文化传统与个性结构的互动关系在于：传统并不是简单地被附加于"主体"的，而是通过一种解释机制被理解和加以传承的，这一过程"意味着有语言和行动能力的主体所具有的真正能力，也意味着个性结构的深刻变化的能力"[②]。对文化和传统的习得使"自我"能应对日常生活的各种复杂情况，同时维持自身"同一"的连续性。在这一过程中，一个独立存在的自我并不意味着某种定期发展的东西，比如说类似于自然界成熟过程的结果。事实上，它通常并没有完全实现；相反地，由符号意义组织起来的"自我同一性"，指向生活世界的某种普遍理念并为之所结构。

---

① 米德. 心灵、自我与社会 [M]. 赵月瑟，译. 上海：上海译文出版社，1992：123–124.
② 哈贝马斯. 交往与社会进化 [M]. 张博树，译. 重庆：重庆出版社，1989：72.

（3）个性结构与社会之间的互动关系是："社会与个体之间具有互动作用；任何一种行为关系的社会整合，同时也是具有言语和行为能力的主体的社会化过程。在社会化过程中，个体在梳理自己的同时也确保了作为一切合法人际关系的综合的社会能保持稳定和革新"①。也就是，社会是个体互动构成的社会，个人通过社会互动塑造自身的社会化。这两者相互塑造、相互促进。根据文化、社会、个人的互动关系，哈贝马斯指出，生活世界并非单个个体成员组成的"世界"，也不是成员组成的集体。相反，生活世界是日常交往实践的核心，它是由扎根于日常交往活动中的文化再生产、社会整合以及社会化相互作用的产物。

（三）合理生活如何可能

在哈贝马斯看来，一个"合理的"生活世界乃是结构要素良性互动的结果。（1）个体的社会化意味着一种新的理解和认同的出现。通过它，个体生活史的既往情境与现存世界状况被关联起来；一个"合理的"社会化过程意味着一种普遍化能力的获得，即"使个体生活史与共同体生活形式和谐一致"②。在这一互动循环中，个体与社会合作、文化价值的互动被作为个体责任能力的评判准则。当行动者的能力还不足以维护主体间的互动状况时，他将被视为"社会化过程出现障碍"，在病理学上呈现为人格障碍或精神心理疾病。（2）文化过程的再生产，既肯定了传统的连续性，又通过传统对现存世界状况中出现的新的状况进行阐释，从而确保参与者对传统理解的一致性。这样一种良性互动在文化意义上是"合理的"。如果生活世界的参与者不再能通过他们的文化知识存储应对现实世界的新状况的理解要求，就会出现文化价值领域的意义丧失，并导致社会秩序的合法化危机和行动导向的危机。（3）个体与社会统一意味着：个体既能合法地调节人际关系，又能促进

---

① 哈贝马斯 . 交往与社会进化 [M]. 张博树，译 . 重庆：重庆出版社，1989：86.

② HABERMAS J. Lifeworld and System：A Critique of Functionalist Reason[M]. Thomas McCarthy，trans. Boston：Beacon Press，1987：141.

成员之间彼此的行动合作。成员间的这种联合方式得以充分进行，社会秩序就能被理解为"合理的"。行动者如果不再能依据合法秩序的规范行动，或者社会秩序无法满足新状况的合作要求，就会出现认同危机。

生活世界的合理性，是各种交往行为再生产的合理性。"交往行为延伸的领域包括语义学内容，社会空间和历史时间构成各个方面，它们交织为日常交往实践的活动媒介。文化、社会和个人就是通过这种媒介进行再生产的。这种再生产过程延伸到生活世界的符号性结构。"① 具体包括：一方面，在生活世界中的群体如何将他们面对的客观世界描述为一个有意义的世界，社会世界在什么意义上可以被理解为一个统一体，以及在什么意义上各种观念、价值和规范能被维持和更新。另一方面，个人、社会和文化领域的再生产，在生活世界中表现为不断合理化、不断进步的过程。个体在文化传统、道德实践领域的学习过程中获得的能力，反映在世界观中，形成道德意识和法律意识，成为人们之间和谐的指示器。后者由于具有传播能力和促使制度变化的能力，因而能被社会加以利用，从而促进社会进化和发展。

哈贝马斯指出，合理化过程并不是像亚里士多德传统所认为的那样，意味着事物内在终极目的的实现，而是一个不断完善的过程；人类精神的进步不受人类内在终极目的的限制，它们是在偶然条件下实现的；进步概念和学习观念联系在一起，人类精神取得进步，并不意味着向终极目的接近一步，而是意味着人类自身的智力获得了有效的证明——也就是说，人类精神取得进步，所要归功的是一种学习机制。这种学习机制不断发展的结果，就是交往主体彼此自由承认的"不受压制的主体间性"。普遍交往结构乃是理想生活世界的"表述条件"，我们由之而获得生活有意义的内涵。

---

① HABERMAS J. Lifeworld and System : A Critique of Functionalist Reason[M]. Thomas McCarthy, trans. Boston : Beacon Press, 1987 : 138.

二、韦伯"合理化悖论"之批判

生活世界的合理化机制，被哈贝马斯用于解决韦伯（Max Weber）的"合理化悖论"。所谓"合理化悖论"是指：一方面，现代资本主义的发展促进了技术合理性的发展；另一方面，取得主导地位的技术合理性又反过来成为压制个体自由、压制理性的手段。这一话题曾引起广泛而长期的争论。如果说，自柏拉图开始的理性主义传统强调理性对世界的整合，那么，韦伯则明确指出这两者之间存在矛盾和冲突，并且无可避免。根据韦伯的研究，资本主义发展伴随了目的合理性的扩张，按照目的合理性组织起来的现代资本主义社会，在社会各方面不断取得巨大进步的同时，也将社会结构为一个严密的但功能上相互交叉的目的体系。这个体系构成了现代人类的生活基石，它既提供丰富的物质基础，也将社会牢牢捆绑于一个无形的"合理化"之网。随着社会生活的各方面都受到技术理性的严格"统治"和"奴役"，所有乌托邦式的替代性选择都只能是一种臆想，人们只能合理地、高效地生活，并被规划地走向死亡。韦伯的诊断是：现代化是理性不断发展、目的合理性取得主导地位的过程，它将不可避免地危及人类自由、危及理性本身。

（一）韦伯的"合理化"与目的合理性

为什么对"合理化"生活的追求，反过来会危及人类的生活和自由？这里的关键在于甄别"目的合理性"和"合理化"的内涵。韦伯在考察现代资本主义时，把理性主义作为资本主义的独特精神，指出"正是在这种理性精神的指导下，人们采取了一种理性的生产和生活方式，并由此孕育出理性化的制度"①。韦伯借助"目的合理性"来理解生活方式的"合理化"，但二者的内涵实际上并不相同。

第一，韦伯并没有将"目的合理性"等同于"合理化"。众所周知，韦伯

---

① 陈志刚. 现代性批判及其对话 [M]. 北京：社会科学文献出版社，2012：123.

将现代化过程视为一个"祛魅"的过程。所谓"祛魅"是指，神、上帝或其他超越性力量退出世界的中心，人们不再将之视为价值和意义的终极来源。从世界观结构看，这包括两方面的转变：一方面是宗教的解神秘化和旧的世界观解体，另一方面是一种新的世界观的普遍化。后者包括文化、社会和个性多方面的变化：从文化层面看，是新教伦理扎根于文化价值系统；从社会层面看，是宗教退出公共领域同时建立现代政治、文化、经济机制的过程；从个性层面看，则是信仰的私人化及按照新的文化价值观念参与社会化过程。韦伯正是从这个意义上来讨论"祛魅"和资本主义的现代化。从上面的回溯可以看出："合理化"对韦伯来说是世界观结构分化的过程，它包含目的合理性但并不与之等同。

第二，韦伯合理化理论的主轴是宗教的解神秘化。在韦伯看来，任何宗教解释系统都面临一个伦理观念不断完善的过程，这可简单归为三方面的原因：（1）任何宗教都具有某种超脱世界的、卓然崇高的属性，当朝向这一普遍性、超越世俗性的境界推进时，最终会出现伦理关怀与不公正、不完美如何组合的问题。（2）社会生活的变化导致宗教戒律必须调整，"不管在日常生活还是经济的领域，宗教的力量都有其限度；当宗教力量与上述的社会变革发生关联时，它绝非一直都是决定性的因素"①，因此，宗教教义必须作出调整以便"适应"现世的伦理。（3）知识分子在对宗教教义的再诠释中发挥了巨大作用，他们更多地从知性的角度对教义加以加工和完善，包括将宗教的神秘主义转化为知性概念，以及意义的明确、概念的解释等。在这种情况下，世界以及整个生活态度必须附属于一个既重要且又有意义的秩序之下。也就是说，一个为科学理性所结构的意义世界逐渐居于主导地位。

第三，根据韦伯的观点，科学理性向宗教教义的渗透，不仅导致宗教解神秘化，也催生了形式合理性的思维。（1）科学理性向宗教渗透的结果，使

---

① 韦伯. 韦伯作品集：宗教社会学（卷Ⅷ）[M]. 康乐，简惠美，译. 桂林：广西师范大学出版社，2005：253.

得古老而崇高的戒律褪去了其神圣的光环，价值领域出现分化。因为，科学提出正确性和真实性要求，而在宗教领域，人们实际上无法获得一种具有普遍意义的实质性价值，"从某一观点来看是理性的东西，换一种观点来看完全有可能是非理性的"①。譬如，新教伦理主张通过禁欲来压制自己的内心世界，一个人越是禁欲就越是远离罪恶。由此，勤俭和艰苦劳作便成为加尔文教"禁欲"的实践原则。在韦伯看来，这种压制和盲目服从与拯救自身灵魂的天意一致，其中蕴含的非理性信念在职业劳动中具备极佳的伦理特征，因而又是"合理的"。宗教解神秘化的结果，是价值领域发生分化，那些曾被信奉为永恒的东西，其合理性随着视角的改变而成为形式的合理性。（2）价值领域的分化催生了形式合理性结构。所谓"合理的"行为通过这样一种形式来呈现，即行为者对它的偏好有明确的认识，把基本的价值展示出来，并把它们安排到一个开放的制度中。就内容而言，不存在价值预设或信仰力量的合理性，行为者论证其偏好的方式方法及其价值趋向构成了一个视角。由此，合理性转变为理性运用的形式合理性，韦伯将之分为三个层次，即手段的运用、目的的设定以及价值的取向。具体而言，工具合理性依靠达到既定目的的过程中的有效计划加以衡量；行为合理性依靠价值、手段来计算目的的正确性加以衡量；行为的规范合理性则是用决定行为偏好的价值标准和原则的同一性理论、总体性理论等加以衡量的。一个行为，如果满足了手段合理性和选择合理性的条件，就是目的理性行为。相反，如果满足了规范合理性行为的要求，韦伯就称之为"价值理性行为"。这两个方面相互独立，不断变化。（3）按照韦伯本人的观点，现代资本主义发展的意识结构正是形式合理性。建立在职业伦理基础上的生活方式和形式法的组织手段在现代化过程中起到至关重要的作用。前一方面，新教伦理带有苦行主义色彩的职业行为取向，深深扎根到了资本主义的基本层面当中。后一方面，形式法的观念则

---

① 　韦伯. 新教伦理与资本主义精神 [M]. 于晓，陈维纲，等译. 北京：生活·读书·新知三联书店，1992：15.

培育出具有专业特色的公共领域，凝聚为现代国家的行政体系。现代化的这两条路线，即制度系统和个性系统，都关联于形式合理性。

韦伯在什么意义上谈论生活形式的"合理化"呢？哈贝马斯认为这包括两种不同的内涵。一方面是文化的合理化，它是价值理性被"合理化"的过程。随着科学理性向宗教领域渗透，神圣的价值观发生分化，产生了现代科学和技术、自律的艺术以及扎根于宗教的新教伦理，等等。它是宗教世界观结构自身发展逻辑演变的结果，因而被韦伯视为"合理化"的过程。另一方面是社会合理化，它是目的理性被"合理化"的过程。这一过程是文化合理化的社会结果，现代科学技术以及形式法的观念体现在制度层面，产生了合理经济组织、推动了理性法律的制定，推动行政管理科层化和现代国家的产生。在个性系统方面，以职业思想为核心的新教伦理渗透到个体的主观内在，科学认知和法律合理的价值趋向也渗入个体的生活方式。这一过程是目的合理性行为被合法化、普遍化的过程。

在韦伯看来，现代资本主义之所以是"合理的"，是因为出现了一种新的行为类型，它们在价值领域分化的前提下，仍然能把目的理性行为和价值理性行为结合起来并在实践中被统一地运用，因而被赋予了制度和文化动机的有效性。如果这种行为类型在个人和群体层面超越了时间和社会限制而实现了普遍化，韦伯就称之为一种合理的生活方式。韦伯所谈论的"合理化过程"既包括社会合理化的目的合理性，也伴随了文化价值观念和个性系统的价值合理性。对韦伯来说，在合理化过程中起决定作用的是科学技术。《新教伦理与资本主义精神》就是要回答，为什么在"世界历史"中，"在西方文明中而且仅仅在西方文明中才显现出来"一种具有"普遍意义和普遍价值"的世界观。[①] 韦伯列举了大量的事实来说明它是理性形式化的结果。"合理化的悖论"在于，目的合理性是世界观合理化的产物，却反过来对立于文化价

---

① 韦伯.新教伦理与资本主义精神 [M].于晓，陈维纲，等译.北京：生活·读书·新知三联书店，1992：4.

值领域的价值合理性，从而压制个性结构，压制人类自由本身。

（二）目的合理性的世界观及其困境

韦伯依据什么来判断其主张的"文化合理化""社会合理化"是"合理的"？这里以先前提到的普利查德的研究范例进行说明。主张现代人仅仅因为是现代人、他们的见解比非洲土著的见解更加"科学"，这并不能获得"合理"的结论。作出"科学"比野蛮更加"合理"的判断，需要意识结构的支持。即，必须预设一个普遍完美的世界，其按照某种发展逻辑能经历从野蛮向科学的演进过程。当韦伯提出现代化是一个"合理的"过程时，其判断依据是否涉及生活世界的合理化机制？从生活世界的文化、社会和个性这三个结构要素来看，韦伯显然意识到，一个"合理的"生活方式包括价值领域的分化（如，一种非理性的价值从另一种视角看可能是理性的）、交往网络的普遍化（如目的合理性行动"嵌入在互动的网络中"，并与社会角色相连）以及文化、社会和个性系统三种结构各自的合理化过程。这样来看，韦伯的合理化理论似乎完全符合哈贝马斯关于生活世界"合理化"的机制。那么，他的"合理化"分析为什么出现悖论呢？

第一，韦伯对合理化结构的考察，主要是从社会合理化层面进行的。即，现代国家的行政和经济管理机制已经确立了一整套合法的秩序，共同体成员间的合作有赖于它们进行调节，这也是成员间合作时彼此承担的遵守规范的义务。韦伯认为这种秩序具备约束力和规范有效性。在社会合理化的行动导向中，行动取向主要是一种技术控制，虽然这样的行动也是符号所控制的并且内嵌于互动网络中，但它达成的控制是客观化过程的控制。也就是说，行动者是以工具的方式对待他人，根据可观察的规则来理解他的行为。在这样的主体—客体关系中，客体的道德关联能力以及它与行动者交往关系隐退了；对于这种联系，具有决定性的不是规范和共识，而是适当的技术标准。显然，对象性的行动不适合于互动领域。

　　第二，在文化合理化领域，韦伯使用的是价值合理性尺度，这是他的合理化理论陷入困境的根由。韦伯的"合理化"逻辑已经预设合理化的意义在于"价值的提高"，既然这样，就必须考虑到文化进步或价值提高的普遍有效性。诚然，在社会互动领域，目的合理性结构对于经验科学或工具行动领域是没有问题的。比如，理论知识的增加促成了认识的进步，等等。但是这一结构不适用于文化价值领域，在这里，工具合理性的进步不等同于价值合理性的增加。当个体从文化传统中学习并塑造自身社会认同，这个过程不仅涉及社会秩序的"事实有效性"，还涉及价值观念上的"理想有效性"。在文化领域，合理化机制中的彼此合作关系不是"目的合理性"而是"价值合理性"。在这里，目的合理性的进步必须与价值合理性的增加显著区分。

　　第三，韦伯的不足在于，他没有提出与"合理化过程的普遍特征"相契合的意识结构。哈贝马斯认为，韦伯已经意识到生活世界的合理化必然关涉价值世界观的普遍化，然而，他没能将世界观的普遍化与价值领域的分化结合起来，没有意识到随着世界观的普遍化，价值领域已经发生分化，真理正确性、规范正当性和审美本真性问题分别适用于不同的规范有效性。韦伯的伟大在于，他反对在文化领域使用目的合理性，这使得他关于价值合理化的论证具备相对内涵。不过由此一来，韦伯的合理化理论就只能限于社会层面的合理化，它无法主张一种生活形式的"合理化"。正如哈贝马斯指出的，韦伯试图解释的合理化现象只是出于社会层面而不能运用于文化的合理性。

　　哈贝马斯认为，韦伯没有妥善处理价值合理性和目的合理性之间的关系。一方面，韦伯以"价值的提高"作为现代化的契机和起点；另一方面，世界又通过目的合理性被结构起来。由此，生活世界的文化再生产受到了破坏，个性结构不能从文化系统中获得支持。最直接的表现就是生活世界的意义危机及"合理化悖论"。发生这种失误的根本原因，是韦伯在世界观的普遍主义上持一种模糊的立场。所谓"世界观的普遍主义"是指：如果将生活世界的完善视为一个合理化过程，那么这一过程的终点，即一种高度发展并且完善的世界观，如何能普遍地施加于不同文化载体、不同价值主体和不同历史发展阶段？这里涉及的不是目的合理性是否具有普遍性的问题，而是当目的合理性和价值合理性作为一种形式合理性被统一运用，且这种统一的"形式"又被视为合理化的结果时，如何理解它的普遍性意义？韦伯只将这种紧张视为一个经验问题，即不断合理化的生活领域之间的紧张。而在哈贝马斯看来，韦伯必须修订他的合理化结构，才能消解其理论上的潜在对立。这正是哈贝马斯要处理的交往实践问题。

（三）普遍交往的合理化力量

哈贝马斯认为，普遍交往结构能提供主体间相互理解的意义结构，因而可作为理想与现实之间的桥梁推动生活世界的合理化。诸多伟大的哲学传统，对人的理解总是以一个理想世界的理念为导向。柏拉图的理念论之所以在生活中被接受，是因为它声称发现了理想生活的典范。同样地，亚里士多德"人是政治动物"的含义是，人要靠城邦来实现其本质。在这种关于人的理解中，个体必须借助一种设想和规范来获得自身认同和生活的意义。也就是，不能把人的世界当作范畴的复合体或者作为存在物的复合体，而是要把人的世界当作具体的社会生活联系的体制。在这个体制中，人与人的交往，不只着眼于他们现在的状况，而要着眼于将来的状况。这是因为，现实社会的各种束缚和建制对立于人的本真性存在，并不具备规范性意义。普遍交往的理念作用在于，它从普遍化了的主体的、事先构想的远景出发来设想"我"的存在，从而将不同文化、不同生活世界的理念整合于一个框架。这既使理解现实生活成为可能，也通过计划和构想我们该做的事情而将生命导向自我实现的实践活动。正如谢林所说，"理论上严密的哲学的研究，使我们对理念有了最直接的了解，而且，只有理念才重视行动并赋予行动以伦理的意义"①。通过这一理念，人在社会生活中的有理智的行为，被理解为在朝向完美实现或形而上学传统中"终极性"意义的实现过程，生命因而朝向一个不断丰富、不断完美的存在。

普遍交往的理念提供了主体间相互理解的共享结构。在具体的历史情境中，"合理的"理由虽然通过理念获得意义，但在现实生活中它不能直接加以应用，因而需要有一种与实践行为相关的、能在普遍意义上组织经验的战略形式。哈贝马斯认为，话语共识在这个意义上可以获得其规范意义，借助正确性、正当性和真诚性，它能解释特定社会文化的生活形式的经验成果，将其组织为一个"准先验"的理解框架并为社会成员所理解。在哈贝马斯看来，实践行为是一种受理念指导的行为；我们必须先在前科学的生活联系中获得某种理解，然后根据这种理解才能获得实践行为的意义。实践行为与行为者阐释世界、解释现实的视域密切关联；交往结构不仅能提供经验之"理解何以可能"的"准先验"结构，而且能将不同生活世界（复数）"准先验"结构组织为一个有序发展的整体，从而获得其普遍性意义。

普遍交往的理念为整合理想与现实提供了批判性力量。就现实的实践活动而言，关键在于如何处理关于人的存在方式的理念与现实的存在方式之间的矛盾。西方哲学传统处理这种矛盾的方法通常是：将社会现实与人的存在理念联系起来，然后在一般制度中指出它是如何实现、如何成为合理的。困难在于：在历史的偶然性语境中，个体如何通过理念阐释行动的动力？康德使用一个道德上严格自律的并因而是自由的主体来实现这一整合；借助这一理念，纯粹理性的实践意志赋予人类精神以某种崇高的价值；然而康德哲学的内在张力恰恰是哲学上要处理的问题，"恰恰就是潜能与行动之概念的'潜在性'与其充分发展和效果之间的张力"②。一个自由的主体，无法克服在

---

① HABERMAS J. Knowledge and Human Interests[M]. Jeremy J. Shapiro，trans. Boston：Beacon Press，1972：301.
② 卡西尔．人论 [M]．甘阳，译．上海：上海译文出版社，1985：211.

其发展过程中出现的异质性障碍。哈贝马斯认为，真正的问题不是理念实现或现实化问题，而是现实的、历史情境中的实践活动如何被接纳、被修正的问题；在哈贝马斯看来，理性概念的抽象反思模式使它无法应对历史的具体语境，一切现实的、具体的实践活动都被视为"理性的他者"。

普遍交往的理想结构既能汲取偶然性经验，也能吸纳实践活动中的各种异议和风险，从而整合生活世界的矛盾，朝向一个不断合理化的生活。一方面，合理对话成为解决冲突的适当方式，它既确保相关方的参与又确保所有人的利益受到同等关注。另一方面，话语论证还呈现出自我修正的意义。哈贝马斯指出：生活世界的符号结构与交往合理性之间保持着一种内在的联系，行为者在日常生活的实践中就必须借助这些结构。"任何一个生活世界都为它的成员提供了一种共同的文化知识、社会化模式、价值和规范，它因而既能设想为通过这些媒介使交往行为成为可能的条件，也能被设想为基于交往行为而进行自身再生产"①。总之，交往结构既能引导现实的实践活动，又能化解各种矛盾和冲突，从而推动生活世界合理化。

三、现代性问题及其批判

在哈贝马斯看来，普遍交往理念提供了一种文化上的反思和觉知信念；个体只有从本质上把自身理解为社会性的，才能获得自身认同并由此获得生活的意义和前行的动力。"个人和他人相互依赖的这种深刻的直觉，表达了人在世界中的位置的图景。"②对哈贝马斯来说，只有基于这样一种"自我理解"，只有基于这样一种对未来的把握并返回过去、反思自 18 世纪以来诞生的那些对人类事业至关重要的概念，我们才能从中获得对当下行动的现实意义。在哈贝马斯看来，启蒙的意义在于发现了一个完全自主的主体。对这一理念的批判性继承，使我们获得开创未来的实践力量，从而导向一个更加合

① HABERMAS J. The Postnational Constellation [M]. Max Pensky, trans. Cambridge : MIT Press, 2001 : 152.

② HABERMAS J. Between Naturalism and Religion [M]. Ciaran Cronin, trans. Cambridge : Polity Press, 2008 : 14.

理、更加有意义和更加美好的未来。就此而论，现代性乃是一项"未完成的事业"。

与此相反，后现代主义更多关注现代性行进过程中的负面结果，将普遍性、理性等视为权力和压制。在现代性行进过程中出现的主体性、普遍性以及合理性，是哈贝马斯与以法国后现代为代表的后现代主义相冲突的焦点。这里涉及两个问题：一个是围绕现代性的论争究竟意味着什么，另一个是哈贝马斯与后现代的哲学分歧究竟意味着什么。下面逐一探讨。

（一）现代性问题的基本阐释

现代性问题是一个非常复杂并具有巨大争议性的问题，人们事实上无法就现代性给出一个清晰的内涵界定。它在哲学、文学、美学等诸多领域被广泛探讨，有关它的纷争仍在继续。现代性不同于现代。现代或"新的时代"与时间意识关联，现代之为"现代"，在于与刚刚成为"过去"的时代存在某种断裂；作为一个新的起点，它打破了一个被延续的传统，并从自身获得一种规范性意识。在这个意义上，现代这个概念又意味着"最近的""当下的"意识，并且较过去的历史"阶段"更加进步，且将不断延伸和变迁。马克思正是在这一意义上使用"现代"概念。在马克思看来，15—16世纪以来欧洲发生的社会巨变，导致了大工业的兴起，带来了现代资本主义的生产方式，资产阶级"在它的不到一百年的阶级统治中所创造的生产力，比过去一切世代创造的全部生产力还要多，还要大"[①]，它产生了以往人类历史上任何一个时代都不能想象的工业和科学的力量并"首次开创了世界历史"。这个不同于中世纪的"现代生产方式"所引起的一系列革命性变革所开辟的新的时代，就是马克思、恩格斯著作中"现代"的科学含义。在这种理解中，"现代"被置于发展语境，它将面向未来而不断展开。基于这一点，我们可以将现代与现代性做一个基本的区分：现代性意味着对现代之为"现代"的时代意识的

---

① 马克思恩格斯选集（第1卷）[M]. 北京：人民出版社，2012：405.

源头的把握；现代则通过现代性而摆脱单纯时间意识的关联性，基于自身获得规范理解。也就是说，现代性是对现代世界之本质的准确描述。

哲学上的争议在于：现代世界本身能否产生这样的标志？自启蒙运动开始，"现代性"与"进步"的概念联系在双重意义上变得异常牢固：从积极的方面说，当这两个概念的结合产生了对历史进程的乐观的观感时，现代性的行进就被认为是合理的、有意义的过程；从消极的方面说，现代性的发生被认为是一个不适当的进程，因之就有了各种各样的"反现代"或"对抗现代"的理论化概念。在前一立场上，现代性被视为一种新的时代意识，哲学的任务在于批判现代性规划中被压迫和破坏的方面，保持和发扬进步的方面。由此，现代性被把握为"一项未完成的事业"。在后一立场上，现代性的行进被视为对真实生命的压制，是意识形态、与权力相关联的力量共同推动的结果。由此，对现代性的批判、重估就有了必要。如尼采提出"重估一切价值"，要从更加真实、正确的存在的获得中恢复自我。而在福柯看来，一切社会机制、治理模式都不过是权力的战略形式；在无所不在的权力关系中，那个高举启蒙大旗的主体不过是支配身体的权力技术学的效应。通过对人的"何以是其所是"和"何以是其所不是"的思考，福柯猛烈抨击了现代社会"大写的人"的虚妄性。

为什么对现代性的哲思会出现如此对立的立场？从认知人类学的立场看，这一纷争涉及传统意义秩序的瓦解及其现代重建的问题。在前现代的世界中，人类生活的意义为某种终极性的理念所建构，这个理念规定了主体在世界中的位置和意义。现代世界的不同在于，它的开端本身包含了一个与新的客观性相对的自我规定的主体观念。这里，"新的客观性"是相对前现代而言的，它在意义结构上奠基于一个自我决定、自我实现的主体，而与主体对立的外在世界被看作一个偶然的、实际的关联的场所。不过，对立于主体的客观自然并非完全接受主体的支配；也就是说，这种客观性并非总是协调于一个完全自足的主体。可以看出，现代人类生活的意义来源，从一开始就潜藏着矛盾：如果坚持一个独立自决的主体性，将面对如何抵御自然的压制的问题；如果坚持后一方面，将动摇人类的独立自主性这一根本性理念。然而这两个方面合并起来，将导致人类生活的意义悖论和价值缺失。重新确立人类理想的规范内涵，解除人类生活的意义困境，构成了哈贝马斯论证现代性的理论前提：一方面，他要从现代生活的体验中发现人类生活的意义语境；另一方面，他又要从这一意义语境折返回过去，通过它来批判现代性行进过程中破坏性和压迫性的东西。在当下的内在事业当中，论证语境和发现语境是交织在一起的，我们对未来的展望，与当下对过去的理解不能分离。"为了理解我们将是什么样，必须理解我们如何变成现在这样"①，反思现代性，才能发现、获取人类未来生活的意义。这正是哈贝马斯所从事的事业。

（二）哈贝马斯的现代性批判

哈贝马斯处理现代性问题的关键词是"断裂"和"理解"。所谓"断裂"，是就现代与传统的断裂而言的。按照传统的标准，人们不能理解现代的进步，但是仅仅按照现代科学的标准，人们又无法理解这些标准在什么意义上是合理的，并且不能识别出其中的不合理因素。所谓"理解"，是指对现代性的理解需要重塑一个标准。我们既能从中获得批判性的力量，又能保存现代文明的成就。在这个意义上，现代性的自我理解是批判性的，"现代性引以为豪的是它的批判精神，除非有充足的理由，否则，批判精神本身不是随便就会获得承认的。同时，主体性还具有一种普遍主义和个体主义的意义，任何一个人都要受到所有人的同等尊重，与此同时，他又是判断所有人各自的幸福要求的源泉和终极权威"②。批判意味着危机及其化解，现代性的危机乃是理性本身的危机：一个完全自足的主体导致了理性的工具化及其扩张，

① JURIST E. Recognizing the past[J]. History and Theory，1992，31（2）：168–181.

② JURIST E. Recognizing the past[J]. History and Theory，1992，31（2）：168–181.

进而威胁到人类生存状况，威胁到人类自由及理性本身。化解这一危机的实质在于，既要确保人类主体的独立自决和自主实现，又要限制工具理性的过度膨胀。

1. 终结意识哲学的主体范式

哈贝马斯认为，解决现代性问题的关键，在于克服意识哲学的独白式主体概念。主体性概念乃是现代性的基础概念，对现代性的所有争议几乎均可追溯至它，关于现代性问题的解决方案几乎都围绕它展开。

第一，主体性原则奠基于笛卡儿的自明性主体，后者用自身的孤独沉思取代了人类解放的意义。一个完全自足的"自我"，将自身意识活动之外的一切理解为它的对象领域。对应地，使周围的一切都对象化，都转变为可以控制的对象。然而谢林已经告诉我们：自我决定绝不意味着对自然的掌控，而是能够把与自然相联系的意识作为虚假的意识来反思。在哈贝马斯看来，人类主体的自我实现，绝不是笛卡儿式的认知主体。自然是我们存在的首要条件，也是一切人类事物的基础。人与自然的协作不仅是一种生存必要，也是人类自身价值的部分体现。自然具有不可穿透性和不透明性，对自然的强制必然导致自然的反抗。意识哲学的主体范式，将生活的有机总体性分裂为许多孤立的部分。主体之间、主体和生活的联系被拆解，主体因之沦为在自身之中孤独沉思的主体。占有对象或者物化过程的索取，取代了人类解放的意义。要解决现代性问题，必须克服意识哲学的独白式主体概念。

第二，不同于笛卡儿式的主体性原则，现代性的自我理解是观念论意义的。也就是说，自我本身是批判性认知的结果。康德力图通过自我限制的方式进行理性批判，他指出"合乎理性"的东西只能根据不同话语条件进行批判。康德方案的不足在于，理性在科学、道德和审美领域的分化，在直观上被体验为主体的"分裂"。黑格尔尝试以一种"实质性"的方案来实现综合和统一，这在其早期著作中体现为伦理总体性，在成熟时期则体现为绝对精神的概念。哈贝马斯指出，黑格尔关于理性主体的"自我和解"的方案仍然没有走出意识哲学的独白方式。因为黑格尔的"同一性"思维仍然存在一个作为绝对的"主体"，其存在和运动就是为了消除一切实证因素，为了达成"同一"。在一个压制性总体的统治下，理性和自由本身成为一种权力。一切关于现代性的批判和哲学反思都失去了意义，因为理性取代了命运，并且知道每一事件的本质意义早被预定。

第三，尼采激烈地反对理性主义传统和主体性原则，提出"重估一切价值"。他通过审美开启主体性批判和主体解中心化。尼采的初衷是通过一个超越性的存在释放被压抑的生命价值，从而在更加真实的存在活动中恢复"自我"。但对主体性原则的全盘否定，又使他陷入另一种意义上的"主观性"：一种唯一优越的价值观，同时也意味着某种"主观的"判断。哈贝马斯认为，尼采依旧没有走出意识哲学的结构性误区，但后者的努力已经足够表明：从意识结构的"普遍性"来理解"自我"或主体的存在，这一哲学范式存在严重误区，人类自我理解需要寻求新的范式。尼采之后，哲学转而通过语言范式探讨人的存在。海德格尔是这方面的重要代表，他尝试通过对前语言的分析打破主体性意识结构的怪圈。后期维特根斯坦的"语言游戏"概念关注同样的问题，即认为，通过语言阐释人与世界的关系，有利于打破传统哲学中主体性的意识结构。所有这些努力都在表明：哲学需要一种新的媒介来理解人类社会和人自身。

2. 探求主体间范式之解决可能

哈贝马斯认为，主体间的交往结构可以克服意识主体概念的压迫性。从黑格尔早期著作中，可以看到交往结构的统一性力量。在早期著作中，黑格尔设想了一个通过伦理力量来维持统一性的社会，在这样的社会中，破坏伦理关系的罪犯会发现，由于他的破坏行为，他被伦理共同体疏离，受到他人的敌视、反抗和伦理的压制。这种力量使罪犯遭受痛苦并认识到，否认他人生命即是自身生命的异化。黑格尔通过这种阐释表明，共同的生活环境乃是伦理共同体成员的生活基础，破坏这一基础同时也意味着生命的异化。哈贝马斯认为，黑格尔的伦理总体性方案虽然潜在着一种统一性力量，但无法在现代实证法律体系下实施。这是因为，后者往往将伦理总体视为异质性元素而加以排斥和压制。黑格尔之所以能完成重建，是因为他已经预设了类似于希腊城邦的理想化的历史共同体形式，从而预先把针对具体犯罪语境而制定的法律作为"实证的"因素排除掉了。问题在于，如果我们拒绝回到过去，或者采取其他的生活选择，黑格尔的这一方案就因无法处理"实证性"因素而失去了力量。

哈贝马斯认为，从主体间交往关系看，"实证因素"将呈现不同的意义。它的扩张及由此产生的压制，将追溯到主体间交往关系的扭曲，而不是主体—客体关系意义的征服。同样地，交往范式也可用于重建伦理总体性。正是由于交往关系中存在理性，社会成员才认识到他们生存的共同体基础，进而使人与人之间被扭曲的交往关系恢复正常。哈贝马斯强调，理性和解的概念是用主体间范式取代主客反思范式的结果，而不是来自主体性原则。或者说，对黑格尔的伦理总体性概念的分析可以使我们认识到，主体间的交往关系不仅具备理性的统一化力量，而且能限制主客关系上的工具性活动。哈贝马斯认为，如果我们将主体间交往结构用于反思"物化"批判和"启蒙辩证法"，其关于现代性诊断存在的问题便会一览无余。

3. "物化"批判与启蒙辩证法

卢卡奇通过物化批判来揭露资产阶级的主体性"形式"。卢卡奇认为，资本主义社会建立在商品关系的基础之上，各行为主体以交换价值为取向，因而彼此之间成为其他行为者的工具性对象。在这种情况下，人与人之间的关系反过来为商品关系所限定，"由于这一事实，人自己的活动，人自己的劳动，作为某种客观的东西，某种不依赖于人的东西，某种通过异于人的自律性来控制人的东西，同人相对立"①，这种人对立于自身活动的产物的结构性关系，就是卢卡奇所说的"物化"。卢卡奇把"阶级意识"作为反抗物化的潜力。在卢卡奇看来，由于单个的工人被迫把其劳动力作为一种功能与它的整个人的个性分离开来，这违背了其自身本性。当压迫趋于极限时，被压迫者的内在本性将被激发，从而奋起反抗。哈贝马斯认为，当韦伯提出"理性化的悖论"时，他意识到文化上的合理性和制度上的合理性之间的冲突；而当卢卡奇提出物化概念时，他实际上已经将文化批判与社会批判等同，并潜在地认为后者能取代前者而发挥作用。卢卡奇没有理解人的存在本身就是在具体实践中不断自我塑造、自我发展的，他预设了一个"抽象空洞的"主观本性，通过它来反对社会历史中的具体的个人。卢卡奇的贡献在于，他意识到人的充分发展必定有一种社会化的普遍结构。在这一点上，卢卡奇优于霍克海默与阿多诺的工具理性批判，后者将物化结构普遍化为意识结构，从而使理性批判重回主体哲学的意识反思，这是自我批判的一种倒退。

霍克海默和阿多诺致力于工具理性批判，并力图寻求一条返归"源始"、摆脱理性工具化的道路。（1）对阿多诺来说，理性的工具化表现为人与自然的敌意关系，其结果只能是必然性支配自然和人类历史，人成为历史的附庸。阿多诺尝试用模仿来调和"自我"与被扩张的工具意识的矛盾，模仿体现的是人与人之间的一种关系，即把他者当作榜样而使自己变得更加充实和丰富。哈贝马斯认为，阿多诺的方案表明人之为人只有在"自我"—他者的关系中才能实现。但是，阿多诺实际上并没有阐明人之为人的可能途径。（2）"启蒙辩证法"通过自我捍卫来说明主体的蜕变。自我既是有效的自我捍卫的产物，也是工具理性发挥作用的结果。在启蒙过程中，主体不断追求进步，通过科学技术不断改造自然；同时，又学会了自我控制，学会了压制自己的本性。启蒙辩证法认为，战胜外在自然，是以牺牲内在自然为代价

---

① 卢卡奇. 历史与阶级意识 [M]. 杜章智，任立，燕宏远，译. 北京：商务印书馆，1996：147.

的，这就是合理化的辩证法。那么，主体发生蜕变的问题出在哪里呢？霍克海默和阿多诺认为，自我捍卫的主体是按照精神与自然和谐一致的同一关系建立起来的。如果这种原则转变为对象性的意识结构，必然进一步压制内在自然和外在自然，由此一来，启蒙的命运或者人类自我毁灭的命运就几乎是不可避免的了。"启蒙辩证法"力图寻找一种总体性的理性，霍克海默和阿多诺将这种探索追溯到原始神话。在古代的祭祀仪式中，人们必须在当下凭神起誓、直臆忏悔，如果有人逃避或无视，就会遭遇厄运。万能的神灵与人类精神对自然的掌控是相似的，不同在于，神话变成了启蒙，自然则变成了纯粹的客观性。在这种对比中，主体的觉醒如同神旨一样，都把权力确认作为一切关系的原则。霍克海默和阿多诺认为，对自然的模仿和想象是人对自然的直接参与，它是一种工具但并非工具性活动意义上的，而是人与自然普遍和谐的工具。（3）哈贝马斯反对启蒙辩证法的同一性假设，认为如果启蒙辩证法坚持精神和自然的和谐同一，那么主体为了自我捍卫必定采取行动，既要对自然有所行动，又要防止一种工具性的活动，这是一项无法完成的任务。霍克海默的失误在于，他没有区分自我持存的主体和通过自我意识建构起来的主体，从而将人类主体自身同权力混同起来，最终陷入启蒙辩证法的悖论。启蒙辩证法的积极意义在于表明了这一观点：按照意识结构建构起来的主体性原则，本身就潜在了暴力和强制。现代社会的不合理之处在于，它将一切有效性都纳入工具理性的领域，正确的处理方式是将工具理性限制在其自身领域内，而不是排除它的运用。当"启蒙辩证法"将工具理性完全等同于主观合理性时，启蒙的黯淡前景自然也就无法避免。

（三）交往合理性的解决方案

哈贝马斯通过主体间相互理解的交往合理性来解决现代性问题。在他看来，黑格尔以来的诸多现代性方案都是意识范式的，它们的共同失误在于，把现代性的合理化过程理解为一个意识主体的本质化过程。在这种理解中，现代性的行进实际上成为"想象的思想"和哲学抽象，成为"主体性的暴力占有和规训"的过程。但实际上，现代性的合理内涵是实践意义的，它不是一个在理论上可以被决定的东西。诸多关于现代性的解决方案均在不同程度上陷入困境，其根本原因在于它们未能彻底走出意识哲学的主体范式，它们对现代性的理解建基于笛卡儿首创的主体性原则，根据这一原则，以认知—工具理性为主导的现代化过程削弱了西方社会的宗教基础，一个世俗化的社会得以发展起来。在这一过程中，主体理性自身发生了分化，在科学、道德、艺术等不同领域分别使用不同的有效性规范，这使得主体理性虽然促成了现代性的发展，但是它无法在这一基础上完成社会重建。而工具理性在社会领域大肆扩张，侵蚀了生活世界并形成技术统治的局面，这是现代性的症结所在。哈贝马斯指出，意识范式无法解决实践活动的创造性与生成这种创造性的先验前提之间的关系，必须从意识范式转向交往范式，才能消除穷竭的症候。在交往关系中，主体不再轻信自我反思的推理活动；相反，理性批判变成了一种怀疑的解释学，它要求在历史语境中获得一种"好的"论证。在一个共同拥有的生活世界语境当中，交往参与者如何才能就世界中的事物取得沟通？哈贝马斯认为，语言内在了对称性的交往结构，任何一种言语共识都取决于交往行为中言语的真实性、正确性和真诚性。在现实的交往活动中，这种有效性前提具备批判意义：任何一种理解共识都取决于第二人称的"肯定"或"否定"立场，因此，交往参与者必须互相学习。哈贝马斯指出，在交往理性扎根于不同生活方式的语境当中，任何一个生活世界都可以看成交往行为付诸实现的前提条件；反之，生活世界必须通过交往行为完成自身的再生产。交往关系中的合理性既能限制工具理性，避免引发危机的可能，也能确保个体在生活世界中继续前行，通过自主行动迈向一个真正合理的、有意义的生活。

四、对后现代主义的批判

前面提到，围绕现代性问题有两种截然不同的立场，如果说，将哈贝马斯视为捍卫现代性的典型代表，福柯等后现代主义者则是相反立场的另一典型。哈贝马斯的现代性重建，受到以福柯为代表的后现代主义的强烈质疑和批判。

（一）对福柯权力话语的批判

在福柯看来，以解放为目的的启蒙，反倒使人类处于被强制、被奴役的状态。这种令人担忧的双重运动的原因究竟在哪里？如果说，启蒙对康德意味着"要用勇气运用你自己的理性"，对福柯来说，启蒙就是"要有勇气重新创造一个你自己"。福柯认为，启蒙的过程本质上是知识与权力相互交织、相互循环，融为一体，主体由此被建构起来。

福柯认为，任何特定时候的形式化的意识，都不过是词与物之间假定的关系的显现。在《知识考古学》中，福柯不仅否认科学中存在任何连续性，也否认一般意识的连续性。在福柯看来，任何人文科学都隐含了一种再现内容的方式，这是词与物连接的唯一的可能途径。但是福柯怀疑，是否的确存在某种方法，能够将意义从一个话语世界转到另一个话语世界。福柯强调"真实的历史"充满断裂、偶然性，就此而论，"任何历史连续性、进步甚至解放等总体性观点都事先假定了先验主体的作用；连续的、不中断的历史与意识的统治权力形影相随"[①]。在这样一种理解中，知识的生成构成了自身独特对象领域的权力关系。

福柯认为，主体是形成的，而不是自主在先的，权力与知识的结合产生出主体。福柯以监狱的诞生及其变化说明了人类主体和现代社会是在权力规训之下演变的结果。在福柯看来，正是以权力的运作机制为基础，庞大的社

---

① 福柯. 词与物 [M]. 莫伟民，译. 上海：上海三联书店，2001：14.

会组织才得以发展起来。福柯认为全景敞视主义（panopticism）的监狱是一部机器，不仅驯服囚犯，而且改造他们。规训权力无所不在，并发挥广泛的、规范化的影响，它经由肉体进入日常行为，产生了被规训的教养。将这种机制从刑罚机构扩散到整个社会，就产生了一个规训社会的权力结构。福柯认为，人文科学用高雅的方式把这些肉体规训的规范化效果延伸到个人和集体的内心深处，这些个人和集体被驱赶到主体性之中，权力与知识的结合产生主体。在知识的形成中，真正起作用的是权力而非理性，知识是权力的产物而不是理性的产物，而知识又为权力服务，两者相互循环、相互加固。福柯指出，人不过是知识型中的一种构型。

哈贝马斯不同意福柯的权力批判。在他看来，福柯既然要进行时代诊断，批判权力，就必须坚持一种"客观"准则；当福柯以一种先在的视野讨论权力和"自我关系"时，权力概念无法从他所批判的意识哲学的主体概念中被提取出来。这样一来，他同样落入了意识哲学的"自我关系"的循环。（1）对话语与权力关系的批判。按照福柯的观点，话语是一种权力，而知识谱系学能批判或超越这种权力，因为它所使用的知识是被现有科学摒弃的各种知识。这些知识是"大众"所掌握的"潜在知识"，是由那些切身感受到权力技术的群体（如精神病人、犯人、流浪汉等）所持有（或"拥有"）的实践性知识。为了研究史料，必须在分析人们举止的基础上，洞察本人没想到的对权力的渴求。在福柯看来，这一实践本身虽然不具有意义，却是所有意义产生的源泉。哈贝马斯认为，所有被解释的东西，并不是陈列在博物馆的死物；在解释者解释之前，他就已经与它结合在一起了。真正的批判应该分离话语与权力，即通过批判的权利使权力搁置起来，然后来证明预先假定的普遍规范是否合理。（2）隐蔽规范主义的问题。这是指，人文科学必须坚持中立的立场。虽然解释者在论证动机上或有偏向，但在论证过程中必须坚守这一立场，以确保知识的客观性。哈贝马斯认为福柯并没有坚持这一原则。在他看来，福柯对现代权力形态的论证是策略性的，福柯通过描述规训权力占领肉体，使之臣服于规范化的强制，等等，都是为了说明权力的意识形态作用。在这种描述中，福柯的倾向性非常明显。哈贝马斯认为，福柯使用了一种非人文科学的词语，这一论点足以让我们不再把谱系学的历史写作当作批判，而是当作战胜规范的权力形态的策略和手段。（3）隐蔽规范还涉及价值判断问题。按照哈贝马斯的观点，福柯坚信权力的不对称关系是一种压迫，并相信自己是站在"主张异议"的这一边的。根据权力理论的描述，一代又一代人的社会化过程都是由权力实践塑造的。哈贝马斯指出，这里的困难不在于个体和社会之间的关系结构缺乏一种等价物，而是在于，由权力实践所引起的主观模式，实际上遮蔽了自我表现和自主活动的现实经验。在福柯的权力论中只允许有"战略行为"模式，没有给交往行为留下空间。人们采取策略追求私利，抗拒外部的刺激，只是想维护"内在世界"。哈贝马斯认为，福柯仍然没有跳出意识哲学的主体范式。

在维护启蒙还是反启蒙的立场上，哈贝马斯与福柯的观点存在冲突。但就具体的观点和研究方法而言，他们彼此存在许多相同之处。比如，他们都强调意识形态的压制、受到扭曲的话语结构、理性的工具化等。不同在于，哈贝马斯的出发点是同一性，而福柯的出发点是差异性。在哈贝马斯看来，如果不遵守一个共同的规范，关于世界的对话就失去了基础。而福柯认为，"这个世界既非有限也非无限，而仅仅是它看起来的样子"①。除此之外，他们之间的差别并没有想象中那么大。艾伦（Amy Allen）曾对两者的理论有一个经典的描述：就权力和话语之间的批判关系而言，哈贝马斯以自己的方式从事"福柯的工作"，福柯则以自己的方式"从事哈贝马斯的工作"②。换言之，哈贝马斯所倡导的交往合理性和交往理论，是为了更好地进行福柯所进行的

---

① 怀特.后现代历史叙事学[M].陈永国，张万娟，译.北京：中国社会科学文献出版社，2003：219.

② ALLEN A. Discourse, power and subjectivation: The Foucault/Habermas debate reconsidered[J]. The Philosophical Forum, 2009, 40（1）: 1–28.

权力批判；反之亦然。这一描述可以更好地把握上述理论分析及各自的现代性立场。

（二）德里达的语音中心主义批判

就现代性批判而言，哈贝马斯的交往与德里达（Jacques Derrida）的解构处于紧张之中。德里达关注差异，反对任何形式的一致性、本质或本体概念，这在他看来都属于"逻各斯中心主义"，都是形而上学的"在场"。德里达力图将文本书写的修辞学扩展到逻辑领域，以解决总体化的理性批判问题；而哈贝马斯反对文本书写的"普遍化"，反对抹除哲学与文字学的关系，两种理论发生了根本性的抵触。

第一，交往行为的规范基础与去逻各斯中心主义的冲突。（1）哈贝马斯试图探寻人类生活意义之为可能的结构基础。普遍交往被作为主体间理解之为可能的普遍前提。哈贝马斯认为，尽管这一理想前提在现实的交往活动中受到扭曲，但它作为一种理念能给我们指明行动的方向。德里达反对这种意义结构，对他来说，诸如价值、意义、真理这类体系都不具有可靠性。德里达认为，在意义的被赋予中，存在某个一直运作着的中心，这个中心的功能"不仅是用以引导、平衡并组织结构，而且还用来使结构的组织原则对那种人们可称为结构之游戏的东西加以限制"[①]。德里达指出，这种意义游戏是西方形而上学的一项系统工程，在其中逻各斯享有特权，任何真理、意义都通过它而被思想、被言说，意义是被"写下的存在"。（2）德里达通过解构来反对这种一致性思维。传统的看法认为，言语总是对某个"事件"的言说，观念的一致性通过符号的书写构成。而德里达认为，书写之中必然存在着意义的断裂、他者的忽视和差异的遗忘，解构则是对"差异"的回应、对他者的敞开。"解构"是具有批判意味的特殊体验，这一概念表明：我们的书写、我们谈论或者正在被"解构"的事情，并不必然以一种唯一的"历史性

---

① 德里达.书写与差异[M].张宁，译.北京：生活·读书·新知三联书店，2001：201.

标记"的形式被呈现出来，这些事情存在多个方向性的可能。人们称之为形而上学的东西，则尝试着超越这种差异，超越这种原始的分散，并借助逻各斯、言语获得自身的纯粹在场、意义的透明性、真理的可支配性等。（3）德里达借用自传的写作来说明这两者的差异。一个人的自传可以看成对自我的"约束"，但是这个自我其实并不存在，而是通过写作的方式被卷入进来，它对于它自身并不在场。同样地，在各种各样的写作中，仅仅是通过写作、通过他者，主体才得以形成。在这一视角下，写作与阅读之间构成了"主观之间的超验的共性"与"非经验的主观性"的对立关系。[①] 根据传统的理解，人们总是可以在文学展示的空间中找到某种本质性的陈述，德里达认为，这种"超验的"阅读方式造成文本与意义之间的武断的联系，是对文本的"折叠"。在他看来，阅读也是创造，文本的解读总是未完成的、不确定的。通过陈述碎片、片段、踪迹，文本阅读将被遗忘的他者、被忽视的差异呈现出来，从而打破了制度化形式和概念整合的连续性、整全性。

第二，德里达去逻各斯中心主义的一个重要举措是解构语音中心主义。德里达认为，逻各斯中心主义实际上以语音中心为其核心和基础。比如，苏格拉底式的"对话"，亚里士多德的"人是会说话的动物"。意义的表达都以"活的"言语或"思"为中心，在这种表述形式中，声音控制着符号，并且保持了意义、精神、真理的在场。德里达认为，文本的意义并非首先通过声音实现，而首先从文本中获得意义。（1）德里达通过"延异"来解构语音中心主义。文字与语音的"延异"，形成一种在场/不在场的非对称结构，创造出一个潜在意义的"意义的空无"。"延异"表明：意义的表达不是说话主体的功能，它必须通过"痕迹"去指涉另一个过去的或将来的要素才能达到。主体作为言说主体，取决于差异系统和延异活动，必须在"与自身相区分中，

---

① 德里达.文学行动 [M].赵兴国，等译.北京：中国社会科学出版社，1998：11.

在生成空间中、在拖延中、在推迟中"才被构成。① 简言之，没有一个被逻各斯中心主义预制意义的主体，主体的意义在他自身的生成之中。（2）"延异"思想被用于解构胡塞尔的意向性意义。对胡塞尔来说，语言表达的意义仅仅出现在"心灵独白"当中，表达过程本身承担信号的功能。德里达不接受这种意向性理论。在他看来，如果将意义表达视为一个内在化过程，那么根本不需要通过符号表述，意向本身就可以成为明确的意义。"表达的话语本身就其本质来说并不需要真正在世界大声说出来"②，但这显然是不可能的，这种类型的表达没有任何意义。德里达认为，胡塞尔的意向性理论暴露了形而上学的本质，意向性旨在消除时间的差异性和他者性，而这两者对于对象的直观，以及对于意义表达，都是重要的构成因素。（3）德里达认为，当言说行为被赋予意义的时候，也就是"意谓"的精神并不完全在场的时候。譬如，当我听他人讲话时，从根本上讲，他的体验并不"亲自"对我在场。德里达把表达、意义和经验之间的内在分化关系解释为语言的裂缝，认为只有在语言的填补中，事物才能作为世界中的事物呈现出来，只有把表述与意义相结合，才能再现某种事物。因此，意义的生成乃是符号的再现，是一种时间化过程，是拖延和推迟。

第三，哈贝马斯赞同德里达的"延异"对先验主体性的颠覆，但同时也认为解构理论存在不足。一方面，这一解构将使书写成为无主体的操作活动。哈贝马斯认为，德里达的目的是要说明经验在其自发性源头所具有的差异，但如果按照这种结构模式来设想，书写就会被看成一个脱离主体性的操作活动。一切语言表达，无论是语音形式的还是文字形式的，在某种意义上，都是在一种自身并不在场的原始书写的推动下运作起来的。在这里，原始书写先于一切参与主体，它履行的是揭示世界的功能。哈贝马斯指出，如

---

① 包亚明.德里达访谈录 [M].何佩群，译.上海：上海人民出版社，1997：78.

② 德里达.声音与现象 [M].杜小真，译.北京：商务印书馆，1999：40.

果德里达的语音中心批判企图用延异克服本体论的差异与存在，那么的确有所斩获，但是如果他企图通过书写的延异来参与现代性批判，则他并没有达到目标。因为他不过是借助于"一种不确定的权威"把显而易见的社会病理"神秘化"了。这种"书写的权威"四处游荡，用遗嘱的形式证明了神圣的缺陷，其意义已经发生异化。另一方面，哈贝马斯反对混淆哲学与文字学的界限。德里达通过修辞学手段，将文本书写"普遍化"。在这个语境中，所有的文类差别彻底消失，哲学与科学无法构成自足空间，艺术与文学也无法成为虚构的王国，修辞学对无所不包的文本语境承担全部责任。哈贝马斯怀疑这种批判途径的可行性，在他看来，日常交往把"解决问题"作为目标，使用的是框架化的非常稳定的语言形式，遵循逻辑规则；而文学—艺术语言发挥着"言明世界"的作用，使用修辞学的语言，遵循自我的内在体验。通过生活世界的交往行为，个人得以成长、发展。修辞并没有这种功能。反过来说，如果文本"普遍化"，各种文类的差异消失，文学、艺术的发展也会受到抑制。不过，哈贝马斯也无法将德里达的理论转译为交往理论。伯恩斯坦认为这两者之间出现了一种并置纠缠而又不可调和的关系，从现代性的反思来看，这两种理论都值得认真对待。

（三）利奥塔的元叙事批判

利奥塔（Jean-Francois Lyotard）把"元叙事"看成"现代性的标志"，把后现代定义为"不相信元叙事"[①]，从而在某种意义上主导了现代性和后现代的争论。

第一，关于现代与后现代的区分，是利奥塔的现代性批判的切入点。（1）在利奥塔看来，现代性以元叙事为标志。所谓元叙事，"有把社会和政治的体制、实践、法律、伦理、思想方式合法化的目的"[②]。利奥塔认为，一

---

① 利奥塔. 后现代状况：关于知识的报告 [M]. 岛子，译. 长沙：湖南美术出版社，1996：2.
② 包亚明. 后现代性与公正游戏 [M]. 谈瀛洲，译. 上海：上海人民出版社，1997：167–168.

般叙事中存在一种形而上学理念，它赋予某种叙事样式以叙事的霸权。这些形而上学理念就是元叙事，它们关涉某个未来要实现的目的，如自由、启蒙、人类解放等；它们之所以拥有合法化的价值，是因为它们被认为是普遍适用并且对人类有指导意义的。（2）在利奥塔看来，现代性就是这样一种宏大叙事，它们表现为某种理念和目标的追求，比如自由、平等、解放等。由于现代性是元叙事指导而赋予合法性的，因而宏大叙事本身发生信任危机而走向衰落，现代性也产生了合法性问题，甚至导致整个现代性事业的毁灭。利奥塔将19—20世纪发生的大规模战争、人道主义危机都归结为现代性的"罪恶"，认为这些事情的发生几乎使现代性不存在任何可信的叙事。（3）现代性和后现代性的区分不是时间上的区分，而是就把握"现代"之意图而言的。从现代性的意图来说，在"元叙事"和"宏大叙事"中可以看到现代性所为之趋近的事物本身。在这种意图理解中，现代性自身包含了一种超越其现时状态方面的动力，这个超越过程最终可能趋向于某种稳定状态的构想，比如追求某种乌托邦方案的稳定状态，它包含在现代性的宏大叙事中。然而，现代性由于自身的危机而偏离了这个方向，后现代则要将这一意图贯彻下去。

第二，"元叙事"和"宏大叙事"的合法化力量来自知识。（1）对利奥塔来说，知识是一种能力。它不仅包括一套定义指称性的陈述，还包括"如何操作的技术""如何生存""如何理解"等观念。通过它，人们可以下结论判断，也可以评价或转化。在利奥塔看来，知识的权能超过了对真理标准的单纯确认与运用，而扩展到对效率（技术方面的资质）、公正与快乐（伦理智慧）、声色之美等的确认与运用；知识不仅使人们形成"好"的判断，还能形成"好"的评价规范以及对事物作出"好"的评价，它涵摄真、善、美所有领域。（2）对知识能力的分析指明了两种不同知识——叙事知识和科学知识。利奥塔说，叙事本身就具有合法化的功能，这种合法性既不需要诉诸特殊的过程，也无须通过回溯过去来获得认可。叙事本身就有它们的权威性，在某种意义上，人不过是把叙事变为现实的东西；他们把叙事放进典章制度之中，自己扮演了言说者、听众和转述者的角色。与叙事知识不同，科学知识奉行的是 19 世纪的"证实"与 20 世纪的"证伪"原则。利奥塔比较了科学知识和叙事知识五个方面的不同，指出：科学知识与叙事知识存在一种不平等关系，我们不能根据科学知识的标准来判断叙事知识的有效性，反之亦然。但是，以科学知识的标准来看，叙事知识被视为野蛮、落后的，而叙事知识能够以宽容的态度看待科学知识，将之视为文化大家庭的一种变体。（3）这两种不同类型的知识如何取得合法化力量呢？利奥塔分析了合法化叙事的两个主要派别——政治性的和哲学性的，它们在现代化过程中都占有十分重要的地位。一个是政治性的"解放的叙事"。这种知识并不在自身中找到合法化的根基，而是在一个实践的主体，即在人类中寻求合法化的根基。它所追求的目的，并不是知识的自我合法化，而是自由的自我建立，这种合法化模式表现为一种解放的叙事。在这种合法性模式中，知识本身并没有合法性，其合法性在于保障实践目的的实现。另一个合法化模式是哲学性的"思辨的叙事"，它的合法化力量来自哲学思辨层面。利奥塔以洪堡在柏林大学创建之初（1807—1810）的决策过程为例予以说明。当时，洪堡面临科学与人文的重大抉择：一方面，科学遵循自身的法则存在并得以更新，不受其他外在的约束与限定；另一方面，洪堡又认为大学应该使学术适应于"国家之精神的与道德的训练"。这两种抉择在规则上存在重大冲突，洪堡所采取的原则是"把上述原则与理想，用一种观念加以整合，以保证科学对真理和事实的研究，与道德政治生活所追求的正义目标一致"①。这种最高形式的整合，便成了合法化论题的要素。利奥塔认为，洪堡所代表的叙事类型就是"思辨的精神"。这里，"思辨"意味着哲学的思辨，它是使科学话语合法化的叙事模

---

① 利奥塔. 后现代状况：关于知识的报告 [M]. 岛子，译. 长沙：湖南美术出版社，1996：110-111.

式。这种合法化的机理在于，它诉诸理性的叙事即"元叙事"来进行。

第三，利奥塔认为，这两种叙事模式在现代社会已经失去合法化力量。（1）就"思辨的精神"而言，其合法化原则正处于"内在消蚀"之中，并以科学知识危机的形式表现出来。[①] 在现代科学知识高速发展的进程中，知识的思辨等级被打破，学科之间的界限被重新划分，一些新的学科领域诞生。所有这些，都冲击着"思辨的精神"的叙事模式。（2）就"解放的叙事"而言，它混淆了认知与实践、价值与事实之间的差别。它在现实政治实践活动中常常导致有关正义指令的政策性言论合法化，道德上的解放成为它唯一合法性的来源。但是，科学的语言游戏具有它自己特定的规则，并不具有监督道德实践的功能。利奥塔由此指出，科学只能在自己的游戏领域内从事它的语言游戏，并不能为其他游戏提供合法性。因此，他反对科学的话语霸权，反对存在某种普遍性的"元语言""元叙事"。（3）在传统的合法化叙事模式丧失合法性之后，新的合法化力量来自哪里？利奥塔的观点是，依靠大叙事的做法被排除了，但是"小叙事"保持了想象力和创造力。因而现代社会需要关注个体，强调个体的内心与情感，注重挖掘或建构个体的"意义事件"。

就现代性批判而言，哈贝马斯和利奥塔在工具理性批判、合法性问题探讨和通过话语共识来寻求新的合理化路径等方面，存在相似之处。然而细究起来，又有很大差别。第一，对科学技术及工具化的具体态度不同，这包括两方面的内容，一方面是科学陈述本身，另一方面是工具性活动。（1）对科学技术和工具性活动的考察视角不同，结论亦不同。哈贝马斯从人的自我实现及其实践活动来考察科学技术，认为科学知识和它的工具性应用是人类自身发展不可缺少的工具。问题在于如何限制科学和技术应用中的工具理性的扩张，从而使之为人类的实践活动服务。利奥塔从合法化叙事的角度来考察科学技术，从这一视角来看，科学技术成为一种非常危险的力量，它正在

[①]　陈嘉明，吴开明，李智，等 . 现代性与后现代性 [M]. 北京：人民出版社，2001：365.

把社会变成一个"计算机化"的社会，把人变成"非人"。人们过分依赖计算机的运算而排除其他考量，社会越来越同质化。语言游戏的异质性、多元性正在丧失，人类的自由空间日益被压缩，所有这一切，都严重威胁人类生存本身，"如果知识的本质不改变，就无法生存下去"①。（2）就科学陈述本身而言，两者对其地位和作用的看法各有不同。哈贝马斯区分了经验—分析的陈述、历史—解释的陈述，这两种不同的理论陈述扎根于人类的行为结构与经验结构之中，各自指向不同的对象领域，并在生活实践中同社会系统的构成联系在一起。利奥塔区分了科学知识的语用学与叙事知识的语用学，按照他的理解，科学知识的语用学在现代叙事中占据主导地位。罗蒂（Richard Rorty）认为，这里涉及利奥塔和哈贝马斯对科学态度的根本性差异。利奥塔关于叙事知识和科学知识的区分，从根本上是要维护叙事知识的权利。在利奥塔看来，现代性的合法性一直就在那里，仅仅是科学知识的话语霸权，才导致了现代性危机。这一观点意味着，哈贝马斯误解了现代科学的本质。②而哈贝马斯通过经验—分析的陈述与历史—解释的陈述构建的"元叙事"，引发了另一个更大的争论，即如何理解现代性的合法性来源问题。这一点是哈贝马斯与利奥塔在现代性问题上的根本分歧所在。

第二，现代性的合法来源问题，是哈贝马斯与利奥塔关于现代性问题的根本分歧。利奥塔对元叙事的批判，根本上是对总体性、本质主义的批判。在利奥塔看来，这种元叙事之所以能够为现代性提供合法性保护，本质上在于其逻各斯中心主义的思想方式。在认识层面，这产生了主体与客体对立的思维模式；在社会层面，工具合理性将整个人类社会置入一个受到技术规则严格管控的体系；在政治实践层面，它被认为是 20 世纪发生的人道主义灾难的思想根源。因而，利奥塔将科学技术的高度发展描述为终结所有宏大叙

---

① 利奥塔. 后现代状况：关于知识的报告 [M]. 岛子，译. 长沙：湖南美术出版社，1996：36.
② 罗蒂. 哈贝马斯和利奥塔论后现代性 [J]. 李文阁，译. 世界哲学，2004（4）：4–13.

事的宏大叙事。[①] 在反对传统哲学的本质主义、主—客对立思维方面，哈贝马斯实际上和后现代主义持基本相同的态度；不同在于，哈贝马斯反对对现代性的全面否定。在哈贝马斯看来，现代性是这样一个时代，其中所有的预设模式和标准都受到质疑，并且被发现存在问题；置身其中的人们需要采取行动，获取生活继续前行的意义和动力。因而对哈贝马斯来说，合法性问题变成了如何产生有效性准则的问题。哈贝马斯通过交往合理性来解决这一问题，认为一旦把知识看成"以交往为中介的知识"，那么理性所衡量的就是负责的互动参与者能否把主体间相互承认的有效性要求作为自己的取向。

第三，共识与差异。哈贝马斯的交往理性强调理性的规范基础。在这种交往中，个人之间可以在不受支配的情况下逐步达成理性共识。利奥塔质疑这种理性共识的可能性，在他看来，异质的语言游戏不可能有共同的元规范，或在科学共同体中有一种能够包含所有在社会上流行的元规范的共识。另外，哈贝马斯把对话的目的看成达成共识，但共识只是讨论过程中的一种特殊状态。在利奥塔看来，哈贝马斯以这种方式将合法性锁定在普遍性上，一方面它预先假定了知识与行为的合法性是一致的，另一方面它主张共识是人类生活唯一可能的境地，然而个体的表达也许比共识更加重要。

与后现代的争议表明，哈贝马斯的现代性方案或许并不完美。当他通过不同的有效性路径来评价世界中的活动时，也许有什么重要的东西被遗漏了。但是，哈贝马斯坚持启蒙精神和理性立场，努力为现代性寻找出路，这本身值得充分肯定。世界充满对抗与风险，人类生活的不确定因素日益增多，要想使我们对一个美好未来的期望显得有理有据，就必须既要分析当前的困境与危险，又要提出发展前景和可展望的理念。在这方面，哈贝马斯也许作出了一个值得称道的尝试。正如他曾经指出的那样，在关于人类未来规划的各种"乌托邦"构想中，"普遍交往"也许并非唯一可能的选择，但在多

---

① 西姆. 德里达与历史的终结 [M]. 王昆，译. 北京：北京大学出版社，2005：56.

元化和社会关系日益复杂的社会，这可能是避免冲突、消除对抗的"最小限度"策略。①

五、交往合理性的现实意义

所有关于现代性问题的诊断，都涉及技术合理化引起的生活世界的内在紧张。为此，哈贝马斯回顾了实践活动的现代转变过程，指出：朝向理念的实践力量被替换为技术力量，生命活动丧失了其本质性目的，最终引发现代生活的意义危机。他希望通过对交往合理性的讨论，为克服人类的现实困境提供某种信念和基础，更好地引导人类的未来。

（一）科学文明对实践力量的损害

对哈贝马斯来说，交往合理性是一种具备实践内涵的理念。这里，"实践"是话语意义的，它是"基于伦理的或规范秩序的符号互动"，而非技术活动或日常理解的功能活动。对话语实践的"合理性"评价，不是基于因果逻辑，而是基于论证逻辑给出的。② 在哈贝马斯看来，对话语论证之实践内涵的把握，可以追溯到古代希腊人的辩证思维。那些卓有成效的共识，被认为只有建立在对话基础之上的才能获得兑现。这一思想由来已久。比如，苏格拉底认为只有依靠对话式的活动亦即思想活动，才能达到对人类本性的认识；柏拉图则认为，往一个人的灵魂中灌输真理，就像把视力赋予盲人一样是不可能的，真理就其本性而言就是辩证思想的产物。如果不通过人们在相互的提问与回答中不断地合作，真理就不可能获得。因此，真理不像一种经验的对象，它必须被理解为一种社会活动的产物"③；亚里士多德发展起了用于论证说服的论辩术。在历史上，对话只是后来才丧失它的个别特征，当然

---

① 哈贝马斯. 理论与实践 [M]. 郭官义，李黎，译. 北京：社会科学文献出版社，2004：326.

② HABERMAS J. Toward a Rational Society：Student Protest，Science and Politic[M]. Jeremy J. Shapiro，trans. Cambridge：Polity Press，1989：7.

③ 卡西尔. 人论 [M]. 甘阳，译. 上海：上海译文出版社，1985：8.

这并不能消除其实践内涵。

哈贝马斯指出，在包括古希腊在内的前现代社会中，实践的力量来自理念的理想化而非技术，把实践活动理解为技术活动乃是近代以来自然科学发展的产物。

第一，在亚里士多德那里，实践活动是本质性的实现活动。实现活动有很多种，比如，果实的生长、建筑师建造房子等。但对亚里士多德来说，实践活动不同于这些活动，实践活动对生命而言具有本质性意义。这包括两方面：一方面，就目的性而言，自然物或其他生命的活动是自然地实现的，人的活动的实现则要借助于理性的运用，是一种合乎理性的活动；另一方面，就本质性而言，人的实践活动不是实现某种潜在的"质"，如手或脚的活动，而是在实践活动中才获得那种力量。可以看出，亚里士多德始终将实践活动理解为本质性的生命实现活动。

第二，亚里士多德区分了理论知识、实践知识与技艺知识，将实践与技术区分开来。理论知识关涉实在秩序，是我们沉思的对象，既不能被创造也不能被完成。实践知识和技艺知识指向可变的事物，技艺使某物生成，关乎一种真实的制作，学习一种技艺"就是学习使一种可以存在也可以不存在的事物生成的方法"[①]。不同于这种求真思维，实践是一种求善的思维；实践关注明智，明智是对一个人是善的或有益的事情。这里，"善的或有益的"不是指具体的事情，而是对生命活动本身在总体上是善的或有益的。亚里士多德强调实践活动的价值和意义在于智慧，在于对情况的明智的认识。我们从亚里士多德的论述中可以看出，通过技艺并不能获得明智这种品质，一个真实的制作活动并不意味着它就是善的；同样，我们也可以说某个人一味较真，但这并不明智。

第三，自然科学的进步彻底改变了这种古典的区别，技术力量逐渐侵蚀

---

① 亚里士多德 . 尼各马可伦理学 [M]. 廖申白，译注 . 北京：商务印书馆，2024：187.

实践领域，这不仅改变了合理生活的意义，也带来生活世界的内在紧张。根据科学陈述的逻辑，技术活动将自发地指向目的，且就其自身逻辑发展而言是"合理的"。相应地，实践活动中的目的和意义，则被科学技术依据自身逻辑认为是主观的东西并隔离出去。这种把实践力量技术化的趋势，自近代伊始就表现得很明显。例如，培根主张"知识就是力量"，将人类自身的最大进步归因于技术；霍布斯则试图通过技术手段一劳永逸地建立起合法的政治秩序。哈贝马斯认为，随着实践领域被技术力量所蚕食和吞没，实践所关注的问题诸如美好生活的意义、人的本质性实现等，被转化为技术问题，"认识的这种转换或运用是技术问题；在认识正确的国家秩序的普遍条件时，人们不再需要彼此之间的机智的实践行动，而是准确地建立各种规章和制度"①。这就是韦伯在合理化理论中提到的问题：一方面，实践行动合理与否在于从技术可行性视角评价和选择目标、手段；另一方面，仅仅基于目的合理性又无法评价行为的价值和意义。由此，生活世界的合理化过程被经验为一个带有矛盾色彩的过程。

哈贝马斯认为，现代社会的合理化困境并非科学技术本身的问题，而是隐藏在背后的实证科学的方法论，因此，问题的关键不是要消灭技术进步、消灭技术本身，而在于限制技术扩张，重新激发实践的批判潜能。哈贝马斯分析了技术合理性的不同发展阶段，批判了其背后的实证科学的方法论及其实质。

第一，在最基本的层面，即在严格意义的技术合理性层面，技术的运用是为了实现特定目标。在此意义下，工具性活动被合理化，如果面临两种手段的选择并且从技术上讲都是同样合适的，这就涉及决策理论的合理化问题。具体来说，应通过决策理论澄清这两者的关系。一方面是可供选择的技术和可供选择的目标，另一方面是价值系统和达成决策的原理。目的合理性

---

① 哈贝马斯.理论与实践 [M].郭官义，李黎，译注.北京：社会科学文献出版社，2004：187.

在这种意义上被合理化，即可能的选择从偏好规则和决策程序中被正确地推导出来。

第二，决策理论的合理性机制在于，它以设定的价值目标——通常是"效率""成本"作为优先序列，生活实践中的其他价值则被视为次要的或"主观的"。这种合理性观念经常被援引去支持社会组织的决策模式。例如，韦伯指出，政治实践的决策和目标制定采取专家模式，在这种模式中，专家所揭示的客观必然性似乎对决策具有支配地位。合理化的另一个层次是系统的合理化，在这种合理化机制中，决策着眼于在复杂环境中自我维持的能力，行动系统在这种意义上是合理化的，例如系统稳定性和适用性。就这个层面的合理化而言，对传统价值的批判反思是多余的。

第三，哈贝马斯认为，技术合理性得以扩展的根由并不是它不接受其他价值，不能产生实践意识，而在于它能按自身逻辑对实践意识作出"事实"和"有效性"的区分。这样一种科学的"实证思维"范式的实质在于，以目的合理性作为行为合理性的基础。科学的进步和经验科学的巨大成就为这种思维范式的发展提供了背景，而一旦这种思维范式垄断合理性价值的阐释，行动合理性就被缩减为仅仅是技术的合理性。实践活动的唯一合法联系只能是技术的联系，这种联系导致人们用不断强化的工具合理性的形式追求目标。由此，实践活动与扎根其间的个人生活形式脱离了联系，科学技术自身的合理性扩大为对自然和社会过程的控制，其他任何与实践相连接的理论都被冠以意识形态。实证科学的合理性框架，最终会将整个社会卷入进来，"在这个社会组织中，一种独立的工艺学，以价值中立的名义决定着实践的被强占和被僭越的领域，也决定着价值体系，它自己的价值体系"①。

（二）实践活动的批判性意蕴

不同于实证科学的合理性思维，哲学传统中的合理性内涵是批判意义

---

① 哈贝马斯．理论与实践 [M]．郭官义，李黎，译．北京：社会科学文献出版社，2004：346.

的，其目的在于将人从内在、外在的强制中解放出来。事实上，"启蒙"的含义最初就是实践意义上的合理性，"是通过对权力关系的批判性认识获得的解放经验。因此，权力关系的客观性产生的效果就是使得这些权力关系成了不透明的"①。实践合理性的这一批判性内涵，在实证主义的框架中被置换掉了。实证主义的合理性背后隐藏着这样的历史哲学观点：从技术对客观化过程的控制能力到历史过程的掌握，统一的合理性是存在的。与此对立的观点是，人类自身创造了历史却没有能够有意识地对历史进行创造。

根据哈贝马斯的观点，自然科学的求真思维对实践"明智"的损害，早在维科（Giovanni Battista Vico）时代就已经被意识到。对维科来说，人不是一个孤立存在的客观对象，对人的理解不能像观察客观事物那样从外部观察，而要重构人们如何看待生活、如何看待身处周围环境中的自己，如何看待与自己发生关联的自然界和其他人。这种理解不同于物理学的方法，只能从内部把握。维科认为，对人的理解就是对其活动目的的理解。如何理解人的内在目的？这就触及维科"新科学"的根本前提——"真理即创造"，或者，真理和行动是可以互换的。在维科看来，认识和创造是同一回事，"人的真理就是这样的真理，即真理的元素由我们自己并为我们自己而创造，且包含在我们之内，然后我们根据假设将其延伸至无限；并且在我们结合真理的元素时也创造了我们在结合的过程知晓的真理；通过上述这一切，我们也就把握了我们借以创造真理的属或形式"②。对维科来说，关于人这种行动者的知识不是笛卡儿的"我思故我在"，而是"我行故我在"。维科拒绝把科学判断的方法运用于实践的明智，强调利用人类整体智慧来培养公民各方面的能力，以完善发展人类的自然本性，造福于人类社会。维科牢牢地把握了亚里士多德关于认识与实践的区别的界定：科学的目标是探寻"永恒的真理"，是

---

① 哈贝马斯. 理论与实践 [M]. 郭官义，李黎，译. 北京：社会科学文献出版社，2004：329.

② 贾汉贝格鲁. 伯林谈话录 [M]. 杨祯钦，译. 南京：译林出版社，2011：75.

对必然的存在物进行探索；而实践的明智只是同"或然的东西"关联。哈贝马斯认为，维科展示了自然科学的求真思维与实践的明智的关系，即实践活动不是可以通过科学技术手段加以控制的领域。在实践活动中，人们如果愈严格地选择科学的可靠性标准，在行动中的不确定性就愈是增加。但这并不意味着技术合理性丧失了其效用，它在经验科学领域有自己的规范意义。只有将其严格限制在这一领域，才能使实践活动摆脱技术手段的方法论束缚。困难在于，如何将技术力量和实践力量区分出来。

马尔库塞（Herbert Marcuse）对技术力量和实践力量的区别进行了分析。他的核心论点是：借助技术进步，现代资本主义的政治统治已经与技术合理性融合；技术的进步扩展到整个统治和协调制度，创造出种种生活和权力形式。这些生活形式似乎调和着反对这一制度的各种势力，并击败和拒斥以摆脱劳役和统治、获得自由的历史前景的名义而提出的所有抗议。[①] 简言之，科学技术已经成为一种统治工具，成为一种独立的"意识形态"。如果马尔库塞是正确的，合乎逻辑的结果就只能是：不废除技术本身，就不能消除政治统治具有的技术支配的形式，也就不能实现人的解放和自由。

哈贝马斯反对这一观点，指出技术合理性的和实践活动实际上相互依赖；并在一定程度上相互交织。（1）技术本身具有价值取向的需要。（2）价值信念只有与可以获得的、可想象的技术实现联系，才能持续地存在；失去了这种联系，它们就变成对实践无用的意识形态。（3）增强的技术潜能自身能够产生新的利益情境，并从中产生新的价值，因而，对技术力量的消解同时也是对实践力量的消解。就这一点来看，马尔库塞没有看到问题的实质：技术"统治"的危险不在于如何消解技术力量，而在于把技术合理性的意识转换为生活中的实践意识。问题的关键不在于技术力量的统治本身，而在于通过一种实践视角来限制技术合理性的运用领域。在这种情况下，技术系统

---

① 马尔库塞.单向度的人：发达工业社会意识形态研究 [M].刘继，译.上海：上海译文出版社，1989：4.

的"合理性"仅限于维护现存的自我调节系统。然而，如果我们把它理解为想要实现的或者所期望的生活，那么这种"合理性"标准就不够用了。反过来，一种为现存文化系统所理解和接受的对未来生活的规划和理念，能有效抵偿技术合理性的越界及其带来的不利后果。哈贝马斯指出，随着社会变化而不断增长的技术合理性，的确会获得某种对组织社会行为的自发性，而这种自发性反过来会抑制实践活动中的主体意识。在这种情况下，我们如果基于一个普遍化的主体来设想行动的意义，就能既保留工具活动中的技术力量，又能重新唤醒实践理性的批判意识。

（三）普遍交往的现实意义

科学技术的巨大进步带来了出乎意料的社会文化后果，人类必须学会掌握自己的命运。哈贝马斯关于这一现状的反思，在 20 世纪 60 年代聚焦于对工具的或技术的合理性不加限制地支配，而提出一种系统的解决方案，则在十多年以后。在这一漫长的探索过程中，认知人类学规范方案逐渐转变，以语言为中介的普遍交往结构逐渐清晰起来。在 1988 年与加利福尼亚大学的尼尔森（Torben Hviid Nielsen）的访谈中，哈贝马斯以真理问题为枢纽回顾了这一转变：60 年代的关注点主要在于"真理"或真实的理解如何可能，对技术合理性问题的考虑着眼于实证科学的方法论缺陷；70 年代主要关注真理的话语论证，对技术合理性的问题考虑着眼于技术统治的合法性及其危机。在此，哈贝马斯区分了目的合理性和交往合理性，以此应对技术不断扩张带来的系统危机。在哈贝马斯看来，科学技术的统治已经构成了对人类集体生存的危险，单凭技术力量已经无法应对这种挑战。关于技术进步与社会生活行为联系的决策模式，本质上是"在控制权力不断扩展的客观性条件下，人类能够和想要过的生活这样的实践问题"[①]。交往合理性方案的要旨在于：与技术转化为实践的联系中，话语论证被赋予一种批判的、控制的功能；交往

---

① 哈贝马斯.作为"意识形态"的技术与科学 [M].李黎，郭官义，译 .上海:学林出版社，1999：91–92.

行为的法则则对工具性活动和策略行为作出反应，但它遵循自身的逻辑。这里，针对两种不同的合理性，哈贝马斯区分了社会整合和系统整合。社会整合表现为具有符号结构的生活世界，是规范—实践意识的合理性；系统整合表现为克服环境而维持其界限和实存的能力，是认知—工具活动的合理性。显然，系统整合与社会整合的要求实际上在相反的目的上运行，这使得社会化的个人将形成一种自相矛盾的内部环境。哈贝马斯认为，这种冲突或矛盾能通过以语言为中介的交往得到化解。一方面，在面对外部自然的过程中，社会系统遵循技术规则来捍卫自身，而面对内在自然，主体需要借助交往行为才能捍卫自身。无论是对于工具行为还是对于交往行为，语言的主体间交往结构都具有构成性意义。另一方面，诉诸介入其特定生活形式的各个特殊诠释共同体仍然是不够的。因为任何关于真理、事实之有效性的话语论证，将不可避免地"从一个世界内有限存在的视角出发，去超越社会空间和历史时间的界限"，结果是，"超越情境有效性主张的无条件性必须被预设为充分满足了的那些条件"。①沿着这样一条思路，我们将不可避免地被导向一个由普遍交往所结构的个体。我们实际上也只能在这样一种理念中重新获取人类实现自身价值的实践维度。

在晚期资本主义社会，科学技术日益成为社会对人进行压抑、操控的工具。哈贝马斯反对"技术至上"，认为应以社会规范的合理性取代技术合理性。这要求对科学技术进行"选择"和"设计"，但这种选择和设计不应局限于特定时代、特定阶级状况，而必须加以超越，使之成为"整个人类的设计"。这一目标需要通过"普遍的、公共的"话语论证得以"合理"地形成。哈贝马斯认为，交往合理性将结束科学技术的意识形态功能，而成为推动人的解放的"潜在力量"。哈贝马斯认为，晚期资本主义出现了种种阶级调

---

① 哈贝马斯 . 在事实与规范之间：关于法律和民主法治国的商谈理论 [M]. 童世骏，译 . 北京：生活·读书·新知三联书店，2003：19.

和的形式，在政治领域出现的"合法性危机"已经取代了马克思所预见的那种经济危机。合法性危机主要表现为"动力危机"，人们相信资本主义制度，但并不积极参与政治过程。哈贝马斯认为，合法性危机归根到底来自制度的理性化，通过改善舆论环境，改变对交往的限制，改善民主决策的途径，使社会成员进一步获得解放和个性化的机会，将有利于现存社会的稳定化和合理化。

在现代社会，文化生活方式与世界观越来越多元化，不同文化矛盾日益尖锐，世界正在成为一个风险共同体。哈贝马斯强调"包容他者"，力图通过交往合理性和话语理论填平不同文化政治话语和文化价值观之间的鸿沟，一劳永逸地消除冲突和对抗。他确信：人类必将联合构建一个"世界市民社会"，从而逐步实现人的自由和解放。

结　语
基于语言来理解人的本性

　　探求人之为人的意义来源，乃是哈贝马斯哲学思想的全部要旨，这也是所有关于人的讨论最终必须面对的问题。基于何种视角，我们可以说人类生活在一个于他而言有意义的世界？对这一问题的直观理解是：人在内在体验之中感受到他是世界的一部分，并因之而将自身与世界关联起来。由此，我们获得了理解世界的"阿基米德支点"：我们相信人类自身必定在某种程度上是"超越性"的；否则，他无法体验到在他之外的世界。然而除此之外，我们一无所知：我们不知道人类将经由何种道路、通向何方，也不知道咫尺之外伸手可触的世界对于我们而言究竟意味着什么。

　　这种孤独而落寞的体验，正是笛卡儿提出"我思"主体时的内心写照。笛卡儿宣称：他发现了某种可以作为基础的东西，并借此创立理解世界的坚固而永久的结构，但是很少有人谈及这一举措蕴含的深刻的人类学内涵：一个自足的主体不仅是用于解决形而上学和认识论问题的一种手段，更是对生命支点的某种探求；借助这个支点，人类得以历经自然的无常反复，确保生命平安抵达终点。在有限之中寻求生命的无限超越，这正是笛卡儿想做的。"沉思录刻画了灵魂的旅程，即对人生之有限的深沉思考；通过这种思考，我们对受制约的、有限的生命的真正涵义慢慢加以了解。"[①] 在笛卡儿看来，如果人类自身没有可以凭借的东西，那么生命就无法逃离黑暗的魔力。知识中坚固的基础对此作出了完美的诠释，它将我们导向未来。

---

① 伯恩斯坦.超越客观主义和相对主义 [M].郭小平，康兴平，赵仁方，等译.北京：光明日报出版社，1992：21.

不同于笛卡儿，康德将生命的支点移植到人类心灵之中。康德深信，生命自身的统一性必定可以在心灵之中找到解答。笛卡儿的认知理性被康德提升为一种总体性的观念能力，依据它，人类理性能自发地从有限延续到无限，并内在地将其把握为一个整体。理性自主的原则赋予人的存在以某种"绝对"意义，由此，人类主体从自身获得其存在的价值与尊严。康德关于理性自主的思想，改变了后继者探讨人的问题的方向，人开始意识到他是自己的创造者，人类对自身的认识摆脱了神学世界观和形而上学的桎梏，转而以自我创造、自我实现的主体姿态登上历史舞台。

康德和其他德国观念者都笃信，人性中具备某种神性的成分。他们的全部努力，在于将这种先在的本质以自由实现的形式揭示出来。但是由此一来，他们就将人类的自主本性置放于本质主义的泥塘，这一点背离了哲学的潮流，也因之无法为现代哲学接受。人的本性及人类的未来并不是一个可以被预先决定的东西，它们乃是人类自身活动创造的结果。现代人更关注心灵的信念与由之导引的行动、创造性活动之间的关系。尽管观念论思想家囿于时代的局限，没能就人类创造性作出更充分的阐释，但他们关于人类本性的探讨毫无疑问显示出人类思维的惊人力量。德国观念论者关于人类自主性的探讨深深影响了现代人类的自我理解。卡西尔正确地坚持了康德的自主性原则。他提出"人是符号动物"，这一定义表明人是他自己和世界的创造者，而作为一个整体的人类文化，可以被理解为人不断自我解放的历程。"人是符号动物"说明的是运用符号的能力，当卡西尔将这种能力本体化、本质化时，对人的理解就返回到自身，主体和世界之间只剩下空洞的、抽象的"文化"这一形式。严格说来，卡西尔并没有充分将这种创造性力量透明化，因为文化上的各种表象仅仅意味着符号的创造性力量，超出这种基础，存在是无意义的。

哈贝马斯承继了卡西尔等人的语言范式，并由此发展出话语理论。赫尔德、洪堡等人的理论已经充分表明，语言是一种具有生产性的力量，主体通过它将内在体验在主体间的对话中表现出来，进而塑造世界，同时也塑造自我。如果社会成员间依赖于一种相互理解，而这种理解又不能人为地生产出来，那么主体所预期的这种理解，就只能以语言化的形式镶嵌到社会发展过程中。对哈贝马斯来说，语言的力量在于它本身所具有的对称性结构，就是说，语言的运用是为了达成理解，任何一个言语者都有为他的言语提供"合理"说明的义务。同样地，其他参与者可能对质疑或者反驳这样的理由，从而开始一个对话。具有言行能力的主体，对于在实践中他们是怎样做的，原则上能够通过反思重新认识并清楚表达他们所知的一切。在任何一个达成理解的话语行为中，参与者都会事先假定其他参与者是可沟通的，并且彼此认为对方准备达成相互理解。他们必须相互假设对方会基于如下四个有效性要求中的任何一个共识采取行动，包括选择一个可领会的表达、提供真实陈述的意图、真诚地表达自己的意向、选择一种本身是正确的话语。可理解性、真实性、真诚性和规范性，构成了交往行为的"理想言说情境"。"理想言说情境"不仅是人类寻求相互理解的一种理论假设，同时也是使生活世界不断合理化的批判力量。由于这种预设，生活世界在个体参与者的展望中表现为一种行动导向的视野，个人既是传统的承担者，也是负有责任行动的创造者。对日常交往互动提出的有效性主张，不仅代表了对互动情境中现有规范的某种打破，也表现出"完全对称性的自我"之建制化的尝试。内在于语言中的普遍交往结构，乃是人类阐发意义世界的前提。正是通过它，人得以在现实世界展望一个无限的未来，看到实现自身的丰富多样且无穷多的普遍可能性。

哈贝马斯认为，人类的未来不是一个可以被决定的东西。"不能被决定"并不意味着我们不可以合理地探讨人类的未来，真正成为问题的是：如何能确证这种探讨本身是合理的？为了说明关于人类未来的合理性，我们可能提出一个主张，然而为了说明这种"合理性主张"本身的合理性，却还需要另外一个合理性的尺度。由此就产生了对合理性追问的无穷倒退，传统哲学正是在这里陷入了困境。为了克服这一困境，本体论和认识论传统的哲学人类学采取了不同的理论途径。古代本体论借助超越性的形而上学来切断对人与世界关系的无穷追问，然而一旦作出这种预判，人在世界中的位置就已经成为被决定的了。但是事实上，人和世界的关系远非如此简单，生活在这个世界的人们，必定对这个世界有所了解，必定有所筹划。那么这个筹划是什么呢？这就是，人们总是追求一种有意义的生活。

人类所居于其中的生活世界是一个意义世界，这个世界乃是人类自身建构的结果。就个体而言，人类活动的产物受其自身支配，能满足其在功能上的需求；但从整体来说，人类活动的产物一旦产生，就具有自身的独立性，并反过来使创造主体在某种意义上受制于它。人的本质性力量的外在化导致了客观化的产物，构成外在的实在世界，而这些客观实在又反过来为个体所吸收，构成并不断塑造个体。这两个方面不可分割、相互推动，既塑造世界，也塑造人类自身，并向未来无限敞开。20世纪许多思想家为揭示这种处境联系作出了努力，维特根斯坦以"语言游戏"来说明"生活形式"和"游戏"的互动性，海德格尔则通过"林中空地"来说明此在的处境联系。人的意义世界受处境的制约，同时人在其生活处境中生成、建构意义世界。人与处境互为因果，相互塑造。因此我们可以说，人类意义世界关联他的处境，关联那些他生长于其中、塑造他的独立人格的特定视域。现代哲学的这种理解，突破了关于人的理解的二元对立。这里，关键的问题在于寻求一条途径，在人的超越性和世界的统一性之间实现有效沟通。人类语言是一种行之有效的途径。语言的特性在于，它不仅具备自身的逻辑结构，而且能体现世界的经验结构。语言不仅诉说了世界，而且不断塑造使用语言的人。语言对人之为人的完满实现设置了动态的界限。就其功能性特征来说，语言能创造性地展现个体内在;就其结构特征来说,语言具有对称性特征;就参与交往的言说者和接受者来说,一场对话的合理性意义将通过语言的对称性而受到指引;就人类整体来说,一个完整人格的实现同样因之而受到导引。

哈贝马斯认为,人类独立自主和人之为人的规范内涵,只有在以语言为媒介的交往活动中才获得普遍意义。只有借助语言中内嵌的对称性结构,我们才能理解我们在何种意义上实现着人类的自主以及实现了人类的本质力量。只有借助普遍交往这一理想化途径,我们才能规划一个可以想象的未来,借此我们可以从理想信念中获得力量,超越那些在时间浪潮中终将褪去的歧见,和世界中的其他人一起,塑造一个更加完美的自我。哈贝马斯承认,交往行为和生活世界带有乌托邦的性质,但他同时指出这一理念的实践意义,"我们必须肯定启蒙理性的历史成就,相信社会进步的逻辑;许多曾经被认为是乌托邦的东西,通过人们的努力,或迟或早是会实现的,这已经被历史所证实"[①]。

---

① 哈贝马斯,哈勒.作为未来的过去 [M].章国锋,译.杭州:浙江人民出版社,2001:123.

参考文献

中文文献

[1] 阿多诺 . 否定的辩证法 [M]. 张峰，译 . 重庆：重庆出版社，1993.

[2] 阿佩尔 . 哲学的改造 [M]. 孙周兴，陆兴华，译 . 上海：上海译文出版社，1997.

[3] 包亚明 . 德里达访谈录 [M]. 何佩群，译 . 上海：上海人民出版社，1997.

[4] 包亚明 . 后现代性与公正游戏 [M]. 谈瀛洲，译 . 上海：上海人民出版社，1997.

[5] 贝格尔 . 神圣的帷幕：宗教社会学理论之要素 [M]. 高师宁，译 . 上海：上海人民出版社，1991.

[6] 波普尔 . 科学知识进化论：波普尔科学哲学选集 [M]. 纪树立，编译 . 北京：生活·读书·新知三联书店，1987.

[7] 伯恩斯坦 . 超越客观主义和相对主义 [M]. 郭小平，康兴平，赵仁方，等译 . 北京：光明日报出版社，1992.

[8] 陈嘉明，吴开明，李智，等 . 现代性与后现代性 [M]. 北京：人民出版社，2001.

[9] 陈志刚 . 现代性批判及其对话 [M]. 北京：社会科学文献出版社，2012.

[10] 德里达 . 声音与现象 [M]. 杜小真，译 . 北京：商务印书馆，1999.

[11] 德里达 . 书写与差异 [M]. 张宁，译 . 北京：生活·读书·新知三联书店，2001.

[12] 德里达 . 文学行动 [M]. 赵兴国，等译 . 北京：中国社会科学出版社，1998.

[13] 狄尔泰 . 精神科学引论 [M]. 童奇志，王海鸥，译 . 北京：中国城市出版社，2002.

[14] 狄尔泰 . 人文科学导论 [M]. 赵稀方，译 . 北京：华夏出版社，2003.

[15] 费希特 . 伦理学体系 [M]. 梁志学，李理，译 . 北京：商务印书馆，2010.

[16] 费希特 . 全部知识学的基础 [M]. 王玖兴，译 . 北京：商务印书馆，1997.

[17] 弗洛伊德 . 文明与缺憾 [M]. 傅雅芳，郝冬瑾，译 . 合肥：安徽文艺出版社，1997.

[18] 弗洛伊德 . 一种幻想的未来：文明及其不满 [M]. 严志军，张沫，译 . 石家庄：河北教育出版社，2003.

[19] 福柯 . 词与物 [M]. 莫伟民，译 . 上海：上海三联书店，2001.

[20] 哈贝马斯，哈勒 . 作为未来的过去 [M]. 章国锋，译 . 杭州：浙江人民出版社，2001.

[21] 哈贝马斯 . 交往与社会进化 [M]. 张博树，译 . 重庆：重庆出版社，1989.

[22] 哈贝马斯 . 理论与实践 [M]. 郭官义，李黎，译 . 北京：社会科学文献出版社，2004.

[23] 哈贝马斯 . 论功能主义理性批判 [M]. 洪佩郁，蔺青，译 . 重庆：重庆出版社，1994.

[24] 哈贝马斯 . 认识与兴趣 [M]. 郭官义，李黎，译 . 上海：学林出版社，1999.

[25] 哈贝马斯 . 在事实与规范之间：关于法律和民主法治国的商谈理论 [M]. 童世骏，译 . 北京：生活·读书·新知三联书店，2003.

[26] 哈贝马斯 . 在自然主义与宗教之间 [M]. 郁喆隽，译 . 上海：上海人民出版社，2013.

[27] 哈贝马斯 . 重建历史唯物主义 [M]. 郭官义，译 . 北京：社会科学文献出版社，2000.

[28] 哈贝马斯 . 作为"意识形态"的技术与科学 [M]. 李黎，郭官义，译 . 上海：学林出版社，1999.

[29] 黑格尔 . 黑格尔早期神学著作 [M]. 贺麟，译 . 北京：商务印书馆，1988.

[30] 黑格尔 . 精神现象学（上）[M]. 贺麟，王玖兴，译 . 北京：商务印书馆，2013.

[31] 黑格尔 . 小逻辑 [M]. 贺麟，译 . 北京：商务印书馆，2013.

[32] 黑格尔 . 哲学史讲演录（第 4 卷）[M]. 贺麟，王太庆，译 . 北京：商务印书馆，1983.

[33] 亨利希 . 在康德与黑格尔之间 [M]. 乐小军，译 . 北京：商务印书馆，2013.

[34] 洪堡特 . 论人类语言结构的差异及其对人类精神发展的影响 [M]. 姚小平，译 . 北京：商务印书馆，1999.

[35] 胡塞尔 . 欧洲科学危机与超验现象学 [M]. 张庆熊，译 . 上海：上海译文出版社，1988.

[36] 怀特 . 后现代历史叙事学 [M]. 陈永国，张万娟，译 . 北京：中国社会科学文献出版社，2003.

[37] 霍尔斯特 . 哈贝马斯传 [M]. 章国锋，译 . 上海：东方出版中心，2000.

[38] 霍耐特 . 权力的批判：批判社会理论反思的几个阶段 [M]. 童建挺，译 . 上海：上海人民出版社，2012.

[39] 贾汉贝格鲁 . 伯林谈话录 [M]. 杨祯欣，译 . 南京：译林出版社，2011.

[40] 卡西尔 . 人论 [M]. 甘阳，译 . 上海：上海译文出版社，1985.

[41] 卡西尔 . 语言与神话 [M]. 于晓，等译 . 北京：生活·读书·新知三联书店，1988.

[42] 康德 . 纯粹理性批判 [M]. 邓晓芒，译 . 北京：人民出版社，2004.

[43] 康德 . 纯粹理性批判 [M]. 韦卓民，译 . 武汉：华中师范大学出版社，2000.

[44] 康德 . 实践理性批判 [M]. 邓晓芒，译 . 北京：人民出版社，2003.

[45] 克朗纳 . 论康德与黑格尔 [M]. 关子尹，编译 . 上海：同济大学出版社，2004.

[46] 利奥塔 . 后现代状况：关于知识的报告 [M]. 岛子，译 . 长沙：湖南美术出版社，1996.

[47] 利科 . 哲学主要趋向 [M]. 李幼蒸，等译 . 北京：商务印书馆，1988.

[48] 刘钢 . 真理的话语理论基础：从达米特、布兰顿到哈贝马斯 [M]. 北京：人民出版社，2015.

[49] 卢卡奇 . 历史与阶级意识 [M]. 杜章智，任立，燕宏远，译 . 北京：商务印书馆，1996.

[50] 罗蒂 . 哈贝马斯和利奥塔论后现代性 [J]. 李文阁，译 . 世界哲学，2004（4）：4-13.

[51] 马尔库塞 . 单向度的人：发达工业社会意识形态研究 [M]. 刘继，译 . 上海：上海译文出版社，1989.

[52] 马克思恩格斯全集（第 20 卷）[M]. 北京：人民出版社，1971.

[53] 马克思恩格斯全集（第 3 卷）[M]. 北京：人民出版社，1960.

[54] 马克思恩格斯全集（第 40 卷）[M]. 北京：人民出版社，1982.

[55] 马克思恩格斯全集（第 42 卷）[M]. 北京：人民出版社，1979.

[56] 马克思恩格斯全集（第 46 卷）[M]. 北京：人民出版社，1980.

[57] 马克思恩格斯文集（第 1 卷）[M]. 北京：人民出版社，2009.

[58] 马克思恩格斯选集（第 1 卷）[M]. 北京：人民出版社，2012.

[59] 马克思恩格斯选集（第 2 卷）[M]. 北京：人民出版社，2012.

[60] 麦金太尔 . 谁之正义？何种合理性 [M]. 万俊人，等译 . 北京：当代中国出版社，1996.

[61] 麦卡锡 . 哈贝马斯的批判理论 [M]. 王江涛，译 . 上海：华东师范大学出版社，2010.

[62] 梅洛 - 庞蒂 . 知觉现象学 [M]. 姜志辉，译 . 北京：商务印书馆，2001.

[63] 米德 . 心灵、自我与社会 [M]. 赵月瑟，译 . 上海：上海译文出版社，1992.

[64] 倪梁康 . 自识与反思：近现代西方哲学的基本问题 [M]. 北京：商务印书馆，2002.

[65] 帕斯卡尔 . 帕斯卡尔思想录 [M]. 何兆武，译 . 武汉：湖北人民出版社，2007.

[66] 泰勒 . 自我的根源：现代认同的形成 [M]. 韩震，等译 . 南京：译林出版社，2001.

[67] 韦伯 . 韦伯作品集：宗教社会学（卷Ⅶ）[M]. 康乐，简惠美，译 . 桂林：广西师范大学出版社，2005.

[68] 韦伯 . 新教伦理与资本主义精神 [M]. 于晓，陈维纲，等译 . 北京：生活·读书·新知三联书店，1992.

[69] 武宏志 . 批判性思维：以论证逻辑为工具 [M]. 西安：陕西人民出版社，2005.

[70] 西姆 . 德里达与历史的终结 [M]. 王昆，译 . 北京：北京大学出版社，2005.

[71] 亚里士多德 . 尼各马可伦理学 [M]. 廖申白，译注 . 北京：商务印书馆，2024.

[72] 严平 . 伽达默尔集 [M]. 邓安庆，等译 . 上海：上海远东出版社，2003.

[73] 杨寿堪 . 冲突与选择：现代哲学转向问题研究 [M]. 北京：北京师范大学出版社，1996.

外文文献

[1] ALLEN A. Discourse, power and subjectivation : The Foucault/Habermas debate reconsidered[J]. The Philosophical Forum, 2009, 40 (1): 1-28.

[2] ALLISON H E. Kant's Transcendental Idealism[M]. New Haven : Yale University Press, 2004.

[3] APEL K-O. Towards a Transformation of Philosophy [M]. Glyn Adey, David Fisby, trans. Milwaukee : Marquette University Press, 1980.

[4] BADILLO R P. The Emancipative Theory of Jürgen Habermas and Metaphysics[M]. Washington : Council for Research in Values and Philosophy, 1991.

[5] BAXTER H. System and life-world in Habermas's communicative action [J]. Theory and Society, 1987 (16): 39-86.

[6] BEISER F C. German Idealism : The Struggle Against Subjectivism, 1781-1801 [M]. Cambridge : Harvard University Press, 2002.

[7] BERNSTEIN R J. Habermas and Modernity [M]. Cambridge : MIT Press, 1991.

[8] BOWIE A. German Philosophy: From Kant to Habermas [M]. Cambridge : Polity Press, 2003.

[9] CARMAN T, HANSEN M. The Cambridge Companion to Merleau-Ponty[M]. Cambridge : Cambridge University Press, 2006.

[10] CROSSLEY N, ROBERTS J M. After Habermas : New Perspectives on the Public Sphere[M]. Oxford : Blackwell Publishing, 2004.

[11] D'ENTREVES M P, BENHABIB S. Habermas and the Unfinished Project of Modernity[M]. Cambridge : MIT Press, 1997.

[12] DALLMAYR F R. Twilight of Subjectivity : Contributions to a Post-Individualist Theory of Politics [M]. Amherst : University of Massachusetts Press, 1981.

[13] ENGLANDER A. Herder's Expressivist' Metaphysics and the Origins of German Idealism[J]. British Journal for the History of Philosophy, 2013, 21 (5): 902-991.

[14] FLEMING M. Emancipation and Illusion : Rationality and Gender in Habermas' Theory of Modernity[M]. State College : Pennsylvania State University Press, 2004.

[15] FREEMAN J B. Acceptable Premises : An Epistemic Approach to an

Informal Logic Problem [M]. Cambridge : Cambridge University Press, 2005.

[16] FREUNDLIEB D, HUDSON W. Critical Theory After Habermas[M]. Leiden : Brill Academic Publishers, 2004.

[17] GUNNARSSO L. Making Moral Sense : Beyond Habermas and Gauthier [M]. Cambridge : Cambridge University Press, 2000.

[18] HABERMAS J. Between Naturalism and Religon[M]. Ciaran Cronin, trans. Cambridge : Polity Press, 2008.

[19] HABERMAS J. Communication and the Evolution of Society[M]. Thomas McCarthy, trans. Boston : Beacon Press, 1979.

[20] HABERMAS J. Erkenntnis und Interessse: Mit einem neuen Nachwort[M]. Frankfurt : Suhrkamp. Verlag, 1973.

[21] HABERMAS J. Justification and Application : Remarks on Discourse Ethics[M]. Ciaran Cronin, trans. Cambridge : MIT Press, 1994.

[22] HABERMAS J. Knowledge and Human Interests[M]. Jeremy J. Shapiro, trans. Boston : Beacon Press, 1972.

[23] HABERMAS J. Lifeworld and System : A Critique of Functionalist Reason [M]. Thomas McCarthy, trans. Boston : Beacon Press, 1987.

[24] HABERMAS J. Moral Consciousness and Communicative Action[M]. Christian Lenhardt, Shierry Weber Nicholsen, trans. Cambridge : Polity Press, 1990.

[25] HABERMAS J. Morality, society and ethics : An interview with Torben Hviid Nielsen [J]. Acta Sociologica, 1990, 33 (2): 93–114.

[26] HABERMAS J. On the Logic of Social Science[M]. Shierry Weber Nicholsen, Jerry A. Stark, trans. Cambridge : MIT Press, 1988.

[27] HABERMAS J. On the Pragmatics of Social Interaction : Preliminary Studies in the Theory of Communicative Action[M]. Barbara Fultner, trans. Cambridge : MIT Press, 2001.

[28] HABERMAS J. The Liberating Power of Symbols[M]. Peter Dews, trans. Cambridge : MIT Press, 2001.

[29] HABERMAS J. The Postnational Constellation [M]. Max Pensky, trans. Cambridge : MIT Press, 2001.

[30] HABERMAS J. Theorie des kommunikativen Handelns (Band I) [M]. Frankfurt : Suhrkamp Verlag, 1982.

[31] HABERMAS J. Theorie und Praxis[M]. Frankfurt : Suhramp Verlag, 1978.

[32] HABERMAS J. Toward a Rational Society : Student Protest, Science and Politics[M]. Jeremy J. Shapiro, trans. Cambridge : Polity Press, 1989.

[33] HABERMAS J. Truth and Justification [M]. Barbara Fultner, trans. Cambridge : MIT Press, 2003.

[34] HARRIS H S. Hegel's Development : Toward the Sunlight, 1770–1801 [M]. New York : Oxford University Press, 1972.

[35] HEGEL. The Difference Between Fichte's and Schelling's System of Philosophy [M]. H. S. Harris, Walter Cerf, trans. New York : State University of New York Press, 1977.

[36] HENRICH D. Between Kant and Hegel : Lectures on German Idealism[M]. Cambridge : Harvard University Press, 2008.

[37] HENRICH D. The Unity of Reason : Essays on Kant's Philosophy[M]. Richard L. Velkley, trans. Cambridge : Harvard University Press, 1994.

[38] HONNETH A, JOAS H. Communicative Action[M]. Jeremy Gaines, Doris L. Jones, trans. Cambridge : MIT Press, 1991.

[39] HONNETH A. Disrespect : The Normative Foundations of Critical Theory[M]. Cambridge : Polity Press, 2007.

[40] JURIST E. Recognizing the past[J]. History and Theory, 1992, 31 (2): 168–181.

[41] KELLY E. Habermas on Moral Justification[J]. Social Theory and Practice, 2000, 26 (2): 223–249.

[42] PIPPIN R B. Hegel on Ethics and Politics[M]. Nicholas Walker, trans. Cambridge : Cambridge University Press, 2004.

[43] PIPPIN R B. Hegel's Idealism : The Satisfactions of Self-Consciousness [M]. Cambridge : Cambridge University Press, 2001.

[44] PIPPIN R B. Idealism as Modernism : Hegelian Variations [M]. Cambridge : Cambridge University Press, 1997.

[45] PIPPIN R B. Kant's Theory of Form : An Essay on the Critique of Pure Reason [M]. New Haven : Yale University Press, 1984.

[46] PIPPIN R B. Modernism as a Philosophical Problem [M]. Oxford : Blackwell Publishers Inc., 1999.

[47] RAUCH L. Hegel and the Human Mind : A Translation of the Jena Lecture on the Philosophy of Spirit (1805–6) with Commentary[M]. Detroit : Wayne State University Press, 1983.

[48] REHG W. Insight and Solidarity : A Study in the Discourse Ethics of Jürgen

Habermas[M]. Oakland : University of California Press, 1994.

[49] ROCKMORE T. Habermas on Historical Materialism[M]. Bloomington : Indiana University Press, 1989.

[50] RODERICK R. Habermas on rationality [J]. Man and World, 1985 (18): 203-218.

[51] SEARLE J. Expression and Meaning : Studies in the Theory of Speech Acts[M]. Cambridge: Cambridge University Press, 1979.

[52] SEARLE J. Speech Acts : An Essay in the Philosophy of Language[M]. Cambridge : Cambridge University Press, 1969.

[53] SNOW D E. Schelling and the End of Idealism [M]. New York : State University of New York Press, 1996.

[54] TAYLOR C M. Human Agency and Language (vol. 1) [M]. Cambridge : Cambridge University Press, 1985 : 78.

[55] TAYLOR C. Philosophical Arguments[M]. Cambridge : Harvard University Press, 1995.

[56] TAYLOR C. Sources of the Self : The Making of the Modern Identity[M]. Massachusetts : Harvard University Press, 1989.

[57] WHITE A. Schelling : An Introduction to the System of Freedom[M]. New Haven : Yale University Press, 1983.

后 记

本书是"浙江省习近平新时代中国特色社会主义思想研究中心"浙江理工大学研究基地关于"习近平新时代中国特色社会主义思想"之主题研究的阶段性成果,其着眼点在于探究中华民族的文化主体性之方法论建构。自习近平总书记明确提出"中华民族的文化主体性"这一概念以来,研究者从中华文明突出特性、中华文明发展规律,以及"两个结合"尤其是"第二个结合"等方面展开诸多探讨。这些文化学意义的诠释虽然有助于深入理解中华文化的自我觉知、自我确信和自主发展,但仍需进一步从哲学层面加以升华。

从方法论看,考察中华民族的文化主体性仅有"中国视角"的"自知之明"是不够的。林同奇在评价柯文《在中国发现历史》时曾指出,作者过多强调了"中国情境"的特殊性,这一倾向有导致历史研究沦为人类学研究的趋势。该评价也同样适用于对中华民族的文化主体性的研究。一个民族、一种文化的根本意义,在于以不可替代的特殊方式展示出某种无可抗拒的普遍价值和精神魅力。理解一个主体、一个"自我",不仅要有内容的实质性,更重要的是理解它的形式的普遍性,要将文化主体所承载的价值和意义结构化、普遍化。

探讨中华民族的文化主体性,在方法论上需要解决普遍性与特殊性的自洽问题,亦即冯友兰所说的"别共殊"的问题。20世纪80年代中国史学界从革命史观向现代化史观的转化,甘阳的"通三统"论,费正清、列文森

（Joseph R. Levenson）的"冲击—回应"模式，柯文的"中国中心论"，以及沟口雄三"把中国作为方法"的"基体论"等，都力图从不同视角、运用不同方法化约普遍与特殊的异质性。这些宏大著述甚少就普遍性之"何所以是其所是"详加探究，且往往预置某种实在性内涵。以是观之，中华民族的文化主体性或以特殊性的特质呈现，或进入某种"文化相对主义"场域。要消除此类片面性，中华文化民族的主体性的探讨需要寻求一种更具普遍性的理解结构，需要探究普遍性之"何所以是其所是"的问题。

本书的成书动机，在于梳理西方文化自我理解的概念、观念的发展变迁，寻求阐明中华民族的文化主体性之方法论原则。通过本书可以看到：西方文化的自我理解并非一成不变的，它经历了不断的重组、再生。自启蒙运动以来，一个现代西方主体的生成及其发展变迁，背后总是潜在着一种根本性的价值冲动。它在推动西方文化变迁发展的同时，也不断将西方文化主体化、普遍化，进而要将它者纳入主体自身。同样地，我们也可以发问：推动中华文化发展的根本动力是什么？它用以承载世界历史使命、彰显人类共同价值的根由究竟在哪里？或者说，我们究竟从漫长的历史进程承继了什么根本性的东西？这样一种"文化精神"或"民族性格"，才是文化主体性研究需要探讨的内容。本书是对笔者博士学位论文的重新整理与构架，希冀借此探讨为探究中华民族的文化主体性提供方法论思路。是为记。